高等职业教育汽车类专业创新教材

汽车自动变速器原理与诊断维修
（彩色版）

主　编　张月相　张雾琳
副主编　于洪超　韩洋航　王伟银
参　编　吴丽娟　张　茜

机械工业出版社

自动变速器是汽车中非常难讲、难学的部分，本书以许多独创的图和动画演示，加上实用的深度解析，全面地将国内外各类自动变速器机械的、电气的、液压的知识剖析得淋漓尽致，将辛普森式、拉维娜式、无级式、电动式、平行轴式、双离合器式六类变速器的原理与诊断维修，真正深入浅出地讲解透彻。

　　本书采用结构原理与故障诊断同步剖析的方法，既强化了理论与实践的紧密结合，又大幅度地提高了本书的实用性。

　　为破解密集复杂的油路难题，本书又创意性地将油路加注英文字母或数字，利用字母导航，各条油路走向及故障诊断便可轻而易举，彻底地摆脱了油路难懂的困扰。

　　本书还有配套的教学软件（另售），可将整本书变成模拟仿真的活教材，使教学活动在动画中展开，给学员耳目一新的体验。

图书在版编目（CIP）数据

汽车自动变速器原理与诊断维修：彩色版 / 张月相，张雾琳主编 . —北京：机械工业出版社，2021.7
高等职业教育汽车类专业创新教材
ISBN 978-7-111-68735-1

Ⅰ . ①汽… Ⅱ . ①张… ②张… Ⅲ . ①汽车 – 自动变速装置 – 理论 –高等职业教育 – 教材 ②汽车 – 自动变速装置 – 故障诊断 – 高等职业教育 –教材 Ⅳ . ① U472.41

中国版本图书馆 CIP 数据核字（2021）第 141254 号

机械工业出版社（北京市百万庄大街 22 号　邮政编码 100037）
策划编辑：齐福江　责任编辑：齐福江
责任校对：王　欣　封面设计：张　静
责任印制：郜　敏
北京瑞禾彩色印刷有限公司印刷
2022 年 1 月第 1 版第 1 次印刷
184mm×260mm · 13.25 印张 · 344 千字
0 001—1 900 册
标准书号：ISBN 978-7-111-68735-1
定价：65.00 元

电话服务　　　　　　网络服务
客服电话：010-88361066　机 工 官 网：www.cmpbook.com
　　　　　010-88379833　机 工 官 博：weibo.com/cmp1952
　　　　　010-68326294　金 书 网：www.golden-book.com
封底无防伪标均为盗版　机工教育服务网：www.cmpedu.com

前 言

多档变速器是利用惯性节能省力、提速增矩的装置，它永远是汽车等各类高速运载机械重要的组成部分，多档变速器也是纯电动汽车提速增矩，节能省电的最佳选择。

变速器一直被公认是汽车中非常难讲、难学的部分。本书作者根据多年教学、多年实践、著多部书的感悟，编著了具有以下特色的彩色版教材。

1. 强化实用性

本书采用结构原理与故障诊断同步剖析的方法，既强化了理论与实践的紧密结合，又大幅度地提高了本书的实用性。

2. 化繁为简

自动变速器虽然类别繁多，型号数不胜数，但均万变不离其宗，可划分为行星轮式和常啮合齿轮式两大类。

因辛普森式、电动式、拉维娜式、无级式四类变速器同属行星轮式，其结构原理大同小异，因此，只要将本教材任意一个行星轮式变速器的知识了如指掌，各类行星轮式变速器便可全部触类旁通。

而平行轴式和双离合器式两类常啮合齿轮式变速器，构造简单，原理明了，只要有行星轮式变速器的基础知识作铺垫，便可触类旁通。

3. 破难为易

本书用许多独创的图，多角度多层次地以全新的视觉，将自动变速器结构、传动、油路及故障诊断剖析得淋漓尽致，并深入浅出地总结出了破解所有自动变速器结构难、传动难、油路难、故障诊断难的规律，掌握一些规律，便可使各型自动变速器破难为易。

4. 油路破难又独有创意

为破解密集复杂的油路难题，本书创意性地将油路加注了英文字母或数字，利用字母导航，使各条油路走向及故障诊断变得轻而易举，一目了然。

5. 真正的活教材

本教材还配有教学软件（作品专利号 2017—L—000000—52，另售），教材怎样写，软件就怎样演示，开创模拟仿真全动画的教学模式，使自动变速的教学别开生面。

6. 独创的深度解析

本书深度解析自动变速器机械、电气、液压方面知识，利于大幅度提升学生分析问题和解决实际问题的能力。

本书主编张月相、张雾琳，副主编于洪超、韩洋航、王伟银，参编吴丽娟、张茜。

由于水平有限，书中难免有疏漏之处，欢迎读者交换意见。读者答疑电话：18945688856，微信：18745175792。

编　者

CONTENTS
目 录

第一章 概 述

一、自动变速器分类

纵观自动变速器百年发展历程，所有自动变速器可分为两大类。

1. 行星轮式

辛普森式、拉维娜式、无级式，乃至混动汽车变速器均属行星轮式。所有行星轮式自动变速器，其结构和工作原理大同小异。

2. 常啮合齿轮式

平行轴式、双离合器式两类变速器，均属常啮合齿轮式，这两类自动变速器是在行星轮式自动变速器的启发下开发出来的，是将手动变速器用拨叉移动齿轮啮合，改成主被动齿轮常啮合，用离合器或用结合套将套装在轴上的齿轮与轴连成一体，便可输出相应档。

二、自动变速器优点

1）多档变速器是一个充分利用惯性提速增矩，节能省力的装置。多档自动变速器的电控单元可准确地控制换档时机，提速增矩，节能、省力效果极佳。

2）驾驶操作简单。

3）乘坐舒适。

三、自动变速器缺点

1）自动变速器与手动变速器相比，结构复杂，价格较贵。

2）制造与维修比手动变速器难。

但缺点与其优点相比，可以说是微不足道。

四、行星轮式自动变速器分析技巧

因所有行星轮式自动变速器结构原理大同小异，所以，只要将本教材中任意一个行星轮式自动变速器机械的、电器的、液压的知识，真正吃透学会，便可提纲挈领，对所有行星轮式自动变速器触类旁通。

1. 怎样将结构破难为易

本教材通过独创的平面结构图和实体仿真拆分，总结出所有行星轮式自动变速器均由三轮三器组成，通过三器使三轮组合成不同的主动与制动组合，便可输出各档。并借此找出变速器有几个行星排，有几个离合器，有无单向离合器，以及怎样找出哪几轮可主动旋转，哪几轮可制动的方法，使所有行星轮式自动变速结构分析破难为易。

2. 怎样将传动破难为易

本教材通过独创的平面传动图将各档传动原理剖析得淋漓尽致，从而总结出各档输出的规律，利用这些规律，再也不用一个齿轮一个齿轮地分析，便可使所有行星轮式变速器的各档动力输出一目了然。

3. 怎样将油路破难为易

本教材通过独创的平面动画和在油路图中标注字母的手段，将像蜘蛛网样的油路图剖析得淋漓尽致，借此总结出破解油路的规律，使所有变速器油路破难为易。

4. 怎样将故障诊断破难为易

因为有什么样的结构原理，就容易产生什么样的故障，只有在结构原理的指导下实践，才能使故障诊断见景生情，有的放矢。

本教材将结构原理与故障诊断同步进行，既强化了学员对理论知识的深入理解，又强化了本教材的实用性。

五、常啮合齿轮式自动变速器分析技巧

因平行轴与双离合器两类变速器，均是手动变速器齿轮机构与离合器的组合，构造简单，原理直白。

1. 怎样将平行轴式自动变速器破难为易

平行轴式自变速器有几个前进档，就有几个离合器，就有几对常啮合齿轮与之对应。电控单元控制哪一个离合器结合，便将哪一个套在轴上的齿轮与轴连成一体，于是便可输出一个相应档位。

2. 怎样将双离合器式自动变速器破难为易

双离合器式自动变速器，有几个前进档，就有几对常啮合齿轮与之对应，当电控单元控制电控液压结合滑套向左或向右移动，将某一套装在轴上的齿轮与轴连成一体，便可输出相应档。

可见，只要有行星轮式自动变速器机械的、液压的、电器的知识基础，这两类变速器的问题便都可迎刃而解。

综上可知，只要按本章思路梳理问题，便可将所有自动变速器，提纲挈领，化繁为简，破难为易。

第二章

自动变速器主要组成

因多档变速器是充分利用惯性，提速增矩，节能省力的装置，因此，它永远是大负荷高速行驶的汽车，乃至军舰、船舶等各类高速运载机械重要的组成部分。相应地，它也永远是汽车专业课的重中之重。

目前，国内外共有辛普森式、拉维娜式、无级式、电动式、平行轴式、双离合器式六类自动变速器。但可归结成两大类，即行星轮式和常啮合齿轮式。又因辛普森式、拉维娜式、无级式、电动式同属行星轮式，它们的结构和工作原理大同小异，只要认真将任意一种行星轮式变速器，机械的、电气的、液压的知识，真正入木三分地理解，便可对所有行星轮式变速器触类旁通，理解透彻。

而平行轴和双离合器式变速器，它们均是手动变速器齿轮机构与离合器的组合，构造简单，原理明了，只要有行星轮式变速器的知识基础做铺垫，这两类变速器便可触类旁通。

第一节　行星齿轮机构、离合器、制动器、单向离合器原理与诊断维修

行星齿轮机构、离合器、制动器、单向离合器、液力变矩器和油泵，简称行星齿轮机构和四器一泵，是自动变速器重要的组成部分。又因行星齿轮机构、离合器、制动器、单向离合器在所有变速器中，它们的结构和工作原理完全相同，所以，只要将本章内容理解透彻，便可将所有行星轮式自动变速器的结构、原理破难为易。

一、单排行星齿轮机构原理与诊断维修

1. 行星齿轮机构结构

单排行星齿轮机构有辛普森式和拉维娜式，辛普森式行星齿轮机构如图 2-1-1 所示。

从图 2-1-1 可知，辛普森式行星齿轮机构在行星架上，只套装了一组行星轮，各行星轮与太阳轮外啮合，与齿圈内啮合。综上可知，单行星排由太阳轮、行星架、齿圈组成，简称三轮。

拉维娜式行星齿轮机构，行星架上套装了两组行星轮，第一组行星轮与太阳轮外啮合，第二组行星轮与第一组行星轮外啮合，再与齿圈内啮合。

只要通过离合器、制动器、单向离合器，对三轮进行不同的主动和制动组合，便可得到各种不同传动比的输出。

2. 行星齿轮机构故障诊断

（1）行星齿轮及轴过热

行星齿轮机构因缺油或变速器油温过高导致变形，齿轮及轴过热严重磨损，出现这种故障常伴随轻微的齿轮传动的异响。应检查油温过高的原因。

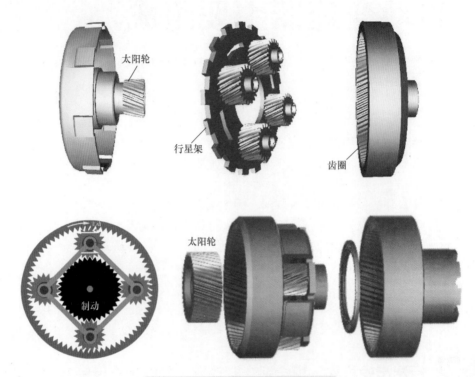

图 2-1-1　辛普森式行星齿轮机构图

（2）行星齿轮机构磨损严重

由于变速器油质差，或长期不换油，或自动变速器年久失修，使齿轮机构严重磨损，或齿轮与行星架轴磨损间隙过大，或齿轮表面有剥落等，均会引起升降档或收加油时，出现瞬间异响。行星轮与行星架轴径向间隙应为 0.03 ～ 0.04mm，极限值不得大于 0.15mm；行星轮轴向间隙应为 0.05 ～ 0.15mm，极限值不得大于 0.20mm，否则易造成异响和换档冲击，应单件或总成更换。行星轮与行星架轴烧蚀，多由过载引起，应更换总成。

（3）推力轴承或止推垫片破碎

若有推力轴承散架或止推垫片破碎，必会使行星齿轮机构在传动中产生移位，产生运动干涉并造成传动中异响。推力轴承或止推垫片破碎，应更换推力轴承或止推垫片及相关零件。

（4）深度解析

因行星轮及行星架是行星齿轮机构中受力最大的零件，因此，行星架和行星轮及其推力轴承，是行星齿轮机构最易损坏的零件，具体参见行星齿轮机构传动原理。

二、多片湿式离合器原理与诊断维修

1. 多片湿式离合器组成

在各类自动变速器内，均安装有结构、原理完全相同的多片湿式离合器，它们的结构如图 2-1-2 所示。

从图 2-1-2 可知，多片湿式离合器由离合器鼓、离合器毂、活塞、回位弹簧、摩擦片等组成。

（1）离合器鼓

从图 2-1-2 可知，内圆带键槽并与外圆带凸键的离合器片键配合的元件称为离合器鼓，鼓就是（或间接是）输入轴或行星齿轮机构的某一轮。鼓内组装着离合器其他各元件。

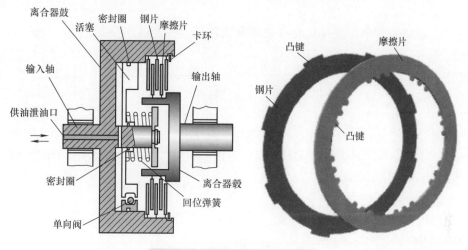

图 2-1-2　多片湿式离合器结构

（2）离合器毂

从图 2-1-2 可知，外圆带键槽并与内圆带凸键的离合器片键配合的元件称离合器毂，毂就是（或间接是）行星齿轮机构的某一轮。

（3）离合器活塞

从图 2-1-2 又知，离合器活塞上套装了一个密封橡胶圈，活塞安装在鼓内，在鼓内液压作用下可轴向移动，将离合器钢片和摩擦片压紧在一起，以便将离合器的毂和鼓连成一体。活塞上有一个单向球阀，在鼓内油压作用下关闭泄油口，给离合器活塞加压。当离合器泄压活塞回位时，单向球阀因油压降低而打开，以便把因离心力甩在鼓腔外圆周上的液压油泄出，使离合器片分离彻底。

2. 多片湿式离合器的组装

多片湿式离合器的组装如图 2-1-3 所示。

图 2-1-3　多片湿式离合器组装

（1）离合器活塞和回位弹簧安装

首先，将外圆套装密封圈的活塞装入离合器鼓内，再装上活塞回位弹簧和压盖，再用卡簧将压盖限位。

（2）离合器片安装

安装离合器摩擦片前，新片应在变速器油内浸泡至少 2h 以上，旧片应浸泡 30min 以上，使其充分吸油。

安装时应将钢片和摩擦片交替相继装入鼓内，但第一片和最后一片一定要安装钢片，且使每一片钢片外圈上的凸键与离合器鼓内圆上的键槽键配合，将钢片和摩擦片全部装完后，装上卡簧限位。

用塞尺测量装配后的总自由间隙，因各型自动变速器离合器片的数量不同，因此总自由间隙也不相同，一般每两片间应留有 0.3~0.5mm 的自由间隙。若不符合标准，有的可用厚度不同的压盘调整，有的可用卡环调整。

（3）安装离合器毂

最后再将离合器毂插入离合器片内，并左右转动离合器毂，以便使每一片摩擦片内缘上的凸键与离合器毂外圆上的键槽键配合。

（4）重要提示

有些离合器或制动器的鼓内装有内外两个直径不等的活塞，两活塞可先后分别对同一个离合器片加压，使离合器或制动器瞬间有一个半离合的过程，以减小升档时的冲击。

3. 多片湿式离合器故障诊断

若活塞和密封圈磨损严重，引发泄油或卡滞、单向球阀密封不严，必造成离合器片打滑，或换档冲击的故障，应更换活塞总成。

1）活塞回位弹簧。主要有螺旋弹簧、碟簧及片簧三种。安装碟簧时锥角小头应面对活塞，若有两片碟簧，两片碟簧大头应相对安装。

2）若弹簧发生疲劳，弹力失准或折断等，必定会造成该离合器参与的档工作不良或产生冲击的故障。

3）离合器片由钢片和摩擦片组成，从图 2-1-2 可知，离合器钢片外圆上的键与离合器鼓上的键槽键配合，钢片在鼓上可轴向移动，但不能相对转动。

从图 2-1-2 又可知，两面涂有摩擦材料的摩擦片的内花键，与离合器毂的外花键槽键配合，摩擦片可在毂的键槽内轴向移动，但不能相对转动。钢片与摩擦片交替安装，但第一和最后一片要安装钢片。

当活塞在鼓内液压作用下，克服弹簧弹力将钢片和摩擦片压紧时，便可将毂和鼓连成一体，而毂和鼓就是（或间接是）输入轴和行星轮中的某一轮，可见，离合器的作用是将输入轴和行星轮中某一轮连成一体，使行星齿轮机构中的某轮主动旋转，或将某两轮连成一体。

4）摩擦片的两侧多涂有用纤维材料制成的涂料。摩擦片有带含油层和带润滑油槽的两种，带含油层的摩擦片上打有数字或英文字母印记，若印记磨光应更换。若带润滑油槽的摩擦片发生涂料磨损、烧蚀变形、剥落等，均应更换。

若个别档工作不良或冲击，应检查该档离合器片是否有上述故障。

4. 多片湿式离合器的维修

1）观察检查摩擦片的摩擦材料是否有严重磨损、烧焦、剥落、若有应更换。

2）细心检查活塞及鼓壁的表面是否有划伤和拉毛，若有应修复或更换。

3）检查活塞上的密封橡胶圈是否老化变形或拉伤，若有应更换。

4）检查离合器回位弹簧是否有变形、扭曲，弹力是否减弱，是否折断，若有应更换。

5）检查活塞上的单向球阀是否有卡滞、密封不严，若卡滞或密封不严，应更换活塞总成。

6）发动机 1000r/min 时，若汽车仍不能起步，是变矩器不传递转矩或 D1 档发生了离合器或制动器或单向离合器已打滑。

7）上坡或急速踩下加速踏板时，若发动机转速与车速不同步，是相应档有离合器或制动器发生了打滑。

8）如果自动变速器油变黑，有臭味，用手捻有微小磨屑，或出现丢档，应检查离合器或制动器摩擦片是否已烧蚀。

三、多片湿式制动器原理与诊断维修

多片湿式制动器结构与离合器结构完全相同，它也是由制动器毂、制动器鼓、活塞、弹簧和钢片、摩擦片组成的，也是通过钢片和摩擦片将两元件连成一体。所不同的是制动器连接的两元件之一是变速器壳体，因此制动器是将变速器三轮中的一轮制动而已。因此，它的故障诊断与检修与离合器完全相同。

四、单向离合器原理与诊断维修

常用的单向离合器有滚柱式和楔块式两种。

1. 滚柱式单向离合器

滚柱式单向离合器如图 2-1-4 所示。

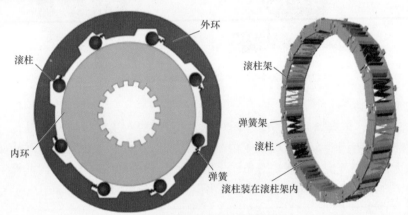

图 2-1-4 滚柱式单向离合器结构

从图 2-1-4 可知，这种离合器是在单向离合器的内环、外环之间夹有滚柱，但内外环间所形成的安装滚柱的空间是一个楔形，在内外环无相对运动时，滚柱被弹簧推至楔形空间的最小处。

（1）单向离合器解锁

当内外环相对运动时，若运动时的摩擦力使滚柱压缩弹簧滚至楔形空间的宽敞处，滚柱不对内外环的相对运动产生干涉，内环或外环可以自由相对运动，即单向离合器解锁。

（2）单向离合器锁止

如果内外环相对运动时，对滚柱的摩擦力使滚柱滚动至楔形空间的狭窄处，滚柱便将内外

环卡在一起，即将内外环单向连成一体，或通过内外环将行星齿轮机构某两元件单向连成一体，即单向离合器锁止。

（3）故障诊断

若个别档丢失或产生冲击，应检查该档是否有单向离合器参与，若有应检查：

1）单向离合器是否装反。

2）单向离合器是否因磨损过甚出现打滑、卡滞等。

2. 楔块式单向离合器

这种单向离合器是在内环与外环间夹着一个对角线不等长的楔块，如图 2-1-5 所示。

从图 2-1-5 可知，若内环与外环相对运动产生的摩擦力使楔块立起，楔块长轴便将内外环卡在一起，因内外环分别与两元件键配一体，于是便将两元件单向连成一体锁止。

若内环与外环相对运动产生的摩擦力使楔块卧倒，楔块不干涉内外环的相对运动，单向离合器解锁。

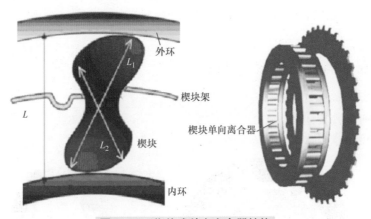

图 2-1-5　楔块式单向离合器结构

（1）单向离合器解锁

从图 2-1-5 可见，单向离合器的内外环间距为 L，楔块对角线短轴长度为 L_2，L_2 小于内外环的间距 L，楔块对角长轴为 L_1，L_1 大于内外环间距 L。因此，当内外环相对转动时，内外环对楔块的摩擦力使楔块卧倒，则楔块对角线长度 L_2 小于内外环的间距 L，因此楔块不干涉内外环的相对运动，内外环可各自按自己的转向自由旋转，称为单向离合器解锁。

（2）单向离合器锁止

若内外环之间相对运动的摩擦力使楔块立起，则楔块对角线长轴 L_1 大于内外环之间的间距 L，因此楔块被挤在内外环间，对内外环的相对运动产生干涉，便把内外环单向锁成一体，称单向离合器锁止。

因内外环就是变速器的某两个元件，或与某两轮键配一体，可见，单向离合器可单向将某轮制动或将某两轮单方向连成一体。

3. 单向离合器的作用

1）可在档位切换瞬间，自动消除空档间隙，以减轻换档时的冲击。

2）汽车低速档滑行时解锁，可使发动机对滑行无制动作用，以保证低速档下汽车可自由滑行。

3）与离合器或制动器并联，起步时可分担离合器或制动器的转矩，并消除起步冲击。

4. 重要提示

因所有自动变速器的行星齿轮机构、离合器、制动器、单向离合器的结构和工作原理完全相同，只要将上述内容真正理解透彻，今后在所有变速器中遇到它们时，其结构原理便可一目了然。

第二节 液力变矩器及油泵原理与诊断维修

液力变矩器安装在自动变速器离合器的位置，如图 2-2-1 所示。

一、液力变矩器与变速器的连接关系

液力变矩器既是一个自动离合器，又是一个变速增矩器。液力变矩器是自动变速器重要的组成部分，它可将发动机的动力，变速增矩且无空档间隙地传递给自动变速器。

变速器输入轴插入液力变矩器内，与变矩器涡轮键配一体。变速器前端油泵壳体花键轴插入液力变矩器内，与变矩器内单向离合器内环键配一体，外环是导轮，花键轴可单向制动导轮。变矩器壳体轴插入油泵内，与油泵主动转子键配一体。

图 2-2-1　液力变矩器安装位置图

二、液力变矩器组成

液力变矩器组成如图 2-2-2 所示。

从图 2-2-2 可知，液力变矩器由泵轮、导轮、导轮中央的单向离合器（未示出）、涡轮、锁止压盘、后壳体六个元件组成。

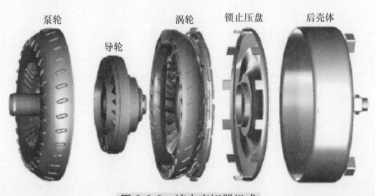

图 2-2-2　液力变矩器组成

变速增矩工作原理如图 2-2-3 所示。

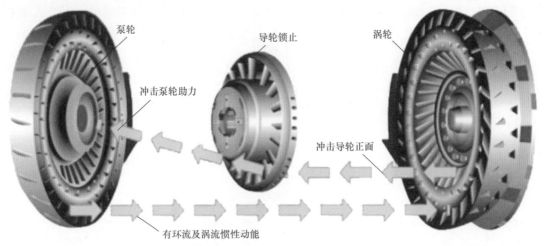

图 2-2-3 变速增矩工作原理（一）

（1）泵轮

从图 2-2-3 可知，泵轮是将许多具有一定曲率，按一定方向，成辐射状排列的叶片焊接在泵轮泵体上，泵轮与发动机大飞轮连成一体，可随发动机旋转，以便将泵轮叶片间的自动变速器油甩入涡轮中。

（2）涡轮

从图 2-2-3 可知，涡轮也是将许多具有一定曲率，按一定方向，成辐射状排列的叶片焊接在涡轮壳体上。涡轮与变速器输入轴连成一体，可将泵轮转矩通过油液传递给变速器的输入轴。

（3）导轮

从图 2-2-3 可知，导轮也是由许多具有一定曲率，按一定方向，成辐射状排列的叶片组成的。导轮安装在涡轮中央的凹陷处，它是单向离合器的外环，可被单向离合器单向制动，以便为泵轮助力增矩。

（4）单向离合器

单向离合器装在导轮中央凹陷处，因此，单向离合器的外环是导轮，油泵壳体的花键轴插入变矩器内，是单向离合器内环，由此可知，单向离合器可将导轮单向制动，以便为泵轮增矩。

若单向离合器打滑或装反，一定会造成变矩器变成耦合器，使变矩器失去增矩功能，造成汽车加速能力降低和油耗增加的故障。

（5）锁止离合器压盘

从图 2-2-3 又知，压盘右侧涂有摩擦环带，压盘外缘上有许多凸键，与涡轮外缘上的键槽键配合，可在涡轮键槽上轴向移动，当锁止离合器需要锁止时，在电控液压作用下，压盘轴向移动，便将压盘紧压在泵轮壳体上，将泵轮与涡轮连成一体，即将变速器输入轴与发动机连成一体，以提高传动效率。

若锁止离合器压盘的摩擦环带因磨损过甚，必造成锁止打滑而引起油温升高，传动效率降低，以及油液变质的故障。变速器出现上述故障时，可检测发动机与变速器输入轴之间的转速差。

（6）泵轮壳体

从图 2-2-2 又可知，液力变矩器泵轮与泵轮后壳体焊成一体，其容腔内组装单向离合器、导轮、涡轮、锁止压盘。为增加传动效率，泵轮和涡轮对装后，它们之间的间隙很小，用推力轴承限位。

因泵轮壳体轴头插入油泵，与油泵主动转子键配一体，若轴头磨损或油封密封不良，一定会造成漏油。

三、液力变矩器工作原理

当泵轮与涡轮间有导轮时，便称变矩器。

1. 泵轮输出环流动能与涡流动能

当泵轮旋转时，泵轮叶片间每一质点的液流，既随泵轮叶片做圆周运动，又在离心力作用下沿叶片向外甩，因此，液流的运动轨迹是涡旋流。

从泵轮外缘甩向涡轮的涡旋流，既有使涡轮与泵轮同向旋转的环流惯性动能，又有沿涡轮叶片继续流动的涡流惯性动能。

2. 环流惯性动能使涡轮旋转

从图 2-2-3 可知，当泵轮转速升高到设定转速后，从泵轮甩出的涡旋流中的环流惯性动能，便推动涡轮与泵轮同方向旋转，将泵轮转矩通过液流传递给涡轮。

综上可知，只有当泵轮转速升高到设定转速后，涡轮才能旋转，可见，它是一个自动离合器。

3. 涡流惯性动能给泵轮助力增矩

从泵轮甩出的液流中的涡流惯性动能，沿涡轮叶片前冲，从涡轮中央冲出后，冲击在导轮叶片的正面，使导轮受力被单向离合器锁止。

导轮锁止后，冲击在导轮叶片上的液流因导轮的反作用力，使液流改变方向，改变方向的液流以其残余动能，冲击泵轮叶片的背面，给旋转的泵轮助力增矩。

4. 导轮旋转单向离合器解锁

当涡轮转速逐渐升高，从涡轮甩向导轮的液流逐渐改变方向，当涡轮转速接近泵轮转速时，从涡轮甩出的液流便冲击导轮叶片的背面，使导轮旋转，单向离合器解锁如图 2-2-4 所示，液流停止对泵轮助力增矩。

5. 进入耦合区

导轮旋转停止对泵轮增矩，如图 2-2-4 所示，此时液力变矩器进入耦合区。进入耦合区后，锁止控制电磁阀便控制油液，使锁止离合器压盘轴向移动，压靠在泵轮后壳体端面上，将泵轮与涡轮连成一体，以减少能量损耗和提高传动效率。

四、液力变矩器故障诊断

液力变矩器的主要故障有油温过高；锁止离合器打滑；液力变矩器无锁止功能；锁止不释放；泵轮、涡轮、导轮机械损坏产生噪声；导轮单向离合器失效打滑等。

液力变矩器经过严格的动平衡，不能随意拆分，因此只能通过故障现象，推理分析判断各元件的故障。若确认某一元件有故障后，只能更换变矩器总成，若需拆修时，需用专用设备拆分或组装。

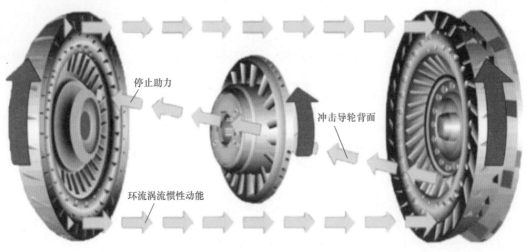

停止助力

冲击导轮背面

环流涡流惯性动能

图 2-2-4　变速增矩工作原理（二）

1. 锁止离合器不锁止故障

锁止离合器不锁止的主要原因有压盘打滑、控制阀不动作、锁止电磁阀失效、锁止油压不足等。在锁止工况下、急踏加速踏板，车速不跟进为不锁止。不锁止必造成高速行驶时传动效率不佳，加速性能差，油耗增加。

2. 锁止离合器锁止不释放故障

若紧急制动时发动机熄火则为锁止不释放，锁止不释放主要因为锁止控制阀卡滞在锁止位置。

在电控液压变速器中，电控单元可根据发动机和变速器输入轴转速信号，计算出液力变矩器泵轮与涡轮间的滑移率。若滑移率超限，电控单元会显示故障码。

3. 变矩器有噪声

当轻踩制动踏板后，噪声立刻消失，抬起制动踏板后噪声又立刻出现，反复测试现象依旧，则可断定噪声来自变矩器。造成变矩器有噪声的主要原因有变矩器泄油锁止压力不足、推力轴承损坏、导轮单向离合器损坏，泵轮或涡轮叶片松动等。若有故障应更换总成。

4. 涡轮与变速器输入轴键配合的花键孔严重磨损

涡轮花键孔与输入轴花键严重磨损后，会引起噪声和换档冲击。花键孔磨光会导致车辆无法行驶，应更换总成。

5. 变矩器壳体端面偏摆

变矩器壳体端面偏摆会引起发动机运转不稳并有异响，检查变矩器壳体是否偏摆时，可先将变速器拆下，然后将千分表架固定在发动机上，而表针接触在变矩器壳体外端面上，转动变矩器壳体一周，千分表的摆动量若大于 0.05mm 时，应首先将变矩器固定螺栓全部松开，再按对角线分三次将螺栓拧紧至规定的力矩，并检查故障是否消失。

6. 液力变矩器油温过高

造成变矩器油温过高的主要原因是锁止离合器打滑，或变速器冷却系统不良。可用诊断仪路试，测试发动机与输入轴转速差，判断油温过高是否是锁止压盘打滑引起。

五、油泵原理与诊断维修

目前，自动变速器常用的油泵有带月牙隔板的渐开线齿轮泵；带月牙隔板的内摆线齿轮泵；

叶片转子泵；双中心叶片转子泵。图 2-2-5 是带月牙隔板的内摆线齿轮泵。从图 2-2-5 可知，油泵的构造非常简单，它由前壳体、后壳体、外转子、内转子组成。

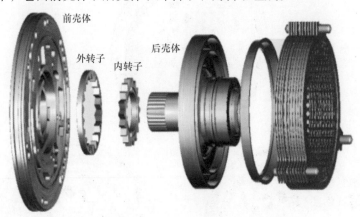

图 2-2-5　带月牙隔板的内摆线齿轮泵

油泵的泵油能力应在汽车低速行驶时，保证有 0.3 ~ 0.8MPa 的油压。汽车高速行驶时，应保证有 1.2 ~ 1.4MPa 的油压。行星轮式变速器倒档时应保证有 1.6 ~ 1.8MPa 的油压。为此各类油泵的制造精度均很高，且配合间隙很小。

1. 油泵结构

1）从图 2-2-5 可知，前壳体内有油道，前、后壳体组装后形成密封容腔，容腔内安装内、外齿轮转子。

2）从图 2-2-6 可知，外转子轮齿数比内转子轮齿数多，内外转子啮合后，外转子是偏心安装的，当内转子主动旋转时，外转子转速低于内转子，旋转时两转子便形成变化的密封容腔，当容腔变大时，将油液吸入泵腔，当容腔变小时，便将油液压入主调压阀。

3）油泵的泵油能力应在汽车低速行驶时，保证有 0.3 ~ 0.8MPa 的油压，高速行驶时，应有 1.2 ~ 1.4MPa 的油压，行星轮式变速器，倒档时应保证有 1.6 ~ 1.8MPa 的油压，为此各类油泵的制造精度均很高，且配合间隙很小。

2. 油泵主要故障

若油泵泵油压力低，易造成前进档或倒档起步无力，离合器制动器打滑，加速无力以及换档冲击等故障。造成油泵泵油压力不足的主要原因如下。

（1）油泵密封圈或垫片漏油

油泵油封老化或因检修拉伤，油泵密封垫局部密封不良导致低压与高压泵腔串通，均会导致油泵工作不良而使变速器各档失常。

（2）油泵泵壳破裂漏油

此故障多由安装不当引起。特别是变速器在安装时，应先将变速器插入液力变矩器内，将油泵壳体上的花键轴插入变矩器导轮花键槽内，然后再拧紧变速器壳体与发动机壳体的固定螺栓。

（3）齿轮式转子泵磨损过甚

检查油泵是否磨损如图 2-2-6 所示。

检查齿轮式油泵各元件间的配合间隙，是检修油泵泵油能力的重要环节。简单实用的检测方法是使用塞尺，检查主从动齿轮轴向间隙。

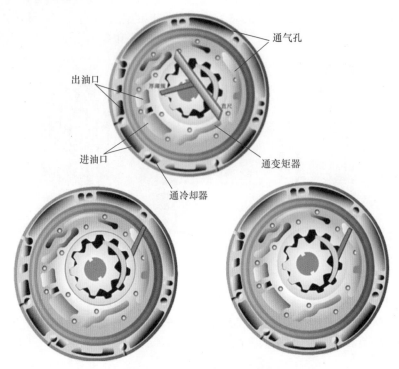

图 2-2-6 检查油泵是否磨损

内摆线月牙泵主要配合间隙为： 齿轮轴向间隙（齿轮与泵盖间）应为 0.02～0.04mm，使用极限为 0.08～0.11mm；外齿轮（从动齿轮）与泵壳间隙为 0.07～0.15mm，使用极限为 0.25mm；外齿轮（从动齿轮）齿顶与油泵月牙隔板间隙应为 0.10～0.15mm，使用极限不大于 0.30mm。

（4）转子定位套磨损严重

转子定位套磨损严重，转子泵油不良使油压过低或产生噪声。

（5）叶片转子泵的叶片卡滞

叶片式转子泵的转子槽和叶片均经过精加工，若因油污或拉伤卡滞，叶片在槽内伸缩运动不畅，会严重影响泵油量。

各叶片在各自的槽内均有一定的安装方向，在拆检叶片式转子泵时，应将各叶片按原位原方向装复，以免破坏原来的装配关系，如果装错，不仅泵油能力下降，而且会导致油泵磨损加剧。

（6）安全阀密封不严漏油

如漏油严重，应更换油泵。

（7）油泵噪声

当油泵产生严重机械损伤后，可在变速器前端或后端产生异响，可用长把螺钉旋具，或用长金属管在变速器各处听诊，若确认是变速器产生异响，则应立即拆检。

重点提示

1）重点将行星齿轮机构、离合器、制动器、单向离合器的结构原理记牢。

2）实训时将变速器分解后，所有与传动无关的螺栓、垫片、轴承、油封等均要记住怎样拆下再怎样装回。

3）实训重点是将变速器分解后，按顺序一字排开，能熟练找出有几排行星排，再找出有几组离合器片，有几组制动器片，有无单向离合器。

4）能熟练找出每组离合器片能直接或间接使哪一轮主动旋转，再找出每组制动器片能直接或间接将哪轮制动，若有单向离合器，再找出单向离合器内环与外环能将哪轮单向制动或将哪两轮单向连成一体。

记住：实训目的不是锻炼动手能力，而是锻炼怎样找出哪轮可主动旋转，哪轮可制动，了解了以上这些，变速器结构便已了如指掌。

5）行星轮式自动变速器均由三轮三器组成，均是通过三器将三轮进行主动与制动组合，完成各档输出，因此，只要下功夫将本章内容真正理解透彻，便可将变速器破难为易。

复 习 题

一、填空题

1. 行星齿轮机构的单行星排由（　　）、（　　）、（　　）三轮组成。

2. 行星齿轮式自动变速器由（　　）、（　　）、（　　）三轮及（　　）、（　　）、（　　）三器组成。

3. 所有行星齿轮式自动变速器均是通过（　　）将（　　）进行不同主动和制动组合，得到各档位输出。

4. 多片湿式离合器和制动器总成均由（　　）、（　　）、（　　）、（　　）和（　　）组成。

5. 常用的单向离合器有（　　）、（　　），它的作用是将两元件（　　）连接或将某元件（　　）制动。

6. 常用的离合器和制动器回位弹簧有（　　）式、（　　）式和（　　）式。

7. 行星齿轮式自动变速器由（　　）、（　　）、（　　）、（　　）和（　　）五大部件组成。

8. 液力变矩器由（　　）、（　　）、（　　）三轮和（　　）、（　　）两器组成。

9. 液力变矩器是通过（　　）给（　　）增矩。

二、问答题

1. 离合器活塞上的单向球阀有何作用？

2. 液力变矩器与液力耦合器的结构及作用有何不同？

3. 简述液力变矩器与液力耦合器的工作原理。

4. 简述多片湿式离合器的组成及离合器在自动变速器中的作用。

5. 简述多片湿式制动器的组成及制动器在自动变速器中的作用。

6. 简述单向离合器有几种主要类型，及它在自动变速器中的作用。

7. 行星齿轮机构的行星轮与齿圈是内啮合，它们的旋转方向一定相同吗？

8. 辛普森式行星齿轮机构单行星排有几种传动规律？

9. 详述怎样分析自动变速器结构。

三、选择题

1.辛普森行星齿轮机构当行星架主动旋转时，无论太阳轮还是齿圈输出，主被动旋转方向（   ）。

A.同向　　　　　　B.反向　　　　　　C.减速

2.辛普森行星齿轮机构当太阳轮主动旋转时，齿圈输出，主、被动旋转方向是（   ）。

A.同向增速　　　B.反向增速　　　C.同向降速　　　D.反向降速

3.辛普森行星齿轮机构当太阳轮主动旋转时，行星架输出，主、被动旋转方向是（   ）。

A.同向增速　　　B.反向增速　　　C.同向降速　　　D.反向降速

4.辛普森行星齿轮机构当行星架主动旋转时，太阳轮输出，主、被动旋转方向是（   ）。

A.同向增速　　　B.反向增速　　　C.同向降速　　　D.反向降速

5.辛普森行星齿轮机构当行星架主动旋转时，齿圈输出，主、被动旋转方向是（   ）。

A.同向增速　　　B.反向增速　　　C.同向降速　　　D.反向降速

6.辛普森行星齿轮机构当齿圈主动旋转时，太阳轮输出，主、被动旋转方向是（   ）。

A.同向增速　　　B.反向增速　　　C.同向降速　　　D.反向降速

7.辛普森行星齿轮机构当齿圈主动旋转时，行星架输出，主、被动旋转方向是（   ）。

A.同向增速　　　B.反向增速　　　C.同向降速　　　D.反向降速

第三章 辛普森式自动变速器原理与诊断维修

因行星齿轮式自动变速器涵盖了所有自动变速器机械的、电器的、液压的知识。又因所有行星齿轮式自动变速器，其设计思路如出一辙，结构原理大同小异，所以，只要将任意一个行星轮式自动变速器，真正做到了如指掌，所有自动变速器，便可提纲挈领，触类旁通。

因此，本教材首先以辛普森三行星排自动变速器为例，对其结构原理及故障诊断进行详尽剖析，其他各类自动变速器均可一通百通。

行星齿轮式自动变速器均由行星齿轮机构、离合器、制动器、有的还有单向离合器组成，即由三轮三器组成，通过三器使三轮完成不同的主动和制动组合，便可得到各种不同档位的输出。

综上可知，只要找出变速器哪几轮主动旋转，哪几轮制动，变速器的结构原理便可了如指掌。

第一节 辛普森三行星排自动变速器结构分析

传统的自动变速器结构，均采用剖切照相图呈现，但利用剖切照相图，很难将自动变速器的构造剖析得淋漓尽致，为此，本书别开生面，独创设计了一张辛普森式三行星排变速器等效平面结构图，如图 3-1-1 所示（请复印此图，方便学习）。

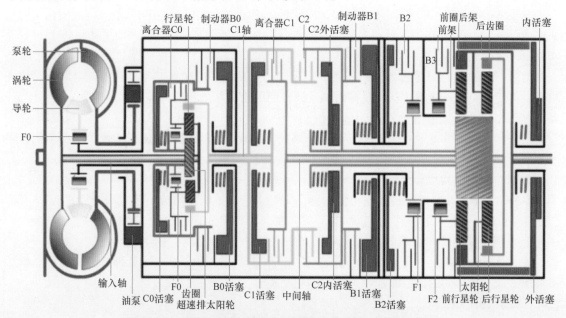

图 3-1-1　独创的辛普森式三行星排变速器等效平面结构图

画这张图不是学习怎样画等效平面结构图，而是用这张图找出分析所有行星轮式自动变速器结构的规律，以便借此一举将所有变速器的结构破难为易。

一、用独创的等效平面结构图，分析变速器结构原理

为方便图文对照，最好将本书中的图复印。

从图 3-1-1 可知，该变速器的行星齿轮机构，由三个辛普森式行星排组成，左端超速排，它由太阳轮、行星轮及架、齿圈等三轮组成。

右边的两个行星排也是辛普森式，但因前后两个行星排共用一个太阳轮，且前排齿圈后排行星架与输出轴连成一体，两个行星排组合而成辛普森式行星齿轮机构（简称双行星排），该变速器各档输出，最后均由该双行星排行星齿轮机构完成。

1. 超速行星排结构原理

从图 3-1-1 可知，超速行星排中，除有一个辛普森式单行星排外，还有离合器 C0，制动器 B0 及单向离合器 F0。

（1）离合器 C0

从图 3-1-1 可知，离合器 C0 工作后，钢片和摩擦片便将超速行星排太阳轮与行星架连成一体，于是，根据单行星排传动规律可知，单行星排任意两轮连成一体，整个行星排各轮都会连成一体。

又因行星排行星架与涡轮键配一体，C0 工作后，超速排成为一个整体使齿圈随涡轮同速旋转。

（2）制动器 B0

从图 3-1-1 还知，制动器 B0 的钢片与变速器壳体键配合，摩擦片与太阳轮的毂键配一体，B0 工作后可将超速排太阳轮制动。根据单排传动规律可知，太阳轮制动，行星架主动，齿圈可超速输出。

（3）单向离合器 F0

从图 3-1-1 还知，F0 外环是行星架，内环是太阳轮，由此可知，F0 可单向将太阳轮与行星架连成一体。由此可知，F0 可单向将超速排连成一体，也可使齿圈随输入轴主动旋转。

（4）重要传动规律

综上可知，超速行星排齿圈，就是一个可输出直接档和超速档的小变速器，这两个转速通过离合器传递给双行星排，双行星排前圈后架，便可输出 4 个前进档和一个倒档。

从以上所述可总结出一个重要传动规律：

若使超速排有多个不同的转速传递给双排行星齿轮机构，行星齿轮机构便可有更多档位输出。

2. 双行星排结构原理

从图 3-1-1 可知，该行星齿轮机构由两个辛普森行星排组合而成，还有离合器 C1、离合器 C2、制动器 B1、制动器 B2、制动器 B3、单向离合器 F1、单向离合器 F2。

（1）离合器 C1

从图 3-1-1 可知，离合器 C1 工作后，C1 钢片与摩擦片便将超速行星排齿圈与双行星排后排齿圈连成一体，使后排齿圈随超速排齿圈主动旋转。

（2）离合器 C2

从图 3-1-1 可知，离合器 C2 工作后，C2 钢片与摩擦片可将超速排齿圈与双排太阳轮连成一体，使太阳轮随超速排齿圈主动旋转。

（3）制动器 B1

从图 3-1-1 可知，制动器 B1 工作后，B1 钢片与摩擦片便将 B1 的鼓与双排太阳轮连成一体，B1 的鼓与变速器壳一体，所以 B1 工作后，便将双排太阳轮制动。

（4）制动器 B2 与单向离合器 F1

从图 3-1-1 可知，制动器 B2 钢片与壳体键配一体，B2 摩擦片与 F1 外环键配一体，F1 内环是太阳轮，B2 工作后便通过单向离合器 F1，将太阳轮单向制动。

（5）制动器 B3 与单向离合器 F2

从图 3-1-1 可知，B3 钢片与壳体键配一体，B3 摩擦片与前行星架键配合，B3 可制动前行星架。又因 F2 外环是壳体，内环是双排前排行星架，F2 可将双排前排行星架单向制动。

（6）总结

综上可知，C1 可使后排齿圈主动旋转，C2 使双排太阳轮主动旋转，B1 制动双排太阳轮，B2 和 F1 单向制动太阳轮，B3 制动前架，F2 单向制动前架。知道了哪几轮主动旋转，哪几轮制动，对结构便可了如指掌。

3. 分析变速器结构的规律

1）变速器拆装实训时，所有螺栓、垫片、油封、轴承等与传动无关的零件，只记住怎样拆下再怎样装回便可，把精力集中在怎样找出哪几轮主动旋转，哪几轮制动。

2）所有行星轮式自动变速器都是由行星齿轮机构、离合器、制动器、有的还有单向离合器组成，即由三轮三器组成。

3）所有行星轮式变速器都是用三器将三轮进行不同的主动和制动组合，得到各种不同档的输出。

4）实训不是锻炼动手能力，而是要学会怎样找出行星齿轮机构哪几轮主动旋转，哪几轮制动。知道了哪几轮主动，哪几轮制动，对变速器的结构便可了如指掌。

综上可知，利用独创的等效结构图，不仅可使该变速器结构一目了然，更重要的是从中感悟出，将所有行星轮式自动变速器结构破难为易的规律，利用此规律，可掌握所有行星轮式变速器的结构。

二、将该变速器实体分解七部分，分析结构原理

通过独创的等效结构图的分析已知，变速器的实训重点，是训练怎样找出各行星排哪几轮主动旋转，哪几轮可制动。知道各行星排哪几轮主动，哪几轮制动，才能分析变速器各档是怎样输出的，知道变速器各档是怎样输出的，才能使故障诊断有的放矢。

实训拆装变速器时，与传动无关的所有螺栓、轴承、油封、垫片、卡簧、弹簧等，只记住怎样拆下再怎样装回便可。

下面实拆变速器实体，演练怎样分析变速器结构。

先将变速器实体拆分成七部分，如图 3-1-2 所示。

对照等效结构图（图 3-1-1），或从实体拆分图（图 3-1-2）可知，辛普森式三行星排自动变速器主体由油泵，超速行星排，离合器 C1，离合器 C2，制动器 B1、B2、F1，B3 后双行星排，后壳体等七部分组成。

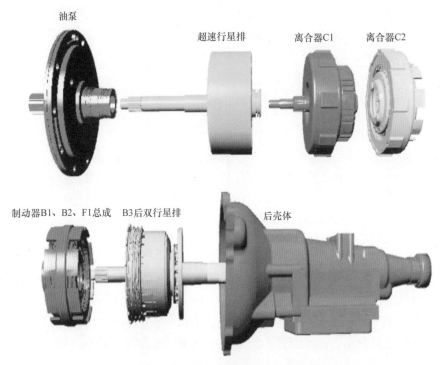

图 3-1-2 三行星排自动变速器主体总成拆分图

1. 油泵

对照图 3-1-1 或图 3-1-2 中可知，油泵壳体用螺栓固定在变速器前端壳体上，油泵前端的花键轴与液力变矩器导轮单向离合器内环键配合，通过单向离合器可将导轮单方向制动，以便为泵轮助力。油泵壳体内装有主动转子和被动转子，液力变矩器壳体（泵轮）上的轴与油泵主动转子键配合，可使油泵主动转子旋转泵油。

2. 超速行星排

1）对照图 3-1-1、图 3-1-2 或从实体拆分中均可知，超速排前端的花键轴穿过油泵后，插入变矩器内，与涡轮键配合。该花键轴是超速排行星架，因此，该行星架可随涡轮主动旋转，是该变速器主动件。

2）超速行星排由离合器 C0、制动器 B0、单向离合器 F0 组成。

3. 离合器 C1

1）对照图 3-1-1 和图 3-1-2 或从实体拆分中可知，离合器 C1 前端的花键轴插入超速排，与超速排内的齿圈键配合一体。

2）C1 离合器可将双排行后齿圈与超速排齿圈连成一体，使双排后齿圈随超速排齿圈主动旋转。

4. 离合器 C2

1）对照图 3-1-1 和图 3-1-2，或从实体拆分中可知，离合器 C2 鼓内有一组 C2 离合器片。

2）C2 钢片和摩擦片压在一起时，可将双排太阳轮与超速排齿圈连成一体，使双排太阳轮主动旋转。

5. 制动器 B1、B2、F1

对照图 3-1-1 和图 3-1-2，或从实体拆分中可知，制动器 B1、B2、F1 总成内，装有制动器 B1、B2、单向离合器 F1。

1）制动器 B1 的钢片和摩擦片可将双排太阳轮与变速器壳体连成一体，可将双排太阳轮制动。

2）制动器 B2 和单向离合器 F1 可单向制动双排太阳轮。

6. 后双行星排结构分析

1）对照图 3-1-1 和图 3-1-2 可知，双行星排总成内有制动器 B3、单向离合器 F2 和双排行星齿轮机构。

2）对照图 3-1-1、图 3-1-2，或从实体拆分中可知，制动器 B3、单向离合器 F2 可分别将双排前排行星架制动和单向制动。

为熟练掌握分析变速器结构的方法，再将图 3-1-2 的每一部分分别全分解，演练怎样分析变速器结构（应将图复印，以方便图文对照）。

三、变速器以上各部分再分解分析结构原理

1. 超速行星排分解

将图 3-1-2 中第二部分超速行星排分解，如图 3-1-3 所示。

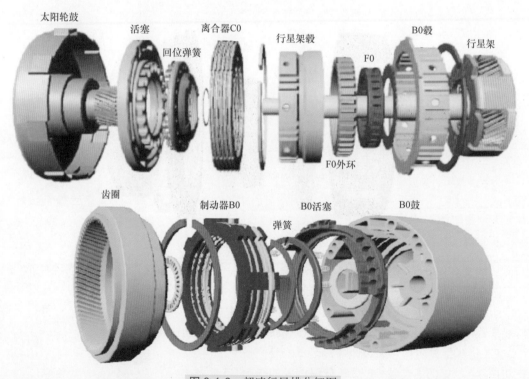

图 3-1-3　超速行星排分解图

（1）超速排结构

对比图 3-1-1 与图 3-1-3 或从实体分解中均可知，超速排由辛普森式单排行星齿轮机构、一组离合器片 C0 及一组制动器片 B0 和一个单向离合器 F0 组成。

（2）C0 将超速排连成一体

对比图 3-1-1 与图 3-1-3 或从实体分解中均可知，太阳轮与鼓一体，离合器 C0 的钢片与太阳轮鼓键配一体，摩擦片与行星架毂键配一体，行星架毂又与行星架凸键配合，因此 C0 工作后便将太阳轮与行星架及输入轴连成一体。

根据单排传动规律已知，单行星排任意两轮连成一体，单排自连成一体。又因行星架前端花键轴与变矩器涡轮键配合，C0 工作后便使超速排连成一体随涡轮主动旋转。

（3）B0 制动超速排太阳轮

对比图 3-1-2 与图 3-1-3 或从实体分解中均可知，B0 摩擦片与图 3-1-3 中的 B0 毂键配合，而 B0 毂又与太阳轮鼓键配合，B0 钢片与固定在壳体上的 B0 鼓键配一体，B0 工作后便将超速排太阳轮制动。

（4）F0 单向将超速排连成一体

对比图 3-1-1 与图 3-1-3 或从实体分解中均可知，单向离合器 F0 外环与行星架毂键配合，F0 内环是太阳轮鼓，F0 可单方向将行星架与太阳轮连成一体，这样就使超速排单方向成一体主动旋转。

2. C1 将后齿圈与超速排齿圈连成一体

将图 3-1-2 中的离合器 C1 总成分解后，如图 3-1-4 所示。

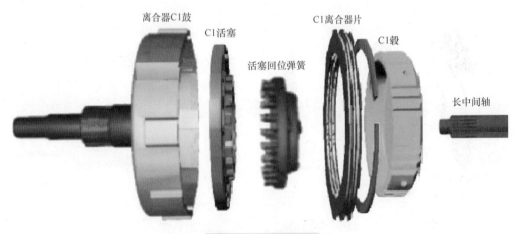

图 3-1-4　离合器 C1

对比图 3-1-1 和图 3-1-4 或从实体分解中均可知，图 3-1-4 中 C1 鼓前端的花键轴与图 3-1-3 中的齿圈键配一体，C1 钢片与 C1 鼓键配合，摩擦片与 C1 毂键配合，而 C1 毂中央花键孔，又通过中间轴与图 3-1-7 中的双排后齿圈连成一体。由此可知离合器 C1 工作后，可将超速排齿圈与双排后齿圈连成一体，使双排后齿圈随超速排齿圈一同主动旋转。

3. C2 将双排太阳轮与超速排齿圈连成一体

将图 3-1-2 中的离合器 C2 总成分解后，如图 3-1-5 所示。

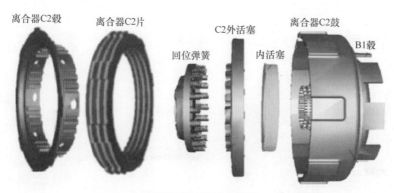

图 3-1-5　离合器 C2

对比图 3-1-1 和图 3-1-5 或从实体分解中均可知：

C2 摩擦片与图 3-1-4 中的 C2 毂键配一体，C2 毂又与图 3-1-4 中的 C1 鼓键配一体。离合器 C2 中的钢片与 C2 鼓键配一体，C2 鼓与图 3-1-7 中的双排太阳轮键配一体。

因此，离合器 C2 工作后，便将后双排的太阳轮，通过 C2 毂、C1 鼓与超速排齿圈键配一体，使双排太阳轮随超速排齿圈一同旋转。

4. B1 制动双排太阳轮、B2F1 单向制动双排太阳轮

将图 3-1-2 中的制动器 B1、B2、F1 拆分后，它们的结构如图 3-1-6 所示。从实体拆分中可知，B1、B2 鼓用螺栓固定在变速壳体上，由此可知，该部分有 B1 和 B2 两组制动器片，分别装在制动鼓左右两腔内。

（1）制动器 B1

从图 3-1-6 可知，B1 的钢片与 B1、B2 鼓键配合，B1 的摩擦片与图 3-1-5 中的 B1 毂键配合，B1 毂中央花键孔又与图 3-1-7 中的后双行星排太阳轮键配一体。制动器 B1 工作后，将后双行星排太阳轮制动。

（2）制动器 B2 与单向离合器 F1

从图 3-1-6 可知，B2 各零件装在 B1、B2 鼓右腔内。B2 的钢片与 B1、B2 壳键配合，B2 的摩擦片与 B2 毂键配合，B2 毂是单向离合器 F1 的外环，F1 的内环是图 3-1-7 中的双排太阳轮，因此，B2 工作后，可通过单向离合器 F1 将双排太阳轮单向制动。

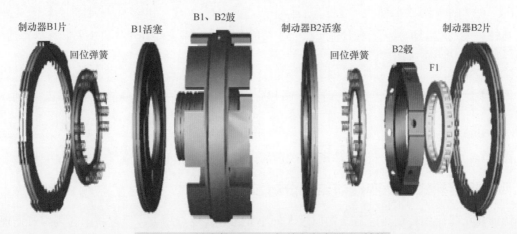

图 3-1-6　制动器 B1、B2 与单向离合器 F1 结构

5. 双行星排拆分

将图 3-1-2 中的后双行星排总成分解后，如图 3-1-7 所示。

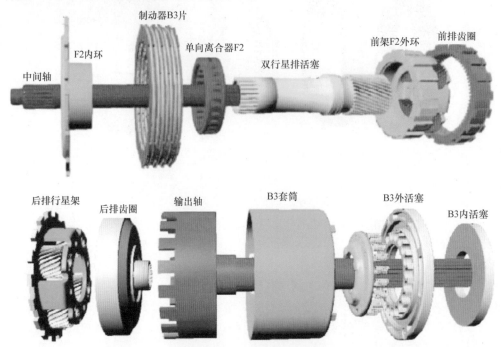

图 3-1-7　后双行星排结构

对比图 3-1-1 和图 3-1-2，或从实体分解图 3-1-7 中均可知，该部分由前行星排、后行星排、制动器 B3 片、单向离合器 F2、太阳轮、输出轴、套筒及内外活塞组成。

（1）双排太阳轮是单向离合器 F1 内环

对比图 3-1-1 和图 3-1-7 或从实体分解中均可知，图 3-1-1 中的太阳轮是图 3-1-6 中单向离合器 F1 的内环，外环是图 3-1-6 B2 毂，B2 和 F1 串联，可单向制动双排太阳轮。

（2）制动器 B3 制动前架

从图 3-1-7 可知，制动器 B3 钢片与壳体键配一体，摩擦片与前架键配一体，B3 可制动双排前架。

（3）F2 可单向制动前架

从图 3-1-7 又可知，单向离合器 F2 外环与壳体键配一体，外环是图 3-1-7 中的双排前架，单向离合器 F2 可单向制动前架。

（4）输出轴

图 3-1-7 中输出轴与图 3-1-7 的前排齿圈和后排行星架键配一体，使前圈后架与输出轴连成一体。

（5）套筒及内外活塞

图 3-1-7 中的套筒在内外活塞作用下，先后压紧 B3 制动片，制动双排前排行星架。

四、行星轮式自动变速器结构分析技巧

因所有行星轮式自动变速器结构原理大同小异，只要下点功夫，反复将上述内容真正理解并记忆，便可提纲挈领地总结出分析所有变速器结构的技巧。

1）拆分实训中，所有与传动无关的螺栓、垫片、轴承、弹簧、油封等，均只记住怎样拆下再怎样装回即可。

2）拆分后按顺序一字排开，一目了然有几个行星排，有几个离合器，有几个制动器，有没有单向离合器。

3）集中精力找出各离合器钢片和摩擦片、能将哪轮与输入轴连成一体；各制动器钢片和摩擦片、能将哪轮与变速器壳体连成一体；若有单向离合器，再找出单向离合器内外环是哪两轮或是不是壳体。

只要找出变速器哪轮主动旋转，哪轮可制动，对变速器结构便可了如指掌。

五、用传统传动图分析结构技巧

在将第一章变速器组成中的离合器、制动器、单向离合器、行星齿轮机构的结构原理，充份理解并能够倒背如流后，本教材又用独创的平面结构图和实体拆分，演练了怎样分析行星轮式自动变速器的结构。

在此基础上，本教材又总结出分析结构的技巧，从中便感悟到利用手中传统的传动图，分析自动变速器的结构，更加轻而易举。

下面就用传统传动图，演练怎样使变速器结构一目了然。

图 3-1-8 是沃尔沃 AW-71 型自动变速器传动图。

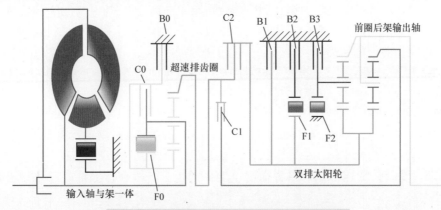

图 3-1-8　沃尔沃 AW-71 型自动变速器传动图

从图 3-1-8 可知，该变速器由三个行星排、C0、C1、C2 三个离合器和 B0、B1、B2、B3 四个制动器及 F0、F1、F2 三个单向离合器组成。

（1）C0、F0 可将超速行星排连成一体

从图 3-1-8 可知，超速排由辛普森单行星排和离合器 C0、单向离合器 F0、制动器 B0 组成。

离合器 C0 的钢片和摩擦片可将行星架（输入轴）与太阳轮连成一体，于是，根据单排传动规律可知，超速排自成一体，随行星架（输入轴）一同顺时针旋转。

（2）F0 也可将超速行星排连成一体

单向离合器 F0 内环是太阳轮，外环是行星架，F0 可单向将行星架（输入轴）与太阳轮连成一体，使超速排自身单向连成一体，随行星架一同顺时针旋转。

（3）B0 可制动超速排太阳轮

从图 3-1-8 可知，制动器 B0 的钢片和摩擦片，可制动太阳轮。超速排齿圈是该行星排的

输出。

（4）双排行星齿轮机构的结构

从图3-1-8又可知，双行星排行星齿轮机构是前辛普森行星排和后辛普森行星排组合而成的辛普森式行星齿轮机构，并由离合器C1、离合器C2，及制动器B1、B2、B3和单向离合器F1、F2组成。

从图3-1-8又可知，双行星排太阳轮两排共用，前排齿圈后排行星架及输出轴连成一体，是变速器的输出元件。

（5）C1将超速排齿圈与双排后圈连成一体

从图3-1-8又可知，C1的钢片和摩擦片可将双排后齿圈与超速排齿圈连成一体，使双排后齿圈随超速排一起旋转。

（6）C2将超速排齿圈与双排太阳轮连成一体

从图3-1-8还可知，C2的钢片和摩擦片可将双排太阳轮与超速排齿圈连成一体，使双排太阳轮随超速排一起旋转。

（7）B1可制动双排太阳轮

从图3-1-8可知，B1的钢片和摩擦片可将双排太阳轮与变速器壳体连成一体，使双排太阳轮制动。

（8）B2、F1单向制动双排太阳轮

从图3-1-8可知，制动器B2的钢片和摩擦片可将单向离合器F1外环与壳体连成一体，将F1外环制动，F1内环与双排太阳轮一体，于是，制动器B2可通过F1单向制动双排太阳轮。

（9）B3可制动前排行星架

从图3-1-8可知，制动器B3的钢片和摩擦片可将双排前架与壳体连成一体，B3可制动双排前行星架。

（10）F2单向制动双排前架

从图3-1-8可知，F2内环是双排前行星架，外环是壳体，通过单向离合器F2单向制动双排前行星架。

综上可知，复杂的变速器结构可轻而易举地了如指掌。所有行星轮式自动变速器可以此类推。

结构提示

只要下点功夫将用平面结构图、用实体拆分、用传动图分析变速器的结构方法破难为易，就可从中感悟出分析所有行星轮式变速器结构的规律，即：

1）实训拆装或用传动图分析结构时，首先找出与涡轮连接的输入轴，再找出与输出轴相连的行星齿机构的齿轮。

2）找出行星架，确认行星齿轮机构有几个行星排。

3）找出有几个离合器，有几个制动器，有没有单向离合器。

4）再分别找出每一个离合器的钢片和摩擦片，能将行星齿轮机构哪一轮与输入轴连成一体；再分别找出每一个制动器的钢片和摩擦片，都能将行星齿轮机构哪一轮制动；若有单向离合器，再找出单向离合器能将哪一轮单向制动，或者可使哪轮单向主动旋转。

学会找出变速器各行星排哪一轮主动，哪一轮制动的方法，是实训的主要目的。

第二节 辛普森单排行星齿轮机构传动原理

所有行星齿轮式自动变速器各档输出，均是由一个行星排向下一个行星排接力传递完成的，所以，只要将单行星排的传动原理了如指掌，各档输出的分析便迎刃而解。

一、齿圈主动、太阳轮制动、行星架输出

1. 行星架输出

齿圈主动、太阳轮制动、行星架输出工况如图 3-2-1 所示。

辛普森式行星齿轮机构传动方程:

$$n_1+an_2-(1+a)n_3=0$$

式中，n_1 为太阳轮转速; n_2 为齿圈转速; n_3 为行星架转速; a 为齿圈齿数/太阳轮齿数

因太阳轮制动，$n_1=0$，代入上式解方程。齿圈与行星架传动比为

$$n_2/n_3=(1+a)/a$$

$n_2/n_3>1$，是减速输出

图 3-2-1 齿圈主动、太阳轮制动工况

从图 3-2-1 可知、当齿圈主动顺时针旋转时，齿圈轮齿便给行星轮齿一个作用力，行星轮齿受力后必定会顺时针旋转，但因太阳轮制动，则太阳轮轮齿必给顺时针旋转的行星轮齿一个反作用力。

行星轮齿在作用力与反作用力的合力作用下，使行星轮必定绕制动的太阳轮顺时针旋转，并带动行星架顺时针公转输出。

2. 行星架输出传动规律

从运动方程或传动过程均可知，太阳轮制动，齿圈主动顺时针旋转时，必使行星架顺时针旋转，因此，齿圈必定旋转几个轮齿后，才能使行星轮在制动的太阳轮上转动一个齿，即齿圈旋转很多圈，才能使行星轮驱动行星架转一圈，行星架输出的转速低于主动转速，由此可得出一个重要的传动规律:

在辛普森行星排里，只要确认行星架输出，输出的转速一定低于主动的转速，是低速档减速输出。

二、行星架主动、太阳轮制动、齿圈输出

1. 行星架主动旋转

行星架主动、太阳轮制动、齿圈输出工况如图 3-2-2 所示。

辛普森式行星齿轮机构传动方程：

$$n_1 + an_2 - (1+a)n_3 = 0$$

太阳轮与行星架传动比为

$$n_3/n_2 = a/(1+a)$$

$n_1/n_3 < 1$，是超速输出

图 3-2-2　行星架主动、太阳轮制动工况

从图 3-2-2 可知，当行星架带着行星轮主动顺时针旋转时，因太阳轮制动，太阳轮轮齿必定给行星轮轮齿一个反作用力，使行星轮必顺时针旋转，其轮齿必给齿圈轮齿一个推力，齿圈在行星轮齿作用力作用下，必须克服其运动阻力而顺时针旋转输出。

2. 行星架主动旋转重要规律

从运动方程或传动过程均可知，因齿圈顺时针旋转的转速，是主动旋转的行星架顺时针旋转的转速与行星轮在架上顺时针旋转的转速之和，使齿圈高于主动的行星架的转速超速输出。

因此，又可得出另一个重要的传动规律：

在辛普森行星排里，只要确认行星架主动旋转，输出的转速一定高于主动的转速，是超速档输出。

三、太阳轮主动、行星架制动、齿圈输出

1. 行星架制动

太阳轮主动，行星架制动工况如图 3-2-3 所示。

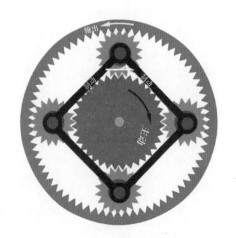

辛普森式行星齿轮机构传动方程：

$$n_1 + an_2 - (1+a)n_3 = 0$$

因行星架制动，$n_3=0$，代入上式解方程。太阳轮与轮圈传动比为

$$n_1/n_2 = -a$$

$n_1/n_2 > 1$，主被动旋转方向相反，是减速输出

图 3-2-3　太阳轮主动，行星架制动工况

从图 3-2-3 可知，当行星架制动，太阳轮主动顺时针旋转时，太阳轮轮齿必定给行星轮轮齿一个作用力，使行星轮在太阳轮齿作用力推动下，必定在制动的行星架上逆时针旋转。行星轮在制动的行星架上逆时针自转时，行星轮齿必定给齿圈轮齿一个作用力，齿圈轮齿必在行星轮齿作用力作用下逆时针旋转而输出。

2. 行星架制动重要传动规律

在辛普森行星排里，只要确认行星架制动，主动输出与被动输出的旋转方向一定相反，且多以齿圈输出为倒档输出。

四、任意两轮连成一体、直接档输出

1. 辛普森单行星排任意两轮连成一体

辛普森单行星排任意两轮连成一体的传动原理如图 3-2-4 所示。

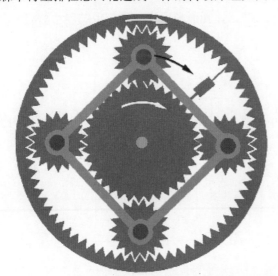

行星齿轮机构中只要任意两元件连成一体，其他各元件均因齿轮啮合而自连，整个行星排连成一刚体。

图 3-2-4 辛普森单行星排任意两轮连成一体图

从图 3-2-4 可知，若离合器将齿圈和太阳轮连成一体，两轮便不会有相对运动。而各行星轮轮齿既与太阳轮又与齿圈相啮合，因此各行星轮也与太阳轮和齿圈连成一体，三者间便不会有相对运动。

又因行星架穿在各行星轮中，行星架也与太阳轮等连成一体。而齿圈又以其轮齿分别与各行星轮齿相啮合，齿圈也与各轮自连成一体，整个行星排连成一整体输出直接档。

2. 任意两轮连成一体的重要传动规律

从运动方程或传动过程均可知，当将行星排任意两轮连成一体时，两轮便不会有任何的相对运动，而其他各轮因与该两轮相啮合，也自连成一体。

即若行星排任意两轮连成一体，整个行星排自连成一个整体。

通过以上分析可知，将辛普森行星排中太阳轮、行星架、齿圈三者进行不同的主动和制动组合，便可得到不同传动比的输出，且有以下重要的传动规律。

五、辛普森单行星排传动规律

为方便记忆，辛普森行星排以行星架做参照物。

1）行星架主动：超速输出。且多以齿圈输出为超速档输出。

2）行星架输出：是低速档输出。

3）行星架制动：主被动转向相反，且多以齿圈输出为倒档。

4）单行星排中，任意两轮连成一体，行星排便自连成一体，输出直接档。

只要将上述规律深入理解并记住，遇到辛普森行星排时，不用一个齿轮一个齿轮地分析，也可让各档输出一目了然。

第三节 三行星排辛普森式自动变速器各档传动原理

目前，表现行星齿轮式自动变速器各档传动原理的图均如图 3-3-1 所示。

用这样一张固定不变的图，靠教师连说带比划，想将各档传动原理剖析得一目了然，实在是难上加难。本书将传统的图 3-3-1 翻转 90°，独创地画出了一张与传统传动图完全等效的传动图，如图 3-3-2 所示。

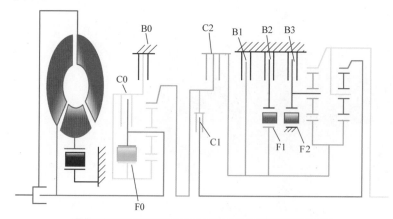

图 3-3-1 三行星排自动变速器传统的传动原理图

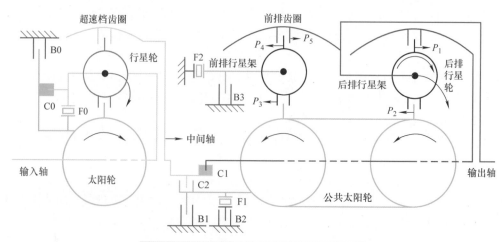

图 3-3-2 三行星排自动变速器等效传动图

画这张传动图不是学习怎样画等效传动图，而是用这张图可将该变速器各档传动剖析得淋漓尽致，以便借此总结出不用一个齿轮一个齿轮地分析，便可总结出将所有变速器各档输出一目了然的规律。

从图 3-3-2 可知，它与传统的传动图完全等效，即它也是由超速行星排，双行星排，C0、C1、C2 三个离合器和 B0、B1、B2、B3 等四个制动器，以及单向离合器 F0、F1、F2 等组成。

从图 3-3-2 又知，该独创传动图不仅可引入简单的作用力与反作用力，以及力的合成和分解，还可以将各轮转向用箭头清晰展示。这样，既可提高传动知识的含金量、又可利用软件，将各档传动过程动感地演示，以便彻底地破解行星轮式自动变速器的传动难题。

将图 3-3-1 画成图 3-3-2 等效平面传动图，借此可总结出所有行星轮式自动变速器传动规律，再也不用一个齿轮一个齿轮的旋转来总结分析，便可使各档输出一目了然。

图 3-3-2 是图 3-3-1 的等效平面传动图，图 3-3-3 是图 3-3-1 的等效立体传动图。从图 3-3-3 可知，利用独创的等效立体传动图，既可用平面动画功能，又可用 3D 动画功能，将行星轮式自动变速器的各档传动原理，在全部动感演示中剖析，又可引入简单的作用力和反作用力，使行星齿轮机构的结构原理一目了然，高知识密度地将行星齿轮机构深入展示。

一、D 位 D1 档传动原理

D 位 D1 档传动图如图 3-3-3 所示。

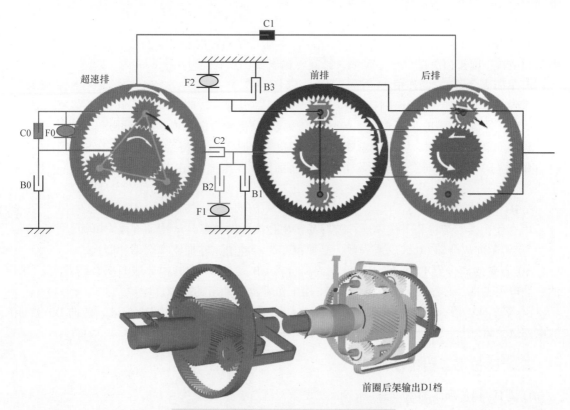

前圈后架输出D1档

图 3-3-3　辛普森三行星排 D1 档传动原理

当变速杆入 D 位，车速在 D1 档范围，电控单元使离合器 C0、F0 和 C1 工作，D1 档传动过程如下。

1. 离合器 C0、单向离合器 F0 将超速排连成一体

从图 3-3-3 可知，C0 工作后，便将主动旋转的行星架与太阳轮连成一体，根据单排传动规律可知，行星排任意两轮连成一体，行星排自连成一体，超速排自连成一体，又因行星架与输入轴键配一体，输入轴驱动行星架使整个行星排一同顺时针旋转。

此时，因行星架顺时针旋转，使 F0 锁止。于是单向离合器 F0 也将行星架与太阳轮单向连成一体，与 C0 一同使超速排顺时针主动旋转。

2. 离合器 C1 使双排后齿圈顺时针旋转

从图 3-3-3 可知，C1 工作后，离合器 C1 的钢片和摩擦片将超速排齿圈与双行星排后排齿圈连成一体，于是，后排齿圈随超速排齿圈一同主动顺时针旋转。

3. 后齿圈主动顺转，前架制动，前圈后架输出 D1

从图 3-3-3 可知，后齿圈主动顺转时，后排行星轮顺转，双排太阳轮逆时针旋转，太阳轮逆时针旋转，太阳轮轮齿必给前排行星轮齿一个顺时针旋转作用力，使前排行星轮顺时针旋转，其轮齿必定受齿圈轮齿一个反作用力。于是，前排行星轮齿在作用力和反作用力的合力作用下，使前架受到逆时针旋转力。

从图 3-3-3 可知，前架逆时针旋转时，前架是单向离合器 F2 内环，内环逆时针旋转时锁止。于是，前排行星架制动。前架制动后，前排行星轮便在制动的行星架上原地顺转，使前排齿圈带动后排行星架顺时针旋转，输出 D1 档。

4. 重要传动规律

在辛普森单行星排中，只要行星架制动，主动与被动转向相反，且以齿圈输出最低档。因太阳轮逆转，前排齿圈后排行星架顺时针旋转输出 D1 档。

5. 单向离合器 F0 的作用

若没有单向离合器 F0，因挂 D 位到踏下加速踏板有一段时间间隔，在此间隔内，发动机怠速运转，使离合器 C0 油压过低，导致离合器 C0 摩擦片打滑加剧，严重磨损。

若用 F0 与 C0 并联，发动机怠速带动行星架顺时针转时，F0 便将行星架与太阳轮连成一体，使 C0 的钢片与摩擦片一同旋转，消除了汽车起步前钢片与摩擦片相对运动造成的磨损，并消除起步冲击。

6. D1 档故障诊断技巧

因有什么样的结构和工作原理，就容易产生什么样的故障，从传动规律中可知：

1）若单向离合器 F0 装反或失效，必使汽车起步冲击，并加剧离合器片磨损。

2）若单向离合器 F2 失效或装反，或离合器 C0 或 C1 严重磨损，或向离合器 C0 或 C1 供油的油电路不良，必造成无 D1 档，或 D1 档工作不良及冲击的故障。

3）若有 D1 档，但无 L1 档，因 L1 档制动器 B3 工作，无 L1 档 B3 失效，或向 B3 供油的油电路有故障。

二、D 位 D2 档传动原理

D 位 D2 档传动图如图 3-3-4 所示。

当车速升至 D2 档范围时，在 D1 档离合器 C0、C1，单向离合器 F0 的基础上，电控单元又使制动器 B2 和单向离合器 F2 工作，于是，升入 D2 档，其传动过程如下。

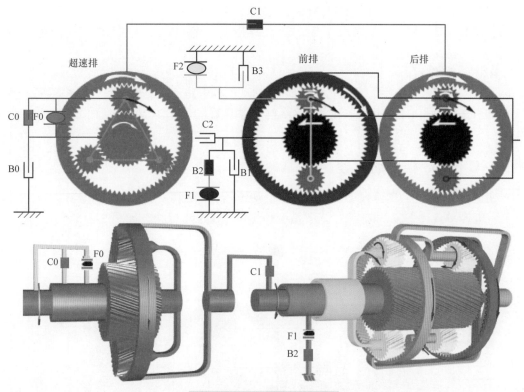

图 3-3-4　D2 档传动原理图

1. 后排齿圈顺时针旋转

从图 3-3-4 可知，C0、F0 工作后，便将超速排连成一体随行星架一同顺转。又因离合器 C1 的钢片和摩擦片将超速排齿圈与双排后齿圈连成一体，后齿圈便顺时针旋转。

2. D2 档输出

后排齿圈主动顺转时，其轮齿必定给后排行星轮齿一个顺时针旋转的作用力，使后排行星轮顺时针旋转，其轮齿必给太阳轮齿一个逆时针旋转的作用力，因此时制动器 B2 工作，B2 必使 F1 内环逆转，内环逆转单向离合器 F1 锁止，将内外环与壳体连成一体，将双排太阳轮制动，使后行星轮齿必受制动的太阳轮齿一个反作用力。于是，后排行星轮齿在作用力与反作用的合力作用下，使后排行星架顺时针旋转而输出。

从传动规律中可知，后齿圈主动顺转时，必定使后架顺转，于是，齿圈转过几个齿才能使行星轮转一个齿，因此，齿圈需旋转很多圈后，才能使行星轮带动行星架在制动的太阳轮上转一圈，即行星架输出的转速低于主动的齿圈转速，是低速档输出，但因 D2 档后行星轮是在顺转的架上顺转，是 D1 档转速加行星架转速，是 D2 档输出。

3. D2 档前排行星架空转

后排行星架顺转输出 D2 档时，因后排行星架与前排齿圈连成一体，因此前齿圈也以 D2 档转速顺转，于是，前圈轮齿必给前行星轮齿一个顺时针旋转的作用力，使前行星轮顺时针旋转，前行星轮顺时针旋转时，必定受制动的太阳轮齿一个反作用力。于是，前行星轮在作用力与反作用的合力作用下，顺时针旋转并拉动行星架顺时针旋转，前架顺转时 F2 解锁，前架空转对后排输出无干涉。

4. D2 档传动规律

从后排传动中可总结出一个重要的传动规律：

在辛普森行星排里，只要确认行星架输出，输出的转速一定低于主动的转速，是低速档减速输出。

5. D2 档故障诊断

1）若 D1 档正常无 D2 档，必是 B2 及向 B2 送油的油电路不良或单向离合器 F1 装反或失效。

2）因 L2 档时用 B1 制动太阳轮，若 D2 档正常但无 L2 档，必是 B1 或向 B1 送油的油电路不良。

三、D 位 D3 档传动原理

当变速杆在 D 位，车速在 D3 档范围时，变速器在 D2 档 C0、C1、F0、B2、F2 工作的基础上，电控单元还使 C2 取代 B2，于是变速器进入 D3 档行驶，如图 3-3-5 所示。

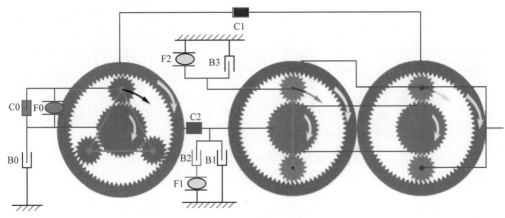

图 3-3-5　D3 档传动原理图

1. 传动原理

从图 3-3-5 可知，D3 档是在 D2 档基础上，将 B2 换成 C2 工作（B2 由 F1 解锁）。

因 C2 工作，从图 3-3-5 可知，C2 把双排太阳轮与超速排齿圈连成一体，又因 C1 已将后齿圈与超速排连成一体，从传动规律可知，行星齿轮机构任意两轮与输入轴（超速排）连成一体，三个行星排连成一体一同顺时针旋转，使前圈后架输出直接档，该变速器为 D3 档。

2. 重要的传动规律

1）双行星排行星齿轮机构任意两轮与输入轴连成一体，行星齿轮机构各轮便连成一体，且与输入轴连成一体输出直接档。

2）无单向离合器参与工作的档，汽车滑行时发动机对滑行有制动作用。本档因 F0 和 C0 并联，滑行时因 C0 仍工作，仍将输入轴与后行星排连成一体，故该变速器 D3 档滑行时，发动机压缩压力有制动作用。

3. D3 档故障诊断

若 D1 档、D2 档正常，只 D3 档工作不良，应重点检查 C2 或向 C2 供油的油电路，如果找不到油路图，应首先检查所有电磁阀，若电磁阀良好，再拆检离合器、制动器，最后再拆检阀体，检查各阀弹簧是否折断、滑阀是否卡滞、滑阀及套筒是否拉伤等。

四、D 位 D4 档传动原理（超速档）

当变速杆在 D 位，汽车由 D3 档升入 D4 档设定车速时，电控单元使超速排的 C0 换成 B0 工作，D4 档传动原理如图 3-3-6 所示。

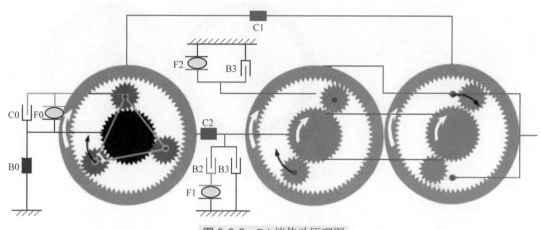

图 3-3-6   D4 档传动原理图

1. 超速排 C0 换 B0

从图 3-3-6 可知，D4 档时，C1、C2、B0 工作。制动器 B0 工作后将超速排太阳轮制动，因超速排行星架与输入轴一同主动顺时针旋转，行星架带动行星轮顺转时，制动的太阳轮齿必定给行星轮齿一个阻力，使行星轮在行星架上顺时针公转并顺时针自转，于是行星轮齿必定给齿圈轮齿一个作用力，使齿圈顺时针旋转，因齿圈顺时针旋转的转速是主动的行星架转速与行星轮转速之和，因此，超速排齿圈以高于主动行星架的转速超速旋转。

2. 双排前圈后架输出 D4 档

从图 3-3-6 又可知，D4 档时因离合器 C1 仍工作，仍将超速排齿圈与双排后齿圈连成一体，于是，后齿圈便超速顺转。

又因 D4 档时，离合器 C2 仍工作，仍把双排太阳轮与超速排齿圈连成一体，根据行星齿轮机构两轮连成一体，按其他各轮自连的规律，后双排与超速排自连成一体。随超速排齿圈同速顺转，使双排前圈后架超速顺转，输出超速档 D4 档。

3. 重要传动规律

对于辛普森行星排，只要确认行星架主动旋转，一定输出超速档。

4. D4 档故障诊断

若 D1 档、D2 档、D3 档正常，只 D4 档工作不良，应重点检查 B0 或向 B0 供油的油电路，如果找不到油路图，应首先用万用表检查所有电磁阀，若电磁阀良好，再拆检离合器和制动器，若离合器和制动器良好，再拆检阀体，检查各阀弹簧是否折断、滑阀是否卡滞、滑阀及套筒是否拉伤等。

五、R 位（倒档）传动原理

当变速杆挂入 R 位，超速排的 C0、F0 工作，同时 C2、B3 也工作，传动原理如图 3-3-7 所示。

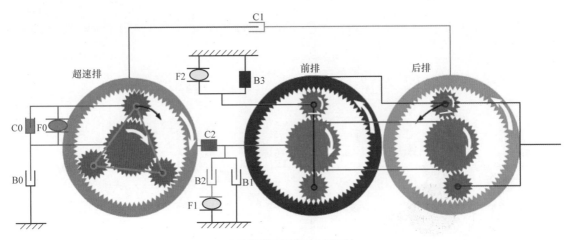

图 3-3-7　倒档传动图

1. 双排太阳轮顺时针旋转

从图 3-3-7 可知，C0 与 F0 工作后，使超速排连成一体随涡轮主动顺时针旋转，又因 C2 把双排太阳轮与超速排的齿圈连成一体，所以双行星排太阳轮便在涡轮带动下顺时针主动旋转。

2. 双排前排齿圈逆时针旋转输出倒档

从图 3-3-7 又可知，B3 制动双排前行星架，所以双排太阳轮主动顺时针旋转时，其轮齿必定给前行星轮齿一个作用力，使前排行星轮在制动的行星架上逆时针旋转，前排行星轮齿必定给前排齿圈轮齿一个作用力，前排齿圈必定逆时针旋转，使前圈后架输出倒档。

3. 倒档重要传动规律

从该档传动中可总结出一个重要的传动规律：

对于所有辛普森行星排，只要确认行星架制动，主动与被动输出的转向一定相反，且多以齿圈输出为倒档。

4. 倒档故障诊断

若汽车有前进档无 R 位，因前进各档正常，证明 C0 与 C1 正常，应重点检查制动器 B3 及向制动器 B3 供油的油电路。

重要提示

1）从三行星排变速器的分析中可知，所有行星轮式自动变速器，各档输出最后均是由两个行星排组合而成的行星齿轮机构完成的。

2）只要在输出行星齿轮机构输入端，再连接一个行星排或一个双排行星齿轮机构，将其几个不同转速传递给输出行星齿轮机构，便可输出更多档位。

六、行星轮式变速器各档输出分析技巧

所有辛普森行星排传动规律是：

1）只要确认行星架制动，主被动旋转方向必定相反，且多以齿圈为倒档输出。

2）只要确认行星架输出，行星架输出的转速必低于主动的转速，是低速档减速输出。

3）只要确认行星架主动，输出的转速一定高于主动旋转的行星架的转速，是超速档超出输出。

4）行星齿轮机构任意两轮与输入轴连成一体，各轮自连与输入轴一同旋转，必定输出直接档。

综上可知，有什么样的结构，有什么样的工作原理，就有什么样的故障产生，只有掌握结构原理，才是准确判断故障的治本之举。

第四节　辛普森三行星排自动变速器油路系统

因自动变速器很多故障均与油路有关，要想准确完成变速器故障诊断，必须掌握油路的结构及工作原理。油路是自动变速器中最复杂的部分，但因所有变速器油路的控制思路，均大同小异，所以，只要将任意一个变速器油路了如指掌，便可总结出分析油路的规律。

本教材独创地将油路图标注了许多字母，利用字母导航，可以将像蜘蛛网一样的油路破难为易（请复印各油路图，方便学习）。

一、D1 档油路结构原理

辛普森三行星排 D1 档油路图如图 3-4-1 所示。

1. 主调压阀调压原理

从油路图 3-4-1 可知，与所有自动变速器主调压阀一样，调压过程是油泵油压、控制油压、弹簧力三者的抗衡，系统控制主调压阀打开泄油口开度的大小，通过泄油的办法，将油泵油压调节成主油压。

从油路图 3-4-1 可知，油泵将自动变速器油泵出后→经图 3-4-1 中 A →再经 B 下行→分别入主调压阀 E 腔→ C 腔。从节气门阀调出的节气门油压，从节气门阀 f 油口出→经 9 →经 10 →入主调压阀上腔 G，上下两油压与弹簧力三力抗衡，决定打开泄油口 F 和 D 腔泄油口开度的大小，通过将 E 腔油泵油液向 D 腔变矩器调压阀和经 F 口向滤网油底泄油的办法，将油泵油液调整成主调压阀 C 腔的主油压。

深度解析

自动变速器油路中，有很多开关式电磁阀。开关式电磁阀有常开式和常闭式两种，怎样判断开关电磁阀是常开还是常闭？

因大多数自动变速器，D1 档油路中的开关电磁阀均不通电。因此，D1 档油路中，关闭泄油口输出控制油压的电磁阀为常闭电磁阀。D1 档打开泄油口不输出控制油压的电磁阀为常开电磁阀。

因该变速器 D1 档 1-2 档电磁阀关闭泄油口，输出主油压将 1-2 档换档阀和 3-4 档换档阀压下，所以它是常闭电磁阀。3-4 档电磁阀，因 D1 档打开泄油口，使 2-3 档换档阀移动到上端，所以它是常开电磁阀。

还可用通电来检测，即通电有落座声，断电无声的电磁阀，为常开电磁阀。通电无落座声，断电有落座声的电磁阀，为常闭电磁阀。

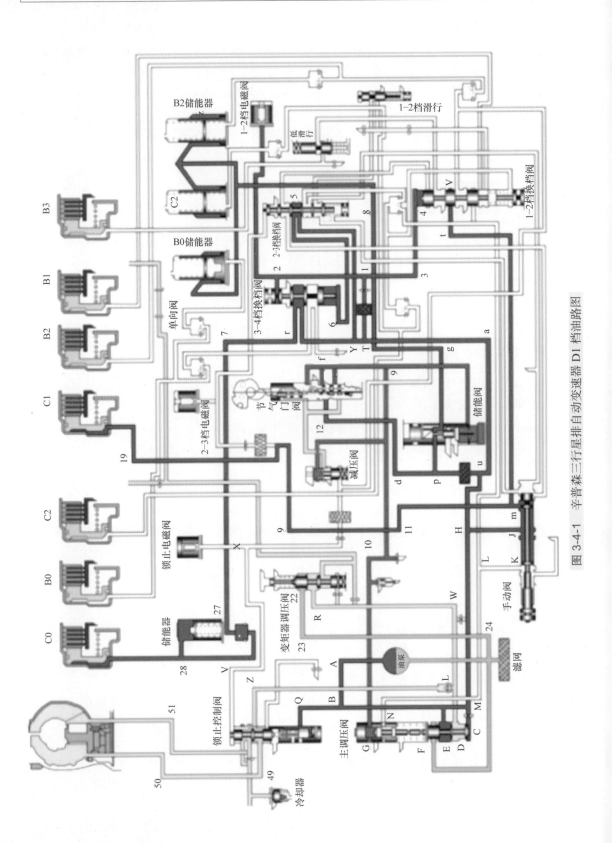

图 3-4-1　辛普森三行星排自动变速器 D1 档油路图

从图 3-4-1 可知，D1 档时，常闭的 1-2 档电磁阀关闭泄油口，使主油压压下 1-2 档换档阀和 3-4 档换档阀。常开的 2-3 档电磁阀不通电开启，使 2-3 档换档阀在上端。于是，主调压阀 C 腔主油压，便直通离合器 C0 及离合器 C1，使变速器进入 D1 档。D1 档离合器 C0 和离合器 C1 油路走向如下。

（1）离合器 C0 走向

主油压由主调压阀 C 腔→H →u →a →T →Y →入 3-4 档换档阀→经 r → 7 → 27 → 28 →分别入 C0 储压器和 C0 离合器。

（2）离合器 C1 走向

从图 3-4-1 可知，主油压从主调压阀 C 腔出→经 H →手动阀 J →m → 11 → 9 → 19 →离合器 C1。离合器 C0 及离合器 C1 工作后，双行星排前圈后架便可输出 D1 档。

（3）B0、C2、B2 储能器背压

从油路图图 3-4-1 又知，主调压阀主油压还从 C 腔→经 H →u →经滤网→ p →储能器控制阀→从 g →经 8 上行→分别入 B0、C2、B2 为三个储能器背压。

（4）主调压阀故障诊断

若各档均工作不良，或各档均存在冲击，应检查主调压阀和节气门阀是否因磨损而泄油、卡滞，弹簧是否疲劳、折断等。

2. 节气门阀调压原理及故障诊断

（1）节气门阀调压原理

主油压从 C 腔→经 H →u →滤网→经 p → d → 12 →节气门阀，用脚踏加速踏板的方法，控制节气门阀开度大小，将主油压调节到节气门油压。节气门油压从节气门阀 f 口出→经 9 → 10 →主调压阀上腔 G，调整 C 腔主油压。

（2）节气门阀故障诊断

因节气门阀直接控制主调压阀主油压，因此，若节气门阀因磨损而泄油、卡滞，弹簧是否疲劳、折断等，均会引起主调压阀失控造成各档均工作不良，或各档均有冲击的故障。

3. 变矩器调压阀

（1）变矩器调压阀调压原理

从图 3-4-1 又可知，主调压阀将 E 腔油液节流泄入 D 腔，泄入 D 腔的油液从 D →经 W 上行→经 R 入变矩器调压阀→从 22 →经 23 → 24 →经滤网泄出，此油路用泄油的办法将→ R 腔油液调整成变矩器油压→经 W → L → Z →入锁止离合器控制阀→在锁止控制电磁阀控制下，送入液力变矩器。

1）变矩器解锁。从油路图 3-4-1 可知，当图中常开锁止电磁阀断电泄油时，主调压阀主油压经 Q 进入锁止控制阀下腔，将滑阀推到上端。变矩器调压阀油压→经 R →经 W →经 L →经单向球阀节流→从 Z → 49 → 50 入变矩器前端推开锁止压盘→从 51 流出入冷却器，使变矩器解锁。

2）变矩器锁止。为提高传动效率，现代轿车各档在涡轮转速与泵轮转速接近相等时，电控单元向锁止电磁阀通电，使图 3-4-1 中常开锁止电磁阀关闭泄油口，停止泄油，使主油压一方面送入减压阀下腔，上推滑阀将变矩器油压减压后反馈给节气门阀，以降低节气门油压和主油压，降低发动机负荷节油。

另一方面，锁止电磁阀还将主油压经→X→V→送入锁止控制阀上腔，将锁止控制阀压下。于是，变矩器调压阀调出的变矩器油压→R→W→L→经单向球阀→Z→锁止控制阀→从51→入变矩器后端，压紧锁止压盘，变矩器锁止。

（2）变矩器故障诊断

从图3-4-1可知，若锁止离合器出现温度过高的故障，应检查变矩器调压阀是否因严重磨损泄油、卡滞、弹簧疲劳等，使锁止离合器打滑。

可使汽车在各档，各种负荷下，变矩器锁止时，用诊断仪检测发动机转速与输入轴转速差，准确判断锁止离合器锁止时是否打滑。

从图3-4-1又可知，若锁止电磁阀出现断路短路等故障，锁止控制阀上腔无油压，或锁止控制阀卡在上端，锁止离合器便无锁止。若锁止控制阀卡在下端，锁止离合器锁止不开，必定造成发动机起动和制动熄火的故障。

4. 减压阀原理与故障诊断

（1）减压阀修正节气门油压

从油路图3-4-1可知，当液力变矩器需要锁止时，电控单元向常开锁止控制电磁阀通电，使电磁阀关闭泄油口，停止泄油，将控制油压送入锁止控制阀上腔，将阀下推使变矩器锁止。

与此同时，锁止电磁阀将主油压送入减压阀下腔，将减压阀推到上端，节气门油压经减压阀减压后，反馈入节气门阀，上推节气门阀，修正减小节气门油压，以在变矩器锁止时，降低节气门油压和主油压，减小发动机功率损耗。

（2）减压阀故障诊断

若减压阀因磨损过甚而泄漏、卡滞等，会导致节气门油压不良，使各档均产生工作不良或冲击故障。

5. 1-2档常闭换档电磁阀

（1）工作原理

常闭的1-2档电磁阀D1档和D4档及倒档均不通电关闭，使主油压压下1-2档换档阀，其余各档通电开启泄压，使1-2档换档阀移动到上端。

（2）故障诊断

若该电磁阀因断路、短路、搭铁等不能开启，必定造成无D2档、D3档的故障，并显示故障码。

6. 2-3档常开换档电磁阀

（1）工作原理

常开的2-3档电磁阀在D1档、D2档及倒档不通电常开，使2-3档换档阀移动到上端，D3档、D4档通电关闭，使2-3档换档阀移动到下端。

（2）故障诊断

若该电磁阀因断路、短路、搭铁等不能关闭，必定造成无D3档、D4档的故障，并显示故障码。

7. 变矩器锁止电磁阀

（1）锁止电磁阀工作原理

锁止电磁阀不通电时，锁止离合器解锁，电磁阀通电锁止离合器锁止。

（2）故障诊断

若该电磁阀出现断路、短路、搭铁等，必造成无锁止故障，并显示故障码。

二、D2 档油路工作原理

D2 档油路如图 3-4-2 所示。

利用字母导航的办法，对 D1 档油路进行深入剖析后，从传动图已知，D2 档是 C0、C1、B2 工作，由此可知，D2 档只是在 D1 档基础上，再向制动器 B2 送油，变速器便可升入 D2 档。

1. D2 档油路走向

从 D2 档油路图图 3-4-2 可知，D2 档油路只比 D1 档增加了去制动器 B2 的油路，其他与 D1 档完全相同。

从图 3-4-2 还可知，制动器 B2 与 1-2 档换档阀相通，若使 1-2 档换档阀上移，便可将主油压送入制动器 B2。

由此可知，D2 档时，只要电控单元向 1-2 档常闭电磁阀通电，使电磁阀开启泄油，将 1-2 换档阀上腔油压泄出，1-2 换档阀移动到上端，在 1-2 换档阀待命的主油压，便被送入制动器 B2，其油路走向为：

主调压阀 C 腔→经 H →手动阀→再经 J → m → t → 1-2 档换档阀→从 V 口出→再经 w →单向阀→从 x 口出→经 y → z → u 直入制动器 B2。

与此同时，主油压从 y 点分流→入单向阀→经 r 点→送入制动器 B2 储能器。因该储能器与制动器 B2 并联，可分流进入制动器 B2 油液，降低 B2 制动器结合速度，消除切换 D2 档时的冲击。

2. 制动器 B2 故障诊断

若 D1 档良好，D2 档工作不良或冲击，应检查两个单向阀是否泄漏和漏装。检查 B2 储能器和制动器是否因磨损过甚而泄漏、卡滞，弹簧是否疲劳、折断等。若无 D2 档，检查 1-2 档电磁阀是否断路、短路、搭铁。

三、D3 档油路工作原理

从 D3 档传动原理和油路图图 3-4-3 可知，D3 档 C0、C1、C2、B2 工作，由此可知，在 D2 档油路的基础上，只要电控单元向 2-3 档常开电磁阀送电，使电磁阀关闭停止泄油，主油压便压下 2-3 档换档阀，于是主调压阀主油压便通过 2-3 换档阀将主油压送入离合器 C2，使变速器升入 D3 档。

1. D3 档油路走向

（1）离合器 C2 油路走向

主调压阀 C 腔主油压→ H → u → a → T → Y →压下的 2-3 档换档阀→从 5 出下行→经 P1 →单向阀→从 P2 出→再经单向阀→从 P4 出→经 P5 → P6 → P7 → P8 入离合器 C2，将主油压压入离合器 C2，便可升入 D3 档。

与此同时，主油压从单向阀 P4 流出→经 Z1 分流→经 Z2 → Z3 →再入单向阀→经 Z5 入离合器 C2 储能器，以消除档位切换时的冲击。

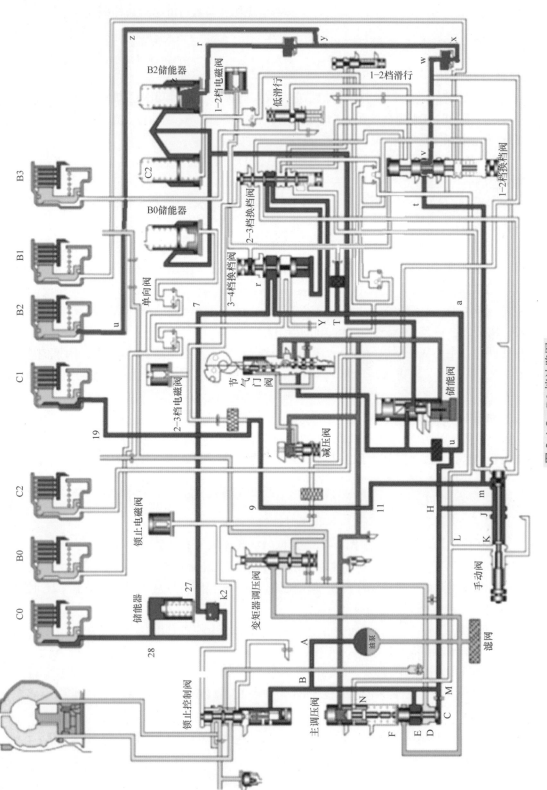

图 3-4-2　D2 档油路图

从图 3-4-3 又可知，所有自动变速器中的储能器，均与相应的离合器或制动器并联，以便在档位切换瞬间，对进入离合器或制动器的油液分流，瞬间降低进入离合器或制动器油液的流速和流量，以降低离合器或制动器的结合速度，消除换档冲击。可见，若变速器存在个别档冲击时，应检查发生冲击的档是否有储能器参与。

（2）D3 档离合器 C1 油路走向

主调压阀 C 腔→H→手动阀→经 j → m → 11 → 9 → k1 → 19 →离合器 C1。

与此同时，因 2-3 档电磁阀通电关闭停止泄油，主油压从 k1 分流→经滤网→从 k2 →入 2-3 档换档阀上腔压下 2-3 档换档阀，接通主调压阀与 C0 的油路。

（3）D3 档离合器 C0 油路走向

主调压阀 C 腔→H→u→a→T→Y→入 3-4 档换档阀→从 r 出→经 7 → 27 →单向阀→经 28 →分别入 C0 储能器和 C0 离合器。

（4）D3 档制动器 B2 油路走向

主调压阀 C 腔→H→手动阀→经 j → m → t → 1-2 档换档阀→经 V → w →单向阀→经 x → y → z → u →制动器 B2。与此同时，主油压从 y 处分流→经单向阀→从 r 入 B2 储能器。

深度解析

这里有一个重要知识点需要进行深度的解析，即从传动原理可知，D3 档只要 C0、C1、B2 工作，便可输出 D3 档，但为什么该油路中 D3 档制动器 B2 也工作？

从油路图图 3-4-3 可知，D3 档要想使制动器 B2 内的油压泄出，只要电控单元将常闭的 1-2 档换档电磁阀断电，使 1-2 档电磁阀关闭泄油口，主油压便将 1-2 档换档阀压下，将 B2 制动器内的油压泄出。

但 1-2 档电磁阀关闭泄油，也将 3-4 档换档阀压下，从图 3-4-3 可知，3-4 档换档阀被压下后，便将离合器 C0 内的油压泄出，使汽车停驶，因此，D3 档不能将制动器 B2 泄油。

从传动原理已知，离合器 C2 使双排太阳轮主动旋转，制动器则将太阳轮制动，但因 B2 制动器与单向离合器 F1 串联，D3 档单向离合器 F1 解锁，B2 虽工作，但对双排太阳轮主动旋转不干涉。

2. D3 档故障诊断

（1）D3 档不良或冲击

若 D2 档良好，D3 档工作不良或冲击，应检查各单向阀是否泄漏或漏装，检查 C2 储能器和 C2 离合器是否因磨损过甚而泄漏、卡滞，弹簧是否疲劳、折断等。

（2）D1、D2 档良好但无 D3 档

若 D1、D2 档良好，但无 D3 档，应检查 2-3 档电磁阀是否因断路、短路、搭铁，导致不能将 2-3 换档阀压下。

同时，因 C0 以及 C1 和 F0，D1 和 D2 以及 D3 档，均参与工作。所以，若该变速器，D1、D2 以及 D3 档均工作不良，则应检查离合器 C0 以及离合器 C1，是否因磨损过甚而泄油、卡滞、运动不畅，以及弹簧是否疲劳、折断等，还要检查单向离合器 F0 是否打滑失效或装反等。

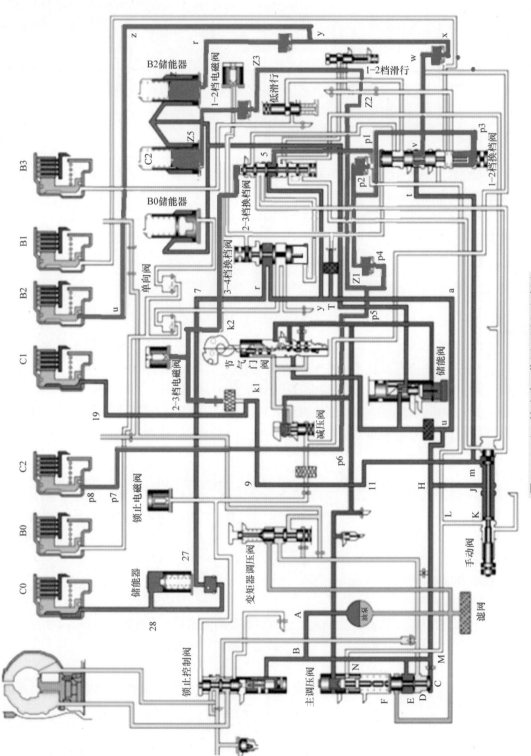

图 3-4-3　D3 档油路工作原理图和油路图

四、D4 档油路工作原理

1. D4 档油路走向

D4 档油路图如图 3-4-4 所示。

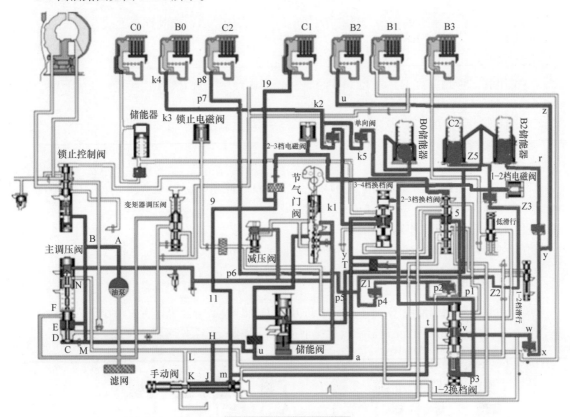

图 3-4-4 D4 档油路图

从 D3 档和 D4 档油路的对比中可知，电控单元收到变速器进入 D4 档车速的信号，只要将离合器 C0 内的油压泄出，并将主油压送入制动器 B0，变速器便可升入 D4 档。

从图 3-4-4 可知，只要电控单元在 D3 档基础上，将常闭的 1-2 档电磁阀断电，使常闭的 1-2 档换档电磁阀关闭泄油口，使主油压将 3-4 档换档阀压下，主调压阀主油压便可通过 3-4 档换档阀送入制动器 B0，使变速器进入 D4 档。D4 档油路走向如下。

（1）B0 油路走向

从 D4 档油路图可知，因 3-4 档换档阀下移，主油压便送入制动器 B0，其油路走向为：

主调压阀 C 腔出→经 H →经 u → a → T → Y 入 3-4 换档阀后→从 K1 流出上行→入单向阀→经 K2 → K3 → K4 入 B0 制动器。

与此同时，主油压从 K2 点分流→经单向阀从 K5 口出→入 B0 储能器，降低制动器 B0 结合速度，消除档位切换时的冲击。

（2）C1 油路走向

主调压阀 C 腔出→经 H →手动阀→经 j → m → 11 → 9 → 19 →离合器 C1。

与此同时，因 2-3 档换档电磁阀通电关闭停止泄油，主油压从 9 处分流，经滤网入 2-3 档换档阀上腔，压下 2-3 档换档阀，为 C2 接通油路。

（3）C2 油路走向

主调压阀 C 腔出→经 H →经 u → a → T → Y → 2-3 档换档阀后→从 5 下行→经 P1 →单向阀→P2 出→再入单向阀→从 P4 出→经 P5 → P6 → P7 → P8 入离合器 C2。

与此同时，主油压从单向阀 P4 →经 Z1 分流→经 Z2 → Z3 →单向阀→经 Z5 入 C2 储能器。

又因从 P2 分流→经 P3 →入 1-2 档换档阀下腔，将 1-2 档换档阀推到上端，使主油压送入制动器 B2。

（4）B2 油路走向

主调压阀 C 腔出→经 H →手动阀→经 j → m →从 t → 1-2 档换档阀→从 v 出→经 w →单向阀→经 x → y → z → u →入制动器 B2。

与此同时，主油压从 Y 处分流→单向阀→经 r → B2 储能器。

2. 故障诊断

（1）只有 D4 档工作不良

若 D1 档 D2 档 D3 档良好，只有 D4 档工作不良或冲击，应检查参与 D4 工作的单向阀是否泄漏或漏装。

（2）检查制动器 B0 和 B0 储能器

检查制动器 B0 和 B0 储能器是否磨损过甚泄漏，卡滞，弹簧疲劳、折断等。

五、倒档油路原理

从传动原理和倒档油路图（图 3-4-5）可知，倒档时只要电控单元将主油压送入离合器 C0、离合器 C2、制动器 B3，该变速器双行星排前齿圈和后排行星架便可输出倒档。

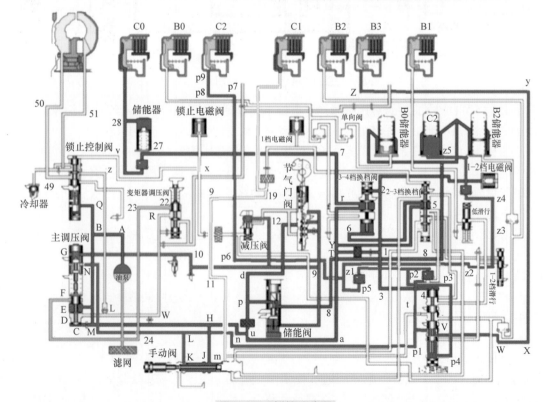

图 3-4-5　倒档油路图

因倒档与 D1 档一样，使常闭换档电磁阀仍然关闭泄油口，将主油压送入 3-4 档换档阀将换档阀压下，为主调压阀向离合器 C0 供油打开通道。

虽然 1-2 档换档阀也将主油压送入 1-2 档换档阀的上腔，但因手动阀挂入倒档时，手动阀便通过 L 口将主油压送入 1-2 档换档阀的下腔，以保持 1-2 档换档阀仍在上端，为主调压阀向制动器 B2 供油打开通道。

与此同时，手动阀通过 L 出口将主油压通过几个单向阀分别送入离合器 C2 和 C2 储能器。

1. 倒档油路走向

（1）离合器 C0 油路走向

主调压阀 C 腔→经 H→经 u→a→T→Y→已下压的 3-4 档换档阀→从 r 出→经 7→27→28→分别入 C0 储能器和 C0 离合器。

（2）离合器 C2 油路走向

从倒档油路图可知，当手动阀挂入 R 档，主油压便从主调压阀 C 腔→经 H→手动阀→经 J→经 L→n→P1→单向阀→经 P2 分流→单向阀→P5 出→经 Z1 分流→P6→P7→P8→P9→入离合器 C2。

与此同时，主油压从单向阀流出→从 P5→经 Z1 分流→经 Z2→Z3→Z4→Z5→入离合器 C2 储能器。

与此同时，主油压还从单向阀流出后→从 P2 分流→经 P3→P4→入 1-2 档换档阀下腔，将 1-2 换档阀推到上端，于是接通制动器 B3 油路。

（3）制动器 B3 油路走向

主调压阀 C 腔→经 H→手动阀→经 J→k→L→n→p1→1-2 档换档阀→经 v 出→经 w→X→Y→z→入制动器 B3。

从前面已分析过的传动原理可知，离合器 C0 和离合器 C2 工作后，便可使双行星排太阳轮主动旋转，而制动器 B3 将前排行星架制动，根据辛普森行星排传动规律已知，在辛普森行星排，只要将行星架制动，齿圈便可输出倒档。

因倒档需提高油压，从油路图 3-4-5 可知，倒档时手动阀 L 口将主油压→经 M→经 N→送入主调压阀上腔，下推主调压阀关小图 3-4-5 中的主调压阀 F 以及 D 泄油口，将倒档油压提高至前进档的两倍，以防止制动器 B3 打滑。

2. 深度解析

倒档为什么要提高油压？什么样的变速器需提高油压？

只有用制动行星架输出倒档的行星轮式自动变速器，才需将倒档油压升高。将倒档油压提高的办法是用手动阀完成的，即手动阀挂入倒档时，手动阀将主调压阀一端的油压泄出，或者是手动阀将主油压送入主调压阀另一端，即用泄油或用关小主调压阀泄油口的办法提高主油压。

为什么用制动行星架输出倒档的行星轮式自动变速器需要提高倒档油压？从传动原理可知，在同一个行星齿轮机构中，行星架是受作用力和反作用力的合力作用，因此，行星架受力是太阳轮或者齿圈受力的两倍。因此，制动器制动行星架时需要更高的油压，否则制动器必定会打滑。

3. 倒档故障诊断

若变速器前进各档均良好，便说明 C0、C1、C2、B1、B2、F1、F2 均正常，应检查制动器 B3，但制动器 B3 在 L 档时也工作，因此，只有倒档与 L 档均不良时，才应检查制动器 B3 是否存在因磨损过甚而泄漏、卡滞，弹簧是否疲劳、折断等。

第五节　油路分析技巧

一、怎样分析油路走向

因为所有自动变速油路的控制思路大同小异，均是将主油压通过各种渠道送入离合器和制动器，使它们工作。因此，只要找出主油压是怎样分别送入各离合器和制动器的，油路的结构和原理及故障诊断便可提纲挈领、一通百通。所有自动变速器的油路，均有以下重要的规律。

1）有几个离合器和制动器就有几条油路。

2）所有变速器主调压阀，均是通过油泵油压、电控控制油压、弹簧力三者的平衡，通过主调压阀打开泄油口泄油的办法，将油泵的油液调节成主油压。

3）所有变速器主调压阀调节出的主油压均送入手动阀。在绝大多数油路中，主调压阀送出的主油压还会送入一个弹簧压力调节阀，把调节出的恒压送入油路中所有电磁阀，以便分别调节出各自的控制油压。

4）所有自动变速器，手动阀均根据档位的需要，将主油压通过开关阀和调压阀送入相应档的离合器和制动器。

5）各档油路均是在上一档油路的基础上，只再增加一条油路便可升入另一档。

只要认真理解和掌握上述规律，便可将所有变速器油路破难为易。

二、怎样分析阀

油路中只有四类阀，即开关阀、调压阀、开关电磁阀、调压电磁阀。

1）所有换档阀均是开关阀，变速器油路中的开关阀，只在两个位置上切换。若阀卡滞，运动不畅，必造成换档冲击或丢失某一档的故障。

2）所有调压阀均是在油压与弹簧力的平衡中，控制打开节流口或泄油口开度的大小，用节流或泄流的办法，控制调压。

若调压阀磨损过甚泄漏，卡滞，弹簧疲劳、折断等，均会引起换档冲击及驱动无力的故障。

3）所有开关电磁阀均只在开与关两个位置切换，关闭时停止泄油，有控制油压输出，开启时泄油。通电开启的开关电磁阀为常闭电磁阀，不通电开启的为常开电磁阀。

可用通电法判断，即通电有落座声，为常开电磁阀。通电无声，断电有声为常闭电磁阀。

若开关电磁阀断路、短路、搭铁，必定会丢失相关档。

4）所有调压电磁阀均用通断占空比调压，即将油压高低切换的占空比，取其平均值。调压电磁阀电阻值比开关电磁阀电阻值小，可用测量电阻值来区别。

若调压电磁阀断路、短路、搭铁，必定造成无油压或油压过高的故障。

5）所有主调压阀均是用油压与弹簧力平衡，通过向变矩器和油底壳泄油的办法调压，若各档均有冲击，应重点检查主调压阀和电控单元。

6）所有变矩器调压阀均是由主调压阀泄入的油液调节出变矩器油压，若变矩器调压阀因磨损过甚泄漏，卡滞，弹簧疲劳、折断等失效，均会引起锁止打滑、锁止冲击及驱动无力或油温过高的故障。

7）几乎所有变速器，均有一个向油路中所有电磁阀供油的弹簧调压阀，若该调压阀因磨损过甚而泄漏、卡滞，弹簧疲劳、折断等失效，均会引起各档工作不良或产生冲击的故障。

综上可知，只要认真将本教材讲解的各油路真正弄明白，便可理解上述分析技巧，进而将所有自动变速器油路破难为易。

三、无油路图怎样分析油路故障

如果没有油路图，只要熟练掌握前面所述的油路知识，再利用诊断设备的配合，也可使故障诊断有的放矢。

1. 行驶无力且变速器温度过高故障诊断

若出现行驶无力和变速器油温过高的故障，根据结构原理可知，这类故障的最大可能原因是变矩器或离合器或制动器打滑引起的。为此，可利用诊断仪路试，使汽车在各档及各种工况下，监测发动机、输入轴、输出轴转速差，便可准确地确认是否是变矩器打滑，还是哪一个离合器或制动器打滑。

2. 变速器各档均产生冲击故障诊断

根据结构原理可知，这类故障的最大可能原因是：

1）变速器油压过高。

2）油路中向所有电磁阀送油的调压阀不良。

3）节气门位置信号、车速信号故障。

4）电控单元程序错乱。

以上各故障均可用诊断仪或读数据流配合确诊。

3. 变速器个别档产生冲击故障诊断

根据结构原理可知，这类故障的最大可能原因是：

1）参与冲击档的离合器或制动器因磨损过甚而泄油、卡滞，弹簧疲劳、折断等，可用诊断仪监测输入轴和输出轴转速差诊断。

2）参与该档的单向离合器打滑或装反。

3）参与该档的储能器、储能阀、协调阀等因磨损过甚而泄油、卡滞，弹簧疲劳、折断等。

4）参与该档的单向球阀密封不严或漏装。

4. 变速器个别档丢失故障诊断

1）参与丢失档的离合器或制动器因磨损过甚打滑失效，可用诊断仪检测选定丢失档时输入轴与输出轴转速差来诊断。

2）若换档电磁阀断路、短路、搭铁，不能使换档阀移动，必丢失相关档。

3）若换档阀卡滞不能移动，必丢失相关档。

5. 变速器各档均丢失故障诊断

1）检查变速杆与手动阀连接是否脱落。

2）检查主油压是否过低。

3）检查变矩器是否不传递转矩。

综上可知，只要将本教材讲解的基础知识，真正理解并牢牢记入，在原理及总结出的规律的指导下，再利用诊断仪调码和数据流分析，便可使各类故障诊断有的放矢，久而久之便会熟中生巧，一通百通。

四、故障诊断技巧

1）从各档传动原理可知，D2 档制动器 B2 和储能器 B2 工作。因此，若 D1 档正常，D2 档有冲击故障，应检查 B2 制动器和 B2 储能器是否因磨损而泄油、卡滞，弹簧疲劳、折断等。

2）从各档传动原理又知，D3 档离合器 C2 和储能器 C2 工作，因此，若 D2 档正常，D3 档有冲击故障，应检查 C2 离合器和 C2 储能器是否因磨损而泄油、卡滞，弹簧疲劳、折断等。

3）从各档传动原理还知，D4 档制动器 B0 和储能器 B0 工作，因此，若 D4 档有冲击故障，应检查制动器 B0 和 B0 储能器是否因磨损而泄油、卡滞，弹簧疲劳、折断等。

4）若前进各档正常，只倒档起步冲击，应检查 B3 制动器是否因磨损过甚而泄油、卡滞，弹簧疲劳、折断等。

5）若变速器 D1 档良好，但无 D2、D3、D4、R 档，应检查 1-2 换档电磁阀是否断路、短路、搭铁，不能使 1-2 换档阀上移。

6）若 D1、D2、D3、R 档均工作不良或均冲击。除检查主油压是否过高外，还应检查 C0 离合器和储能器是否因磨损而泄油、活塞卡滞，回位弹簧疲劳、折断等。

7）若 D1、D2、D3、D4 档均冲击或各档均工作不良，但倒档良好，应重点检查 C1 离合器是否因磨损而泄油、活塞卡滞，回位弹簧疲劳、折断等。

复 习 题

一、填空题

1. 变速器输入轴与变矩器（　　　　）轮键配一体，油泵壳花键轴与变矩器（　　　　）内环键配合。

2. 辛普森自动变速器由（　　　）、（　　　）、（　　　）、（　　　）、（　　　）、（　　　）、（　　　）七部分组成。

3. 所有行星齿轮式自动变速器均由结构完全相同的（　　　）器、（　　　）器、（　　　）器、（　　　）器和（　　　）机构五要素组成。

4. 实训拆装变速器的主要目地是找出哪几轮（　　　）、哪几轮（　　　）。

5. 实训拆装变速器时应将所有与传动无关的（　　　）、（　　　）、（　　　）、（　　　）、（　　　）等零件，只记住怎样拆下再怎样装回即可。

6. 辛普森式行星排行星架主动，输出（　　　）档。

7. 辛普森式行星排行星架制动，主动与输出的转向（　　　），且以齿圈输出为（　　　）档。

8. 辛普森式行星排行星架输出，输出（　　　）档。

9. 双排行星齿轮机构任意两轮与输出轴连成一体，各轮自连成（　　　），输出（　　　）档。

二、问答题

1. 简述主调压阀调压原理及主调压阀不良会产生的故障。

2. 简述变矩器调压阀调压原理及该阀不良会产生的故障。

3. 油路中的开关电磁阀有几类，怎样进行简易判断。

4. 单向离合器为什么能减轻换档冲击？

5. 现在很多电控自动变速器无单向离合器，怎样减轻换档冲击？

6. 分析锁止离合器电磁阀是怎样控制锁止离合器的锁止和解锁的？

7. 分析储能器是怎样消除换档冲击的？

8. 分析沃尔沃 4 档变速器是怎样提高倒档油压的?

9. 分析沃尔沃 4 档变速器 D1 档离合器为什么与单向离合器并联?

10. 详述变速器各档均冲击的主要原因。

11. 详述变速器个别档冲击的主要原因。

12. 详述分析变速器结构技巧。

13. 详述辛普森单行星排传动规律。

14. 详述主调压阀结构原理。

15. 详述变矩器调压阀结构原理。

16. 详述倒档油压为什么比前进档油压高,是否所有自动变速器均如此,为什么?

17. 详述该变速器是怎样提高倒档油压的?

18. 详述怎样分析油路中阀的结构原理。

19. 详述无油路图怎样分析油路故障。

20. 详述个别档冲击的主要原因。

21. 详述无个别档的主要原因。

22. 详述所有档冲击的主要原因。

23. 详述无所有档的主要原因。

第四章 拉维娜式自动变速器原理与诊断维修

第一节 拉维娜式自动变速器结构分析

本书之所以选用 01M 变速器进行讲解，一是因为它既有辛普森行星排又有拉维娜行星排；二是在体积相同时，它比辛普森式输出转矩大；三是宝马等很多高档轿车变速器，均用 01M 行星齿轮机构完成多档输出。

本书独创性地画了一张 01M 拉维娜行星轮式变速器结构等效图，如图 4-1-1 所示。

画这张等效结构图不是研究怎样画该图，而是要利用这张图，找出所有行星轮式变速器结构的分析规律，以便对所有自动变速器结构的分析触类旁通。

一、分析 01M 自动变速器结构

图 4-1-1 为 01M 拉维娜式行星轮变速器等效结构图（请复印此图，以方便学习）。

利用该图可充分说明所有行星齿轮式自动变速器，均由行星齿轮机构、离合器、制动器、有的还有单向离合器、外加液力变矩器和油泵等六大组件组成。可以简述为由行星齿轮机构和四器一泵组成。

只要将第一章中的三轮三器及液力变矩、油泵结构理解透彻，通过实体拆装或资料比对，分别找出行星齿轮机构中，哪几轮主动旋转，哪几轮制动，自动变速器的结构就一清二楚了。

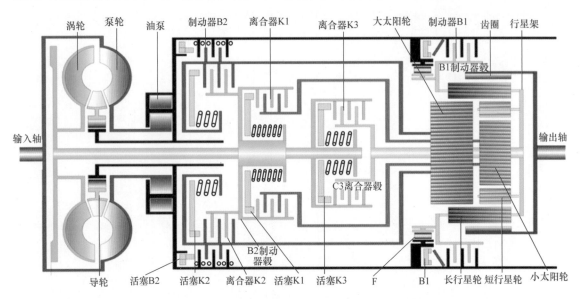

图 4-1-1　独创的拉维娜式自动变速器等效结构图

1. 找出行星齿轮机构

从图 4-1-1 或实体拆装均可知，该拉维娜式自动变速器有两个行星排，前行星排是辛普森式，后行星排是拉维娜式，每个行星排均由太阳轮，行星轮及架、齿圈组成，简称三轮。

从图 4-1-1 又可知，前后两排共享一个行星架，一个长行星轮，一个齿圈，齿圈与输出轴连成一体。

（1）拉维娜式后行星排

从图 4-1-1 可知，后行星排小太阳轮与短行星轮外啮合，短行星轮又与长行星轮外啮合，长行星轮与两排共享的齿圈内啮合，齿圈是该变速器的输出组件。

（2）辛普森式前行星排

从图 4-1-1 又可知，前行星排大太阳轮与长行星轮外啮合，长行星轮与前后行星排共用齿圈内啮合，齿圈是该变速器的输出组件。

2. 找出离合器

从图 4-1-1 可一目了然，该变速器有 K1、K2、K3 三个离合器。

（1）离合器 K2 使大太阳轮主动旋转

从图 4-1-1 或实体拆装比对可知，K2 钢片与鼓（大太阳轮）键配一体，摩擦片与 K2 毂（输入轴）键配一体，K2 工作后，便将大太阳轮与输入轴连成一体，使大太阳轮主动旋转。

（2）离合器 K1 使小太阳轮主动旋转

从图 4-1-1 或实体拆装比对可知，K1 钢片与鼓（输入轴）键配一体，摩擦片与 K1 毂（小太阳轮）键配一体，K1 工作后，便将小太阳轮与输入轴连成一体，使小太阳轮主动旋转。

（3）离合器 K3 使行星架主动旋转

从图 4-1-1 或实体拆装比对可知，K3 钢片与鼓（输入轴）键配一体，摩擦片与 K3 毂（行星架）键配一体，K3 工作后，便将行星架与输入轴连一体，使行星架主动旋转。

3. 找出制动器

（1）制动器 B1 制动行星架

从图 4-1-1 或实体拆装比对可知，B1 钢片与鼓（变速器壳）键配一体，摩擦片与行星架毂键配合，制动器 B1 工作后，便将行星架制动。

（2）制动器 B2 制动大太阳轮

从图 4-1-1 或实体拆装比对可知，B2 钢片与鼓（变速器壳）键配一体，摩擦片与大太阳轮毂键配合，制动器 B2 工作后，便将大太阳轮制动。

4. 找出单向离合器

从图 4-1-1 或实体拆装比对可知，单向离合器 F 的外环是变速器壳体，内环是行星架，单向离合器 F 可单向制动行星架。

综上可知，只要找出变速器行星齿轮机构中哪几轮主动旋转，哪几轮制动，其结构就会清楚了。

二、用实体拆装分析 01M 自动变速器结构

下面就用第二章分析结构的知识，及前述的等效结构图分析结构的知识，实训演练怎样实拆变速器分析结构。

前已述及，实训实拆变速器时，螺栓、垫片、轴承、油封等所有与传动无关的零件，均只记住怎样拆下再怎样装回便可，应把精力集中在找出各行星排，哪几轮可主动，哪几轮可制动，

结构便一清二楚。

1. 首先将变速器顺其自然拆分成三部分

先将 01M 变速器总成拆分成如图 4-1-2 所示的三部分。

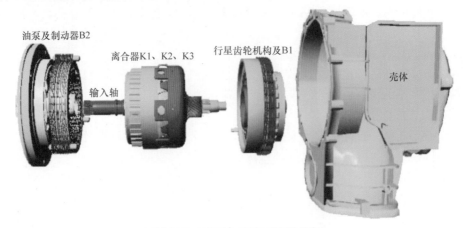

油泵及制动器B2　离合器K1、K2、K3　行星齿轮机构及B1　壳体　输入轴

图 4-1-2　01M 变速器总成拆分图

（1）第一部分油泵及制动器 B2

通过拆装或比对图 4-1-1 可知，油泵固定在变速器壳体上，液力变矩器壳体轴头插入油泵，与油泵内主动转子键配，使主动转子旋转泵油。油泵左端的花键轴插入变矩器，与单向离合器内环键配，单向离合器外环是导轮，通过油泵花键轴可单向制动导轮，为泵轮助力。

从图 4-1-1 又可知，制动器 B2 的钢片与变速器壳体键配合，摩擦片与第二部分 B2 毂键配合，B2 毂与大太阳轮键配合，因此 B2 可制动前排大太阳轮。

（2）第二部分

通过拆装或比对图 4-1-1 可知，该部分内装了 K1、K2、K3 三个离合器。

1）输入轴。通过拆装或比对图 4-1-1 可知，第二部分输入轴穿过第一部分油泵插入变矩器，与涡轮键配一体，可使输入轴主动旋转。

2）输入轴使大太阳轮和两个花键轴分别主动旋转。输入轴主动旋转后，通过第二部分内的三个离合器，可使第二部分右端大太阳轮和两个花键轴，分别主动旋转。

（3）第三部分行星架及 B1

1）行星齿轮机构。通过拆装或比对图 4-1-1 与图 4-1-2 可知，第二部分右端大太阳轮和两个花键轴，插入第三部分行星架内，大太阳轮与行架上的长行星轮外啮合，两个花轴分别与行星架和后排小太阳轮键配一体。

前行星排是辛普森式的，后行星排是拉维娜式的，两个行星排共享一个行星架。

2）行星架内三轮可主动旋转。第二部分插入行星架内，可分别使大、小太阳轮和行星架主动旋转。

3）制动器 B1。第三部分制动器 B1 装在行星架上，B1 钢片与变速器壳体键配合，摩擦片与行星架键配合，B1 可制动行星架。

2. 演练实训课怎样分析结构

下面再将该变速器按从前向后的顺序全部分解开，让学员演练怎样分析变速器的具体结构。再次重申，实训目的绝不是锻炼动手能力，实训的核心是锻炼怎样找出变速器哪几轮主动旋转，哪几轮制动。

（1）第一部分油泵及 B2 拆分

将图 4-1-2 第一部分拆分如图 4-1-3 所示。

1）油泵。油泵的结构与检修详见本书第一章第二节图 2-2-5 与第四章图 4-1-2。

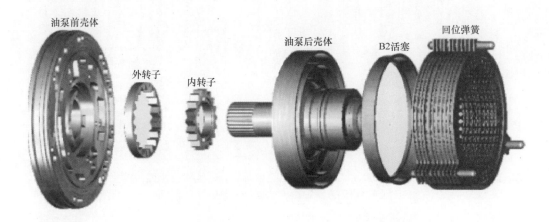

图 4-1-3　自动变速器油泵及制动器 B2、离合器 K1

2）制动器 B2。制动器 B2 活塞装在油泵后壳内，B2 钢片与壳体键配，摩擦片与图 4-1-2 中太阳轮鼓的毂键配一体，B2 可制动大太阳轮。

（2）第二部分离合器总成拆分

将图 4-1-2 第二部分拆分并按顺序从前向后排列后，如图 4-1-4 所示。通过比对图 4-1-1 或实体拆分可知，该部分共有三组离合器片，即有三个离合器，从拆分中又可知，离合器 K1、K2 毂与输入轴压装一体，K1、K2 鼓也是输入轴。

1）离合器 K2。从实体拆装可一目了然，离合器 K2 活塞、活塞回位弹簧、离合器 K2 片、离合器 K1、K2 的毂，均装在大太阳轮鼓内。

离合器 K2 的钢片与大太阳轮鼓键配合，K2 摩擦片与 K1、K2 鼓（与输入轴）的毂键配合，因此，当离合器 K2 工作后，可使大太阳轮主动旋转。

从图 4-1-4 又可知，离合器 K1 活塞、回位弹簧、K1 离合器片，K1 鼓上的毂均装在离合器 K1、K2 的鼓内。

2）离合器 K1 的钢片与离合器 K1、K2 的鼓键配一体，即与输入轴一体。K1 摩擦片与 K1 鼓上的毂键配一体，因 K1 鼓又与小太阳轮毂键配合，因此，离合器 K1 便将小太阳轮与输入轴连成一体，K1 可使小太阳轮主动旋转。

3）离合器 K3。离合器 K3 各零件均装在 K3 鼓内。离合器 K3 钢片与输入轴的鼓键配一体，K3 摩擦片与行星架毂键配一体，因此，K3 工作后，便将输入轴与行星架毂连成一体，行星架毂上的花键轴又与行星架键配合，所以 K3 可使行星架主动旋转。

综上可知，三个离合器，可将输入轴分别与大、小太阳轮、行星架连成一体，三者可分别主动旋转。

（3）第三部分行星齿轮机构、B1、F 拆分

将图 4-1-2 第三部分分解开如图 4-1-5 所示。

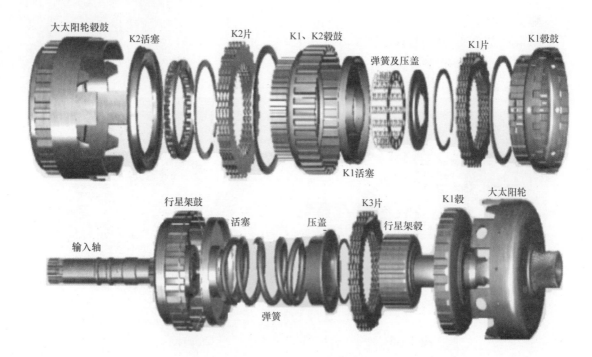

图 4-1-4　离合器 K1、K2、K3 总成分解图

1）行星齿轮机构。从实物中或图 4-1-1 中均可知，图 4-1-2 的行星架上装了两排行星轮。

从实物中可知，图 4-1-5 所示的行星齿轮机构的前排大太阳轮与长行星轮外啮合，长行星轮与齿圈内啮合，由此可知前排是辛普森式。后排小太阳轮与短行星轮外啮合，短行星轮又与长行星轮外啮合，长行星轮与两排共享的齿圈内啮合，由此可知后排是拉维娜式。

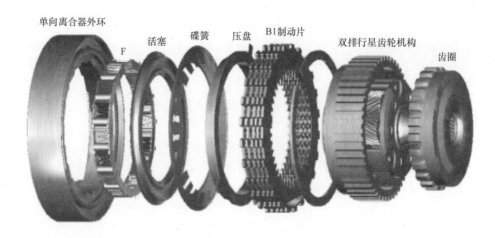

图 4-1-5　制动器 B1 及双行星排总成分解图

因图 4-1-2 第二部分大太阳轮及两个花键轴插入该行星齿轮机构内，大太阳轮与长行星轮外啮合，两个花键轴分别与小太阳轮及行星架键配合。

综上可知，图 4-1-2 中三个离合器可分别使该行星齿轮机构大太阳轮、长行星轮、行星架主动旋转。

2）滚柱式单向离合器 F。从图 4-1-1 与图 4-1-5 对比中可知，滚柱式单向离合器 F 外环与变速器壳体键配合，内环是行星架轴，单向离合器 F 可以单方向制动行星架。

3）制动器 B1。从图 4-1-1 可知，制动器 B1 与单向离合器并联，从拆分中又可知，B1 钢片与变速器壳体键配合，摩擦片与行星架键配合，B1 可制动行星架。

三、行星轮式变速器实训技巧

1）与传动无关的螺栓、轴承、垫片、油封、卡簧等，只记住怎样拆下再怎样装回即可。

2）找出与输入轴和输出轴一体的轮，找出行星齿轮机构有几个行星排。

3）找出共有几个离合器，每个离合器能将行星齿轮机构中哪一轮与输入轴连成一体。

4）找出共有几个制动器，每个制动器能将行星齿轮机构中的哪一轮制动。

5）再找出有无单向离合器，每个单向离合器能单向制动哪一轮，或单向将哪两组件连成一体。

学员们只要熟练地将上述内容真正理解并牢记，便已具备分析所有行星轮式自动变速器结构的能力。

第二节　拉维娜式单行星排传动原理

拉维娜式与辛普森式行星齿轮机构均由太阳轮、行星轮、行星架、齿圈组成。因此，两者传动的区别仅仅是拉维娜式行星齿轮机构的行星架上多了一级行星轮，传动中多了一次换向而已。

因为行星轮式自动变速器各档的输出，最后均是通过单行星排输出的。所以，只要将单行星排传动规律了如指掌，行星轮式变速器各档输出便迎刃而解。

下面分析拉维娜式单排行星轮机构传动原理，并找出传动规律。

一、太阳轮主动、齿圈制动、行星架输出

1. 行星架输出传动原理

太阳轮主动、齿圈制动、行星架输出如图 4-2-1 所示。

从图 4-2-1 可知，当太阳轮主动顺时针旋转时，太阳轮齿必定给一级行星轮齿施加一个作用力，使一级行星齿轮逆时针旋转。一级行星齿轮必施加给二级行星齿轮施加一个作用力，二级行星轮必定顺时针旋转。

二级行星轮顺时针旋转给齿圈一个作用力，但齿圈制动，齿圈轮齿必定给二级行星轮齿一个反作用力。二级行星轮齿在作用力与反作用力的合力作用下，二级行星轮必定会带动行星架逆时针旋转而输出。

用运动方程计算，或从传动中均可知，太阳轮主动旋转多圈后，才能使二级行星轮在制动的齿圈上旋转一圈，使行星架逆时针输出的转速，低于主动太阳轮的转速。

2. 重要传动规律

在拉维娜式行星排里，只要确认齿圈制动，输出的转向必定与主动转向相反，且多以行星架为倒档输出。

深度解析

从拉维娜式行星排传动原理可知，拉维娜式行星排倒档行星架输出的转矩，是作用力和反作用力的合力，因此行星架输出的转矩是发动机转矩的两倍，因此，倒档输出时发动机可轻松工作。

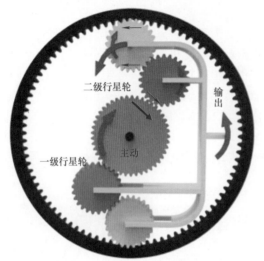

拉维娜式行星齿轮机构运动方程：

$$n_1 - an_2 - (1-a)n_3 = 0$$

因齿圈制动，$n_2 = 0$，代入上式得

$$n_1 - (1-a)n_3 = 0$$

$$n_1/n_3 = (1-a)$$

式中，a 为齿圈齿数/太阳轮齿数；n_1 为太阳轮转速；n_2 为齿圈转速；n_3 为行星架转速

n_1/n_3 是大于1的负值，是减速输出，且主从动转向相反

图 4-2-1　太阳轮主动、齿圈制动、行星架输出工况图

二、太阳轮主动、行星架制动、齿圈输出

1. 齿圈输出传动原理

太阳轮主动、行星架制动、齿圈输出如图 4-2-2 所示。

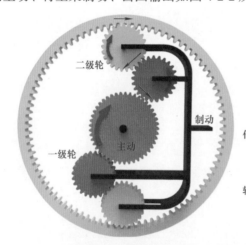

拉维娜式行星齿轮机构运动方程：

$$n_1 - an_2 - (1-a)n_3 = 0$$

因行星架制动，$n_3 = 0$，代入上式得

传动比为

$$n_1/n_2 = a$$

$n_1/n_2 > 1$，是减速输出，且主从动旋转方向相同

图 4-2-2　太阳轮主动、行星架制动、齿圈输出工况图

从图 4-2-2 可知，当太阳轮主动顺时针旋转时，太阳轮齿必定给一级行星齿轮齿一个作用力，使一级行星轮逆时针旋转。因行星架已制动，所以一级行星轮必定在制动的行星架上逆时针自转。一级行星轮必定给二级行星轮齿一个作用力，使二级行星轮必定在制动的行星架上顺

时针旋转。

二级行星轮在制动的行星架上顺时针旋转，二级行星轮齿必定给齿圈轮齿一个作用力，于是齿圈便在二级行星轮齿作用下顺时针旋转输出。

用运动方程计算，或从传动中均可知，因太阳轮转好几圈后，才能使齿圈转一圈，因此，齿圈输出的转速低于主动的转速。

2. 重要传动规律

在拉维娜行星排里，只要确认齿圈输出，输出的转速一定低于主动的转速，是低速档减速输出。

三、齿圈主动、太阳轮制动、行星架输出

1. 行星架输出传动原理

齿圈主动、太阳轮制动，行星架输出如图 4-2-3 所示。

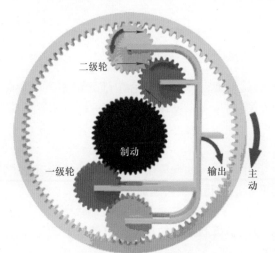

拉维娜式行星齿轮机构运动方程：

$$n_1 - a n_2 - (1-a)n_3 = 0$$

因太阳轮制动，$n_1 = 0$，代入上式求传动比为

$$n_2/n_3 = (1-a)/-a$$

为小于1的正值。主被动旋转方向相同、增速

图 4-2-3　齿圈主动、太阳轮制动、行星架输出工况图

从图 4-2-3 可知，当齿圈主动顺时针旋转时，齿圈推动行星架及行星轮顺时针旋转，因太阳轮制动，一级行星轮齿必定受制动的太阳轮齿一个反作用力，使一级行星轮必定顺时针旋转，一级行星轮顺时针旋转时，必定给二级行星轮齿一个逆时针旋转的作用力，二级行星轮逆时针旋转时，其轮齿必定受齿圈一个顺时针旋转的作用力，二级行星轮必定在两力的合力作用下，一边逆时针旋转，一边带动行星架顺时针公转，使行星架顺时针旋转的转速是齿圈与二级行星轮转速之和，输出轮的转速高于主动轮转速，为超速档输出。

2. 重要传动规律

在拉维娜式行星排里，只要确认齿圈主动，输出轮的转速一定高于主动轮的转速，是超速档输出，且多以行星架输出为超速档输出。

四、行星架主动、太阳轮制动、齿圈输出

1. 齿圈输出传动原理

行星架主动、太阳轮制动、齿圈输出如图 4-2-4 所示。

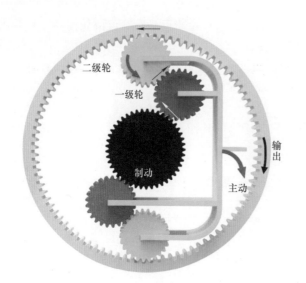

拉维娜式行星齿轮机构运动方程：

$$n_1-an_2-(1-a)n_3=0$$

因太阳轮制动，$n_1=0$，代入上式

传动比为

$$n_3/n_2=-a/(1-a)$$

$n_3/n_2>1$，主从动旋转方向相同，是减速输出

图 4-2-4　行星架主动、太阳轮制动、齿圈输出工况图

从图 4-2-4 可知，当行星架主动顺时针旋转时，两行星轮必定随行星架一同顺时针旋转，但因太阳轮制动，所以太阳轮必定给一级行星轮齿一个反作用力，使一级行星轮顺时针转，一级行星轮顺时针转，必定给二级行星轮齿一个逆时针旋转的作用力，二级行星轮齿受力后，必定使二级行星轮在行星架上逆时针旋转。

由此可知，齿圈顺时针旋转的转速，是主动旋转的行星架顺时针旋转的转速减去二级行星轮逆时针旋转的转速，使齿圈输出的转速低于主动行星架转速而减速输出。

2. 重要传动规律

在拉维娜式行星排里，只要确认齿圈输出，齿圈输出的转速一定低于主动轮的转速，是低速档输出。

五、两轮相连行星排成一体输出

1. 直接档传动原理

太阳轮与行星架连成一体如图 4-2-5 所示。

当太阳轮与行星架连成一体时，太阳轮与行星架便不会相对运动了。而一级行星轮与太阳轮齿啮合。因此一级行星轮、太阳轮与行星架均自连成一体。二级行星轮齿又与一级行星轮啮合，因此二级行星轮也与一级行星轮连成一体。而齿圈轮齿又与二级行星轮齿啮合，齿圈也和各轮不会有相对运动，于是整个行星排成为一体。

用运动方程计算，或从传动中均可知，单行星排只要任意两轮连成一体，其他各轮因轮齿相啮合，也自连成一体，输出直接档。

所谓直接档，是指输出轴的转速与输入轴的转速相同。

2. 重要传动规律

在拉维娜式行星排里，只要确认任意两轮连成一体，另一轮便自连，使整个行星排连成一体，输出直接档。

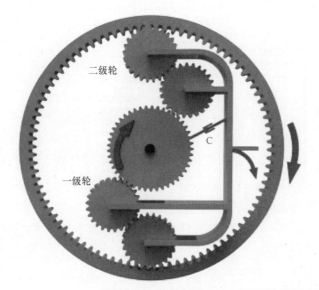

二级轮

C

一级轮

辛普森式行星齿轮
机构或拉维娜式行星齿
轮机构中，只要太阳轮、
行星架、齿圈三轮中任
意两轮连成一体，另一
轮便自连，整个行星排
连成一整体

图 4-2-5 太阳轮与行星架连成一体工况图

六、拉维娜式单行星排传动规律

为方便记，拉维娜式行星排以齿圈作参照物。

1）齿圈主动，行星架超速档输出。

2）齿圈输出，低速档输出。

3）齿圈制动，行星架输出倒档。

4）行星排任意两轮连成一体，行星排自连成一体输出直接档。

综上可知，因自动变速器均是由一个行星排向下一个行星排接力传递，因此，只要分别将上述辛普森式和拉维娜式单行星排的传动过程和本教材总结出的传动规律了如指掌，各型自动变速器各档传动原理便可一目了然。

第三节　拉维娜式自动变速器各档传动原理

各类行星齿轮式自动变速器中各档的传动原理，均有一个共同的规律，即均是由一个行星排向下一个行星排接力传递完成的。已将辛普森式与拉维娜式单行星排各种传动规律剖析详尽，只要将这些传动规律牢牢记住，各种行星齿轮式自动变速器，各档传动原理便可借此迎刃而解。现再以 01M 自动变速器为例，说明如何分析自动变速器各档传动原理。

图 4-3-1 为传统的 01M 自动变速器传动图。

从图 4-3-1 可知，要想用这样一张传统的固定不变的图，完全靠口说，将该自动变速器各档传动原理剖析详尽，是十分困难的。

可以将该变速器传统的传动图翻转 90°，画成与传统图等效的平面传动图，如图 4-3-2 所示。

画这张图不是研究怎样画等效传动图，而是该图可利用多媒体教学软件的平面动画和 3D 动画功能，将该变速器各档的传动过程演示并剖析得淋漓尽致，借此便可总结出所有行星齿轮式变速器各档传动原理的规律。

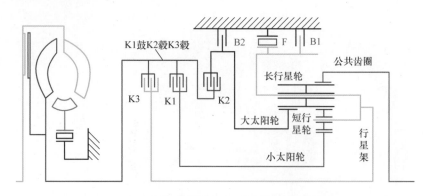

图 4-3-1　传统 01M 变速器传动图

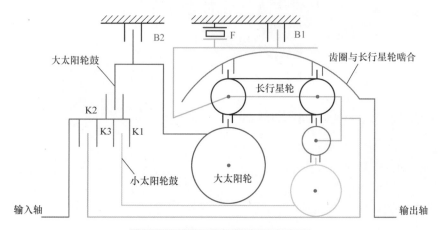

图 4-3-2　01M 变速器等效传动图

在此基础上，便可画出如图 4-3-3 所示的等效平面传动图和立体传动图。

同理，画图 4-3-3 不是学习怎样画此等效图，而是用此图可利用平面动画功能和 3D 动画功能，将该变速器各档传动原理，动感演示出来，以便借此感悟和总结出所有行星轮式自动变速器各档输出的规律，有了这些规律，再也不用一个齿轮一个齿轮地分析，就可以使各档输出一目了然。

下面就用平面和立体等效传动图（图 4-3-1），演练怎样将该变速器各档输出剖析清楚。

一、D 位 D1 档传动原理

D 位 D1 档平面和立体等效传动图如图 4-3-3 所示。

1. 后排输出 D1 档

对比图 4-3-3 上下两图可知，离合器 K1 工作后，把后排小太阳轮与输入轴连成一体，于是，后排小太阳轮主动顺时针旋转。小太阳轮轮齿必定给短行星轮齿一个逆时针旋转的作用力，使短行星轮逆时针旋转。

短行星轮逆时针旋转时，其轮齿必定给长行星轮齿一个顺时针旋转的作用力，并受到长行星轮齿一个反作用力。长行星轮顺时针旋转时，其轮齿必定受齿圈轮齿一个反作用力，于是，长短行星轮齿在作用力与反作用力的合力作用下，使行星架逆时针旋转，但行星架逆时针旋转时被单向离合器 F 锁止，于是长短行星轮便在制动的行星架上自转，使齿圈在长行星轮齿作用下，顺时针旋转而输出 D1 档。

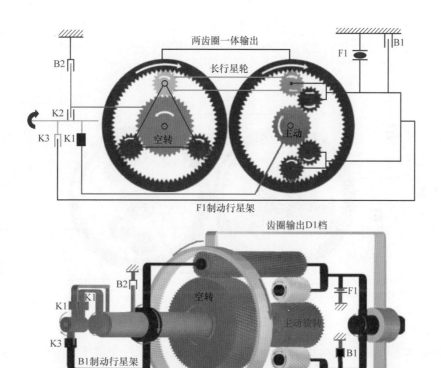

图 4-3-3 D1 档 01M 变速器等效平面和立体传动图

从传动中可知，因长行星轮是在制动的行星架上自转，使齿圈输出最低档 D1 档。

在前排，因长行星轮在制动的行星架上顺时针旋转，使前排大太阳轮逆时针空转，对后排输出无干涉。

2. D1 档重要传动规律

在拉维娜行星排里，只要确认齿圈输出，一定输出低速档，若使太阳轮有几个不同转速主动旋转，齿圈便可输出几个不同低速档。

3. D1 档故障诊断

若该变速器无 D1 档，但 L 位及 R 位均良好，应重点检查单向离合器 F 是否打滑或装反，检查离合器 K1 及向 K1 供油的油电路。若 D 位，L 位及 R 位均失效，应重点检查变速杆与手动阀连接是否脱落；液力变矩器是否不传递转矩；主油压是否因故障而过低等。

二、D 位 D2 档传动原理

D 位 D2 档传动原理如图 4-3-4 所示。

1. 前排输出 D2 档

当变速杆在 D 位，车速升入 D2 档范围时，电控单元使离合器 K1 继续工作，还使制动器 B2 开始工作。

从图 4-3-4 可知，离合器 K1 开始工作后，使后排小太阳轮主动顺时针旋转。小太阳轮主动顺时针旋转时，必定使短行星轮逆时针旋转，短行星轮逆时针旋转时，必定使长行星轮顺时针旋转。因长行星轮与前排大太阳轮外啮合，但前排大太阳轮已被 B2 制动，所以长行星轮只能在制动的大太阳轮上顺时针公转，使齿圈比 D1 档增加了一个行星架顺转的转速，齿圈输出 D2 档。

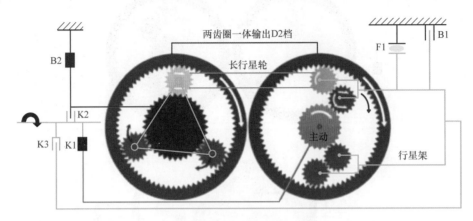

图 4-3-4　D2 档传动原理图

2. D2 档重要传动规律

在拉维娜式行星齿轮机构里，若后排太阳轮主动旋转，制动前排太阳轮，比制动行星架时，齿圈输出的转速高一个档位。

3. D2 档故障诊断

若该变速器 D1 档工作良好，但 D2 档工作不良，或无 D2 档，因参与 D1 档工作的离合器和单向离合器均正常，应重点检查制动器 B2 及向 B2 供油的油电路。

三、D 位 D3 档传动原理

当变速杆在 D 位，车速升入 D3 档范围时，电控单元在 D2 档基础上，将 B2 换 K3，传动原理如图 4-3-5 所示。

1. D3 档直接档传动原理

从图 4-3-5 可知，K1 把后排小太阳轮与输入轴连成一体，而离合器 K3 把行星架也和输入轴连成一体，因此后排小太阳轮与行星架便自连成一体，于是输入轴、小太阳轮、行星架三者便连成一体。

因小太阳轮及行星架彼此不能有相对运动，而长、短行星轮穿在行星架上，短行星轮又与小太阳轮相啮合，因此，长、短行星轮与小太阳轮及行星架连成一体，齿圈与长行星轮齿啮合，齿圈也与后行星排连成一体。

前行星排因齿圈、长行星轮、行星架已连成一体，必定使太阳轮自连，前行星排后行星排也连成一体，输出直接档，该变速器为 D3 档。

2. D3 档故障诊断

若该变速器 D1 档、D2 档工作良好，但 D3 档工作不良，或无 D3 档，诊断思路如下。

从传动图可知，若只 D3 档工作不良，应重点检查离合器 K3 是否因磨损过甚而泄油、卡滞，或离合器片磨损过甚，或向离合器 K3 供油的油电路损坏。

3. 深入解析

K1 与 K2 工作，也可输出直接档，为什么选 K1 和 K3？

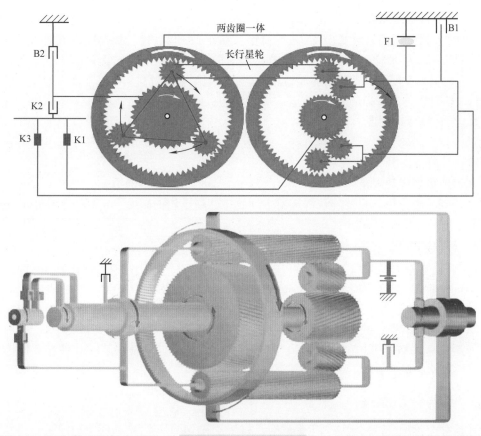

图 4-3-5　D3 档传动图

因 D4 档是 K3 和 B2 工作，由 D3 档升 D4 档时，在 D3 档基础上，电控单元不必同时解除 K1 与 K2，只将 K1 换 B2 便可升入 D4 档。

四、D 位 D4 档传动原理

车速升至 D4 档范围时，在 D3 档基础上，电控单元使离合器 K1 换制动器 B2，传动原理如图 4-3-6 所示。

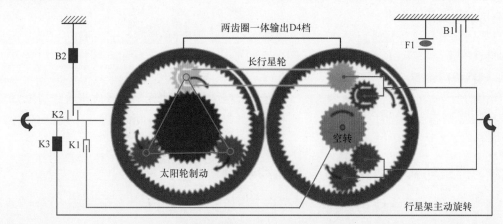

图 4-3-6　D 位 D4 档传动图

1. D4 档前排输出原理

从图 4-3-6 可知，离合器 K3 将行星架与输入轴连成一体，使行星架成为该档的主动件。当行星架带着长、短行星轮主动顺时针旋转时，因前排大太阳轮已被 B2 制动，所以大太阳轮齿必定给长行星轮齿一个阻力，使长行星轮既随主动的行星架顺时针自转，又在大太阳轮上顺时针公转，长行星轮自转与公转必定给齿圈轮齿一个作用力，使齿圈顺时针旋转而超速输出 D4 档。

2. D4 档后排传动原理

在后排长行星轮顺时针公转并自转，使短行星轮超速逆时针旋转，则后排小太阳轮顺时针超速空转，对前排输出不干涉。

3. 超速档重要传动规律

在辛普森行星排里，只要确认行星架主动旋转，输出轮的转速一定高于主动轮的转速，成为超速档输出。

4. D4 档故障诊断

若该变速器 D1 档、D2 档、D3 档均工作良好，但只 D4 档工作不良，或无 D4 档，诊断思路如下。

从传动图 4-3-6 可知，若只 D4 档工作不良，应重点检查制动器 B2 是否因磨损过甚而泄油、卡滞，或离合器片磨损过甚，或检查向制动器 B2 供油的油电路损坏。

若该变速器无 D4 档并显示故障码，应检查自动变速器油温是否过高，或 N88 换档电磁阀是否断路、短路、搭铁等。

五、倒档传动原理

当变速杆入倒档，此时离合器 K2 工作，制动器 B1 也工作，传动情况如图 4-3-7 所示。

1. 前排输出倒档原理

从图 4-3-7 可知，离合器 K2 工作，把前排大太阳轮与输入轴连成一体，使大太阳轮顺时针主动旋转。前排长行星轮便逆时针旋转。但制动器 B1 将行星架制动，于是长行星轮便只能在制动的行星架上逆时针自转，使齿圈逆时针旋转而输出倒档。

2. 后排传动原理

在后排，长行星轮在制动的行星架上逆时针自转，使短行星轮在制动的行星架上顺时针自转，于是，后排小太阳轮逆时针空转，对前排输出。

3. 倒档重要传动规律

只要确认辛普森行星排行星架制动，拉维娜行星排齿圈制动，输出轮的转向必定与主动轮的转向相反。

4. 倒档故障诊断

从传动图 4-3-7 可知，若 D1 档良好，但倒档工作不良，或无倒档，应重点检查制动器 B1 和离合器 K2 是否因磨损过甚而泄油、卡滞，或离合器或制动器片磨损过甚，或检查向制动器 B1 及离合器 K2 供油的油电路。

六、行星轮式自动变速器重要传动规律

1）所有行星齿轮式自动变速器，各档输出均是由两个辛普森行星排，或一个辛普森行星排和一个拉维娜行星排组合而成的行星齿轮机构完成的。

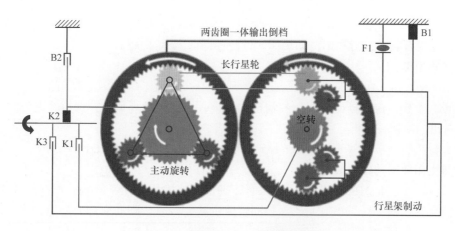

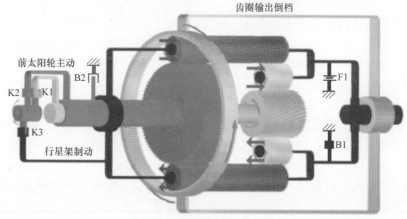

图 4-3-7　倒档传动原理图

2）只要在该行星齿轮机构的输入端，再串联一个单行星排，或一个由两个单行星排组成的行星齿轮机构，使其产生几个不同输出转速，通过离合器传递给最后的行星齿轮机构，该行星齿轮机构便可输出更多档位。

3）只要确认辛普森行星排行星架主动旋转，或拉维娜行星排齿圈主动旋转，输出的转速一定高于主动旋转的转速，是超速档输出。

4）只要确认辛普森行星排行星架输出，或拉维娜行星排齿圈输出，输出的转速低于主动转速，是低速档输出。

5）只要确认辛普森行星排行架制动，或拉维娜行星排齿圈制动，输出的转向与主动转向相反，且辛普森行星排以齿圈输出，而拉维娜行星排行星架输出为倒档输出。

6）两个行星排组合的行星齿轮机构，任意两轮与输入轴连成一体，行星齿轮机构与输入轴连成一体输出是直接档。

只要将上述规律深刻理解，并运用自如，所有行星齿轮式自动变速器，便不用一个齿轮一个齿轮地分析，各档输出均可轻而易举地一目了然，并可列出执行组件工作表。

利用执行组件工作表纵横对比，便可使故障诊断有的放矢。

七、利用传统传动图和传动规律分析各档输出

首先利用01M传统传动图 4-3-8，演练怎样利用传动规律判断各档输出。

前已述及，利用实体拆分或用传统传动图，均可轻而易举地找出行星齿轮机构哪几轮可主动旋转，哪几轮可制动，再利用传动规律便可使各档输出不言而喻。

1. 后排输出 D1 档

从图 4-3-8 可知，在后排拉维娜行星齿轮机构中，B1 制动行星架，K1 使后排小太阳轮主动转速旋转，于是，在后排便形成齿圈输出的格局，根据传动规律，拉维娜行星排只要确认齿圈输出，输出的转速一定低于主动转速，是低速档输出。

又因长行星轮是在制动的行星架上原地旋转，使齿圈输出最低档 D1 档

2. 前排太阳轮制动输出 D2 档

从图 4-3-8 又可知，B2 制动大太阳轮，K1 使后排小太阳轮主动旋转，根据传动规律可知，拉维娜行星齿轮机构，后排小太阳轮以相同转速主动旋转时，制动前排太阳轮比制动行星架输出高一个档位，是 D2 档输出。

3. 行星轮机构任意两轮与输入轴连成一体

从图 4-3-8 还知，离合器 K1 与 K3 工作，使行星架和大太阳轮与输入轴连成一体，根据规律可知，行星齿轮机构，任意两轮与输入轴连成一体，行星齿轮机构便与输入轴连成一体，输出直接档 D3 档。

4. 行星架主动旋转

从图 4-3-8 还可知，离合器 K3 可使行星架主动旋转，制动器 B2 制动前排太阳轮，于是，在前排便形成行星架主动旋转的格局，根据传动规律，辛普森行星排只要行星架主动，齿圈一定输出超速档。

综上可知，只要将前已述及的单行星排传动原理和传动规律深刻地理解并牢牢记住，无论是将变速器实体分解开，或找到传统的传动图，均能轻而易举地找出行星齿轮机构哪几轮可主动旋转，哪几轮可制动，便不用一个齿轮一个齿轮地分析，各档输出便一目了然。

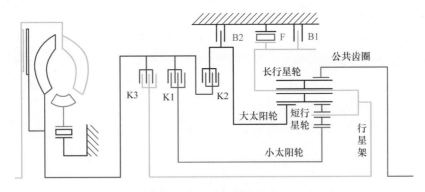

图 4-3-8　01M 传统传动图

八、利用执行组件表诊断故障

前已述及，只要知道变速器各行星排中，哪几轮可主动旋转，哪几轮可制动，便可知道变速器各档都是怎样输出的，便可使故障诊断有的放矢。

表 4-3-1 是根据 01M 自动变速各档传动分析，得知各档都有哪一个离合器，哪一个制动器或哪一个单向离合器参与工作，当该变速器某档丢失或工作不良时，便可通过该表的纵横对比，使故障诊断有的放矢。

1. 变速器各档均不能行驶的故障诊断

该变速器挂 D 位汽车不能行驶，再分别挂入 R 位和 L 位也不能行驶时，故障为汽车各档均不能行驶。

若三个档均不能行驶，应检查是否有 D1 档 R 位和 L 位三个档均参与工作的执行组件，从表 4-3-1 可知，该变速器没有三个档均参与工作的组件，于是便可断言，该故障与所有执行组件均无关。

既然与所有离合器和制动器，及向离合器制动器供油的油电路均无关，应重点检查变速杆与手动阀连接是否脱落，主油压是否过低，液力变矩器是否不传递转矩等。

表 4-3-1　01M 执行组件工作表

档位	K1	K2	K3	B1	B2	F	M 锁止
R		○		○			
D1	○					○	
D2	○				○		
D3	○		○				
D4			○		○		
L							○

2. 只无 D1 档故障诊断

当挂 D 位汽车不能行驶，但挂 L 位或 R 位汽车均能行驶时，是没有 D1 档的故障。

造成变速器 D1 档不能行驶的原因很多，如变速杆不能入 D 位，参与 D1 档工作的离合器或制动器磨损过甚；或向离合器或制动器送油的油电路不良；若有单向离合器参与工作，单向离合器失效打滑或单向离合器装反等。

为判断故障所在，因该变速器 L 位良好，证明该变速油压等均正常，对比执行组件工作表可知，离合器 K1 和制动器 B1 也良好，参与 D1 档工作的离合器 K1 必良好，由此便知 D1 档不能行驶的故障是因单向离合器 F 装反或失效打滑。

3. 无 D3 档故障诊断

若变速器挂入 D 位，D1、D2 档均可正常行驶，但 D3 档不能正常行驶，利用表 4-3-1 比对可知，因 D1、D2、D3 档离合器 K1 均参与工作，D1、D2 档正常，说明离合器 K1 无故障，又因参与 D3 档还有离合器 K3，又因离合器 K3 在 D4 档也工作，由此可知，若该变速器 D4 档也不能正常行驶，可断言离合器 K3 或向离合器 K3 供油的油电路工作不良。

4. 只无 D4 档故障诊断

若变速器挂入 D 档，D1、D2、D3 档均可正常行驶，而 D4 档不能正常行驶。

利用表 4-3-1 比对可知，D4 档 B2、K3 工作。B2 参与 D2 档，K3 参与 D3 档，但 D2、D3 档均正常，由此可知，参与 D4 档工作的离合器 K3、制动器 B2 均无故障。则应检查 N88 换档电磁阀是否因断路、短路、搭铁导致电控单元不发出升 D4 档指令。

综上可知，只要知道各档是怎样输出的，故障诊断便可有的放矢。

前已述及，01M 自动变速器是最具代表性的变速器，应特别强调的是只有把 01M 自动变速器油路中各阀一一进行剖析，才能具备分析油路的实力。只有将油路走向和各阀结构原理了如指掌，才能准确地分析和判断自动变速器的故障。

所有自动变速器油路中的阀，虽然名目繁多，但均可分类为开关阀、调压阀、开关电磁阀、调压电磁阀等四类。01M 油路中的阀如图 4-4-3 所示（请复印各油路图，以方便学习）。

下面分别介绍油路中各阀结构原理。

一、主油压调节阀原理与故障诊断

1. 主油压调节阀原理

主油压调节阀如图 4-4-1 所示。

从油路图 4-4-1 和图 4-4-3 可知，主油压调节阀是由弹簧和滑阀组成的。N93 脉冲电磁阀占空比调节出的油压，送入主调压调节阀左腔，向右推阀。与此同时，从节流口泄出的油压反馈送入该阀，也向右推阀，而弹簧力向左推阀，三力的抗衡控制主油压调节阀打开节流口开度的大小。通过将油泵油液泄油的办法，调节出去主调压阀的控制油压，用此控制油压，修正主调压阀输出主油压。

2. 主油压调节阀故障诊断

从图 4-4-1 又可知，若主油压调节阀因磨损过甚泄油或卡滞，或弹簧疲劳、折断等，均会引起输出的控制油压失调，导致主油压失控引起各档均冲击的故障。

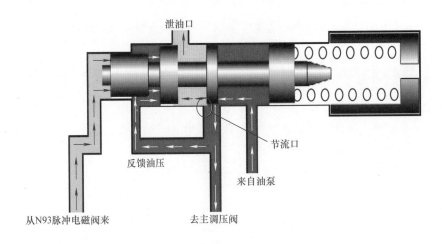

图 4-4-1　主油压调节阀

二、主调压阀原理与故障诊断

1. 主调压阀原理

主调压阀如图 4-4-2 所示。

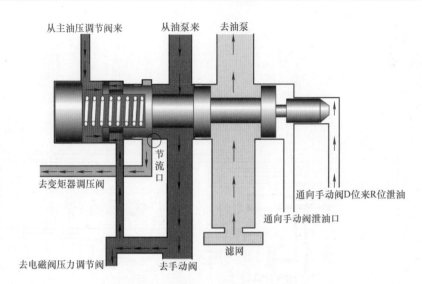

从主油压调节阀来　　从油泵来　　去油泵

节流口

去变矩器调压阀

通向手动阀D位来R位泄油

通向手动阀泄油口

滤网

去电磁阀压力调节阀　　去手动阀

图 4-4-2　主调压阀结构原理图

从图 4-4-2 可知，滑阀的左端作用来自主油压调节阀的控制油压，向右推滑阀，该油压受控于 N93 电磁阀。

从图 4-4-2 又知，来自油泵的油压，经过节流口节流后，反馈作用在滑阀左端，向左端推滑阀，以修正主油压。图中弹簧弹力也向右推阀，但 D 位来自手动阀的主油送入主调压阀右腔，向左推滑阀，和向右推滑阀以及弹簧力三者的抗衡，决定打开向变矩器压力调节阀泄油口开度的大小，通过泄油将油泵油压调节成主油压。

2. 主调压阀主要故障

1）若 N93 电磁阀失效，必使主油压调节阀调出的控制油压过高，过高的控制油压，送入主调压阀的左腔，向右推主调压阀，关小主调压阀泄油口，必引起主油压过高而导致变速器各档均冲击的故障。

2）若主调压阀因磨损泄油，运动不畅卡滞，及弹簧疲劳、折断等，均会使变速器各档工作不良或产生冲击故障。

3. 深度解析

从油路图可知，该变速器倒档油压的升高，是由手动阀挂入倒档时，右腔油压从手动阀泄出，使滑阀右移关小节流口，提高倒档油压。详见倒档油路工作原理。

三、电磁阀压力调节阀原理与故障诊断

1. 电磁阀压力调节阀原理

参考油路图 4-4-3 可知，电磁阀压力调节阀调节出的压力，供给油路中所有的电磁阀。从图 4-4-4 可知，该阀是一个弹簧压力调压阀，调出压力的大小，等于弹簧高频开闭泄油口时，刚打开节流口时弹簧的弹力，由此可知，通过设定弹簧便可使该阀输出一个恒定油压。

从图 4-4-4 可知，在无主油压输入时，滑阀在弹簧力作用下，移动到右端，节流口处于全开状态。当主油压经节流口输入 B 腔时，输入 B 腔的油压便有一个向左推阀的力，随着 B 腔油压的升高，滑阀逐渐左移，当 B 腔油压升高到滑阀的棱边关闭节流口后，B 腔与主油压便隔离。

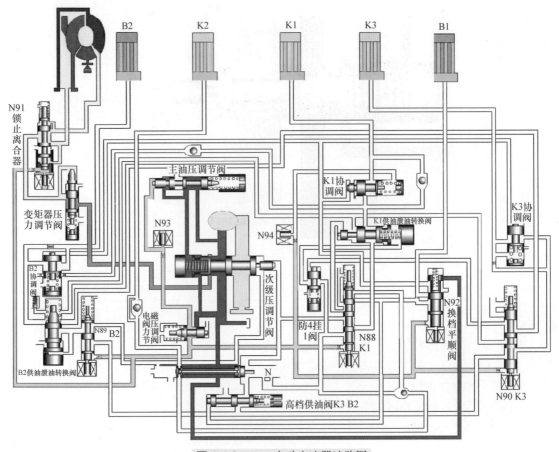

图 4-4-3　01M 自动变速器油路图

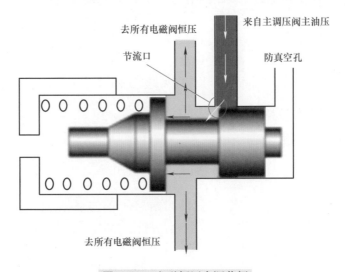

图 4-4-4　电磁阀压力调节阀

当 B 腔油压降低时，弹簧立即打开节流口，使主油压向 B 腔补压，于是，滑阀不断开闭，将 B 腔油压维持在一个恒定值。这个恒定值就是滑阀关闭与打开节流口临界的弹力，只要按要求设计一个弹簧，便可调出一个随主油压变化而变化的控制油压。

　　该恒压调节阀，在各种变速器中的名称各不相同，如在本教材无级变速器油路中称离合器减压阀，又如液力变矩器压力调节阀等。但它们均是一个弹簧式的调压阀，调出的油压分别送入油路中的各电磁阀，以便在电控单元控制下，分别使各电磁阀准确地输出各自的控制油压。

　　2. 电磁阀压力调节阀故障诊断

　　若该阀因弹簧疲劳过软，或因调压阀磨损过甚泄油，或因卡滞引起输出油压降低，必定引起送入所有电磁阀的恒压失准，从而必导致各电磁阀输出的控制油压失准，引起变速器各档均工作不良，或各档均产生冲击的故障，若出现上述故障时，应重点检查该阀。

四、变矩器压力调节阀原理与故障诊断

　　变矩器压力调节阀如图 4-4-5 所示。

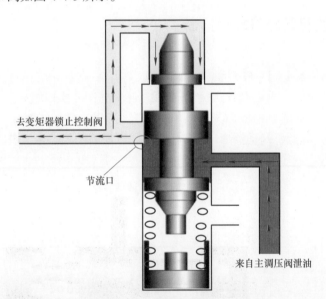

去变矩器锁止控制阀

节流口

来自主调压阀泄油

图 4-4-5　变矩器压力调节阀

　　1. 变矩器压力调节阀原理

　　对比图 4-4-3 可知，变矩器压力调节阀是把主调压阀泄出的油液调整成去变矩器的油压，再将该油压送入 N91 锁止离合器控制阀。

　　从图 4-4-5 可知，变矩器压力调节阀由弹簧和滑阀组成，它是一个弹簧调压的恒压调节阀。

　　从图 4-4-5 又知，弹簧作用在滑阀的下部，向上推阀，经节流调压后的油压，反馈流入该阀上端向下推阀，上下两力平衡推阀，决定打开节流口开度的大小，把主调压阀泄入的油压，调节成去 N91 锁止离合器控制阀的油压。

　　根据锁止离合器是否锁止，再由锁止离合器控制电磁阀，控制锁止控制阀在上下两个位置上切换，以控制该油压流入液力变矩器的流向，以使锁止离合器锁止或解锁。

　　2. 变矩器压力调节阀故障诊断

　　从图 4-4-5 可知，该阀是一个弹簧压力调节阀，调出的恒压取决于弹簧打开节流口时的弹

力，由此可知，若弹簧疲劳过软，或因调压阀磨损过甚泄油或卡滞引起输出油压降低，必定引起锁止离合器打滑或锁止冲击，并伴随油温升高的故障，若出现上述故障时，应重点检查该阀。

3. 深度解析

液压系统的调压阀有弹簧压力调压阀和电磁阀调压阀两种，从图 4-4-5 可知，该阀是由液压和弹簧力平衡，通过节流口不断的高频自动开闭，将主油压调节成与弹簧开闭时弹力相等的恒压。设计弹簧力，便可使调压阀自动调出一个设定的恒压。

开关电磁阀有常开或常闭两种，通电开启的电磁阀为常闭电磁阀，不通电开启的电磁阀为常开电磁阀。常开和常闭电磁阀在同一个变速器内，外形完全相同。

可用通电办法判断，即通电无声，断电有阀落座声为常闭电磁阀。通电有落座声，断电无落座声为常开电磁阀。

还可从 D1 档油路图中鉴别，因绝大数自动变速器，D1 档换档电磁阀均不通电，因此 D1 档关闭泄油口，输出控制油压的开关电磁阀，为常闭电磁阀。D1 档开启泄油口，泄油的电磁阀为常开电磁阀。

五、倒档储能阀原理与故障诊断

1. 倒档储能阀原理

倒档储能阀由弹簧和滑阀组成，如图 4-4-6 所示。

参考倒档油路图可知，手动阀挂入倒档时，主油压经 N88 换档阀分别送入制动器 B1 和倒档储能阀左腔，因倒档储能阀左腔与制动器 B1 并联。所以，挂倒档时该阀瞬间分流了进入制动器 B1 油液的流量，降低了制动器 B1 的结合速度，以消除倒档冲击。由此可知，它与储能器的作用等效。

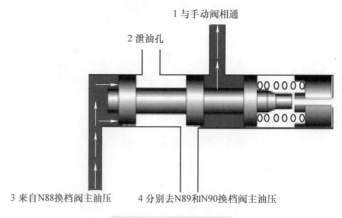

图 4-4-6 倒档储能阀

2. 倒档储能阀故障

1）若倒档储能阀因磨损泄油，必定使 B1 制动器片结合过慢，延迟了换档点而引起倒档冲击。

2）若倒档储能阀因磨损卡滞，必定使 B1 制动器片结合过快，提前了换档点而引起倒档冲击。

3. 深度解析

综上可知，消除低档冲击的手段有：储能器、储能阀、协调阀、单向球阀、单向离合器等。

若个别档冲击，除应检查参与冲击的档的离合器和制动器是否因磨损泄油、卡滞等，或离合器和制动器片间隙过大使换档时机滞后外，若冲击档有上述组件参与工作，还应检查上述组件。

在很多资料中，均将该倒档储能阀称高档供油阀，这毫无道理，因它与高档无关，它只在倒档工作。倒档时，它和储能器一样，是瞬间分流进入制动器的油液，以降低制动器结合速度，消除档位切换时的冲击。

六、防4挂1阀原理与故障诊断

防4挂1阀如图4-4-7所示。

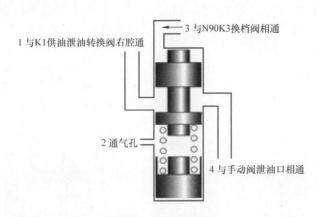

1 与K1供油泄油转换阀右腔通

3 与N90K3换档阀相通

2 通气孔

4 与手动阀泄油口相通

图4-4-7　防4挂1阀

防4挂1阀是防止汽车在4档高速行驶时，因N88电磁阀突然失效，自动挂入D1档而引发恶性事故。

1. 防4挂1阀原理

从D4档油路图可知，当变速器升入D4档车速范围时，电控单元首先向N88电磁阀送电，使常开电磁阀关闭停止泄油，以便将换档滑阀推到上端，于是便将主油压送入K1供油泄油转换阀左腔，将滑阀推到右端，切断去离合器K1的油路，又将K1内的油液通过K1供油泄油转换阀泄压，以解除K1工作。

综上可知，若N88电磁阀突然失效，使换档阀落座，K1供油泄油转换阀在弹簧力作用下移动到左端，主油压便通过K1供油泄油转换阀送入离合器K1，K1工作。

2. 易造成追尾的恶性事故

从D4档传动中可知，D4档时后排小太阳轮高速空转，但K1工作后，便强行将高速空转的小太阳轮与输入轴连成一体，使小太阳轮突然降速，小太阳轮降速，小太阳轮的反作用力必使齿圈逆转，单向离合器制动齿圈，使变速器强行进入D1档。

在高速公路上4档高速行驶，突然自动紧急制动，不仅会对发动机和变速器造成强烈冲击，而且在高速公路上极易造成追尾的恶性事故。

为此，01M变速器加装了防4挂1阀，从D4档油路图中可知，该阀1油口与K1供油泄油转换阀右腔相通。升D4档时，电控单元除将主油压送入制动器B3，还从3口送入防4挂1阀上腔将滑阀压下，滑阀压下后便将1油口封闭，使K1供油泄油转换阀右腔变成真空。

于是，N88电磁阀若因突然出现断路搭铁或短路故障，使N88换档阀落座，左腔油压即便泄出，在真空力作用下，弹簧也无力将K1供油泄油转换阀推到左端，以确保电磁阀突然失效，

K1 供油泄油转换阀不会左移，使变速器强行降为 1 档，汽车仍在 D4 档正常行驶。

3. 深度解析

若汽车在 D4 档高速行驶时，N88 换档电磁阀突然因故断电，使 N88 换档阀落座，虽然电控单元存储故障码，但因有防 4 挂 1 阀保护，汽车仍在 D4 档正常行驶。当变速器由 D4 档降档后，重新加速或重新起步行驶时，再也不能由 D3 档升至 D4 档时，便可确认该故障是因 N88 换档电磁阀断路、短路、搭铁，电控单元不发出升 D4 档的指令造成的，并会显示故障码。

七、N91 锁止离合器控制电磁阀原理与故障诊断

N91 锁止离合器电磁阀控制锁止减速阀和锁止控制阀在上下两个位置上切换，如图 4-4-8 所示。

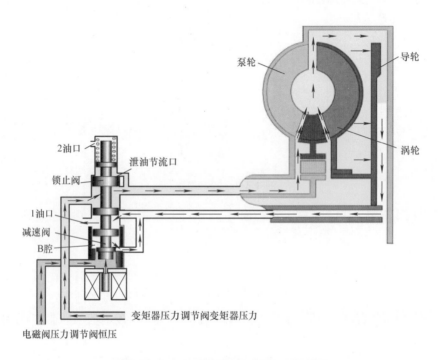

图 4-4-8　锁止离合器控制阀在锁止工况

1. 锁止电磁阀原理

（1）锁止离合器锁止原理

当涡轮转速近于泵轮转速、冷却液温度 65℃ 以上、变速器油温 20℃ 以上、无制动信号、节气门开启、档位信号是 D 位，以上条件同时满足时，或变矩器油温因故上升至 140℃ 以上时，电控单元向锁止电磁阀送电，关闭泄油口停止泄油，从 1 油口进入滑阀下腔，油液将滑阀推到上端，将变矩器调压阀的变矩器油压从 2 油口送入变矩器，将变矩器压盘压靠在变矩器泵轮壳体上，将泵轮与涡轮连成一体，即变矩器锁止。

（2）锁止离合器解锁原理

当汽车上坡或加速，或汽车制动时，为防止发动机熄火，或升降档瞬间，为消除档位切换时的冲击，电控单元停止向锁止电磁阀送电，电磁阀泄油口泄油，锁止控制阀下落，2 油口油压便改道从变矩器前端进入，将锁止压盘推离泵轮解锁。

2. 锁止控制电磁阀故障诊断

锁止电磁阀的短路或断路故障必定会存储故障码，且液力变矩出现无锁止故障。若图 4-4-8 中的减速阀因磨损运动不畅，卡在下端则必定使变矩器无锁止，若卡在上端必使锁止离合器锁止不释放，导致制动时发动机熄火的故障。

八、N92 换档平顺电磁阀原理与故障诊断

1. N92 换档平顺电磁阀原理

要想理解该电磁阀的工作原理，必须找出与该电磁阀相关联的阀，分析它们之间的关系，从油路图图 4-4-3 可知，该电磁阀控制 N92 滑阀，而 N92 滑阀分别与手动阀主油压和 K1、B2、K3 三个协调阀相通，由此便知，N92 换档平顺电磁阀可在电控单元控制下，将手动阀主油压调节成控制油压，并将该控制油压，同时分别送入 K1、B2、K3 三个协调阀。

从油路图图 4-4-3 又可知，K1、B2、K3 三个协调阀分别与参与 D1 档工作的 K1 离合器，以及与参与 D2 档工作的 B2 制动器和参与 D3 档工作的 K3 离合器相通，该控制油压可控制三个协调阀打开节流口开度的大小，控制流入离合器 K1 和 K3 以及制动器 B2 油液的流量，降低离合器片和制动器片的结合速度，降低三个档切换时的冲击。

2. N92 换档平顺电磁阀故障诊断

若 N92 换档平顺电磁阀出现断路、短路、搭铁的故障，必定造成该变速器 D1 档、D2 档、D3 档均产生冲击的故障。

同理，若 N92 换档平顺滑阀出现磨损过甚、泄油、卡滞、运动不畅，以及回位弹簧疲劳、折断等，均会引起三个档工作不良或产生冲击的故障。

若该变速器出现 D1、D2、D3 三个档均工作不良的故障，应检查该电磁阀和该滑阀。

九、N94 电磁阀原理与故障诊断

1. N94 电磁阀原理

N94 电磁阀的工作原理在任何资料中，均找不到答案。但从油路图图 4-4-3 可知，该电磁阀与 K1 协调阀右腔相通，而 K1 协调阀的左腔与 N92 换档平顺阀输出的控制油压相通，由此可知，只要找出 K1 协调阀左右两腔油压的关系，便可理解该电磁阀的工作原理。

从分析中可知，因 D1 档、D2 档、D3 档，换档平顺阀均向 K1 协调阀的左腔送控制油压，为使该控制油压只在 D1 档时对 K1 协调阀起控制作用，N94 常开电磁阀在 D1 档起步时，应不干涉平顺阀对 K1 协调阀的控制，因此，D1 档时，N94 电磁阀应停止供电，打开泄油口泄压，不向 K1 协调阀右腔送入油压。

但 D2 档、D3 档分别有 B2 协调阀和 K3 协调阀控制，因此，D2 档、D3 档无需 K1 协调阀参与，因此，在 D2 档、D3 档时，电控单元应向 N94 常开电磁阀通电，将恒压送入 K1 协调阀的右腔，与左腔平顺油压平衡，使 K1 协调阀在 D2 档、D3 档时，稳定在左端，以不干涉该变速器 D2 档和 D3 档正常工作。

2. N94 电磁阀故障诊断

从该电磁阀的工作原理可知，若该变速器出现 D2 档、D3 档均工作不良或均产生冲击的故障，应检查 N94 电磁阀是否出现了断路、短路、搭铁的故障。

综上可知，只要熟悉油路图图 4-4-3，将以上各阀的结构原理和故障诊断方法充分理解并运

用自如，该变速器各档油路的工作原理和故障诊断便可破难为易。

第五节　01M 自动变速器油路工作原理及故障诊断

从前面讲过的该变速器主油压调节阀和主调压阀的结构原理已知，主调压阀是在油泵油压、弹簧弹力，以及电控主油压调节阀调出的控制油压，三者的平衡，通过控制主调压阀，打开泄油口开度的大小，通过向变矩器压力调节阀和油底壳泄油的办法，将油泵的油液调节成主油压。

从油路图 4-5-1 可知，主调压阀调出的主油压，通过 T → g 送入手动阀，以便根据档位需要，由手动阀将主油压送入相应档的离合器和制动器。

从油路图又可知，主调压阀主油压，还会送入电磁阀压力调节阀，从图 4-5-1 中一目了然。它是一个弹簧式压力调节阀，可将主油压调节出成一个设定的恒压。

该弹簧式压力调节阀在各变速器中，其名称各不相同，本教材将该阀命名为恒压调节阀。该恒压调节阀调出的恒压，均送入油路中所有的电磁阀，以便在电控单元的控制下，分别恒压调节出各电磁阀输出的控制油压。

下面就用字母导航的手段，分析恒压调节阀是怎样将恒压送入各电磁阀的。从油路图图 4-5-1 可知，该恒压调节阀调出的恒压经油路图中 L → H → F → G →送入 N93 脉冲电磁阀，以便控制主油压调节阀，将油泵油压调节出一个控制油压，并将该控制油压送入主调压阀左腔，修正主油压；从图 4-5-1 中可知，该恒压调节阀调出的恒压，还会经 K → S →送入 N89 换档电磁阀，以便在电控单元控制下，使 N89 滑阀在上下两个位置切换，以完成 D2 档和 D4 档切换；恒压调节阀调出的恒压还从 K →经 10 →经 11 →经 12 →送入 N91 锁止控制电磁阀，以便控制锁止控制阀在上下两个位置切换，以控制锁止离合器锁止或解锁；从油路图又可知该恒压还会经 K → Z → X →送入 N94 电磁阀，以便在 D2 档、D3 档将恒压送入 K1 协调阀右腔；该恒压还会经 K → Z →入常开的 N88 换档电磁阀，以便在 D4 档时通电，将 N88 换档阀推到上端；恒压调节阀调出的恒压，还会送入 N92 换档平顺电磁阀，以便控制 N92 滑阀在 D1 档、D2 档、D3 档时，向三个协调阀输出控制油压；恒压调节阀调出的恒压，还会送入 N90 换档阀，以便在电控单元控制下，在上下两个位置切换，以完成 D3 档和 D4 档的切换。

此外，主调压阀泄出油压→经主调压阀泄油口→经 b →经 o →变矩器调压阀调压后→经 1 → 2 → 3 →液力变矩器→在锁止控制电磁阀控制下换向→控制变矩器解锁或锁止。

因以上各阀的工作原理及油路走向均完全相同，只要将上述内容牢牢记住，其他各档均是在此基础上，根据档位的需要，通过手动阀将主油压送入相应档的离合器和制动器，便可完成各档输出。

下面，再利用字母导航，分析各档主调压阀，是怎样送入各档离合器和制动器的。

一、D1 档油路工作原理及故障诊断

1. D1 档油路工作原理

D1 档油路图如图 4-5-1 所示（请复印各油路图，以方便学习）。

从传动原理可知，只要离合器 K1 工作，单向离合器 F1 将双行星排的行星架制动，该变速器便可输出 D1 档。

由此可知，只要手动阀挂入 D 位，主调压阀主油压便可送入离合器 K1，变速器便可输出

D1 档。

从图 4-5-1 可以一目了然，当手动阀挂入 D 位，车速在 D1 档车速范围，主调压阀主油压从 T 口出，经 g→手动阀→经 h→r→一方面经 P 入主调压阀右腔，修正主油压→另一方面从 r 分流→入常开的 N88 换档阀出→j→经 m→入 K1 供油泄油转换阀→入 K1 协调阀→经 q→u→经 t→入 K1 离合器，使变速器进入 D1 档行驶。

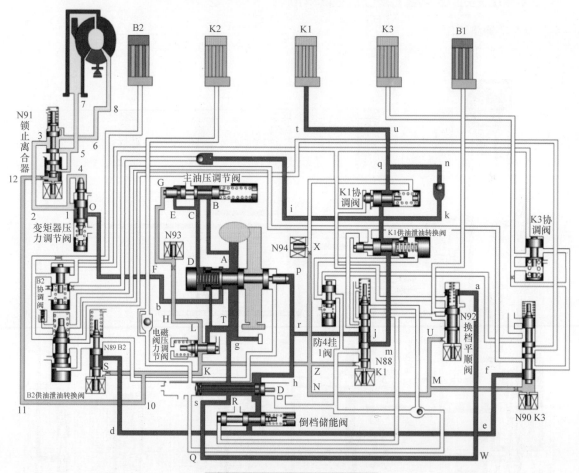

图 4-5-1　D1 档油路工作原理图

为消除 D1 档起步冲击，N92 换档平顺电磁阀，使换档平顺阀输出的压力油，分别同时送 K1、B2、K3 三个协调阀→D1 档时，通过控制 K1 协调阀节流口开度，降低流入 K1 离合器油液的流量，以降低离合器结合速度，消除 D1 档起步时的冲击。

为使 K1 离合器分离迅速而彻底，在油路中还加装了两个单向球阀。此外，D1 档时主调压阀主油压，还从 T→g→手动阀→经倒档储能阀左行→经 d→s→入 N89 换档阀，为升入 D2 档和 D4 档待命。

主调压阀出来的主油压，还从 T→g→手动阀→经倒档储能阀右行→经 e→经 t→入 N90 换档阀为 D3 档和 D4 档待命。

主调压阀泄出的油液→经 b→经 o→入变矩器调压阀调出恒定油压→在锁止电磁阀的控制下进入液力变矩器，使变矩器解锁或锁止。

2. D1 档故障诊断

1）若该变速器只 D1 档起步冲击，应重点检查 K1 协调阀是否因磨损过甚而泄油、滑阀运动不畅、卡滞，以及弹簧是否疲劳、折断等。

2）若该变速器只是无 D1 档，再挂入 L 位，若 L 位正常，则为单向离合器失效或装反。

二、D2 档油路工作原理及故障诊断

1. D2 档油路工作原理

D2 档油路工作原理如图 4-5-2 所示。

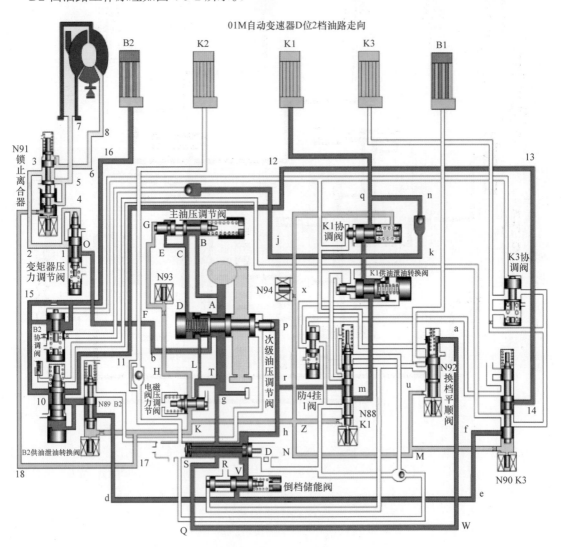

图 4-5-2　D2 档油路图

从传动原理已知，D2 档是离合器 K1 和制动器 B2 工作，从 D2 档油路图可知，D2 档只要在 D1 档油路的基础上，将主调压阀出来的主油压送入制动器 B2，该变速器便可由 D1 档升入 D2 档。

因此，当电控单元从档位信号和节气门位置信号，以及车速信号，测得车速已进入 D2 档设定的车速时，电控单元立刻向常开的 N89 换档电磁阀通电，使常开的 N89 电磁阀关闭泄油口

停止泄油。N89 电磁阀便通过油压将 N89 换档滑阀推到上端，接通了主调压阀与制动器 B2 油路的通道。其油路走向为：

主调压阀出油口 T →经 g →手动阀→经 v →倒档储能阀→从储能阀出→左行经 d →入已升到上端的 N89 换档阀→入 B2 供油泄油转换阀下腔→将 N89 滑阀推到上端→主油压从 10 口出→从 15 处→分流经 K1 协调阀→经 16 →入制动器 B2。离合器 K1 和制动器 B2 同时工作，变速器便可从 D1 档升入 D2 档。

2. D2 档故障诊断

若该变速器 D1 档良好，说明离合器 K1 以及向离合器 K1 供油的油电路均无故障，D2 档工作不良的故障是制动器 B2，以及向制动器 B2 供油的油电路不良。但因制动器 B2 在该变速器 D4 档时也工作，因此 D2 档工作不良，D4 档也工作不良时，便应检查制动器 B2 是否出现了磨损过甚、泄油、运动不畅、卡滞、摩擦片磨损间隙过大，以及回位弹簧是否疲劳、折断等。还应检查 N89 换档阀、制动器 B2 供油泄油转换阀、B2 协调阀等，是否出现了磨损过甚、泄油、运动不畅、卡滞，以及弹簧是否疲劳、折断等。

三、D3 档油路工作原理及故障诊断

1. D3 档油路工作原理

D3 档油路图如图 4-5-3 所示。

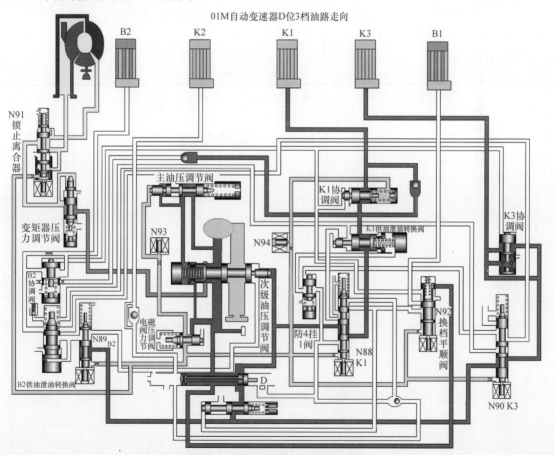

图 4-5-3 D3 档油路工作原理图

从传动原理已知，D3 档时是离合器 K1 和离合器 K3 工作，输出直接档，使变速器升为 D3 档输出。

从图 4-5-3 可知，在 D2 档油路的基础上，只要将制动器 B2 的油压全部泄出，再将主油压送入离合器 K3，便可将双排行星齿轮机构连成一体，使齿圈输出 D3 档。

从油路图 4-5-3 可知，当汽车进入 D3 档设定车速时，电控单元立刻停止向常开的 N89 换档电磁阀供电，使常开的换档电磁阀开启泄油，将制动器 B2 内的油压全部泄出，与此同时，电控单元向常闭的 N90 换档电磁阀通电，使 N90 换档电磁阀开启泄油口泄油，将 N90 换档阀移动到下端，使主油压送入离合器 K3，变速器便可输出 D3 档。

（1）D3 档制动器 B2 怎样泄压

当电控单元停止向常开的 N89 换档电磁阀供电，使 N89 换档电磁阀打开泄油口，N89 换档阀在弹簧力作用下移动到下端，于是制动器 B2 内的油压，便从制动器 B2 →经 16 → 6 →经 21 →经 B2 协调阀→再经 22 →经 B2 供油泄油转换阀→经 N89 换档阀→经 23 →经手动阀→从 24 泄出，使制动器 B2 在 D3 档停止工作。

（2）D3 档时主调压阀向离合器 K3 供油

D3 档时，电控单元向常闭的 N90 换档电磁阀通电，使 N90 电磁阀打开泄油口，此时 N90 换档阀在弹簧力作用下移到下端，于是，便打通了主调压阀与离合器 K3 油路通道。

于是，主油压便由主调压阀从 T → g →手动阀→经 V →从倒档储能阀出，右行→经 e →经 f →入 N90 换档阀→从 11 出→经 12 → 13 →入 K3 协调阀节流→经 14 →经 15 →入离合器 K3。该变速器便从 D2 档升入 D3 档

2. D3 档故障诊断

若变速器 D1 档、D2 档均工作良好，证明离合器 K1 和制动器 B2 均无故障。只有 D3 档工作不良的故障，便是离合器 K3 及向离合器 K3 供油的油电路不良引起的。但因离合器 K3 也参与 D4 档工作，因此，只有 D3 档和 D4 档均工作不良时，才应检查离合器 K3 及向 K3 供油的油电路是否有故障。此时应检查离合器 K3 是否出现了磨损过甚、泄油、运动不畅、卡滞、离合器片由于磨损间隙过大，以及回位弹簧是否疲劳、折断等。还应检查 K3 协调阀是否有故障，以及检查向制动器 B2 供油的油电路是否良好。

应检查常闭的 N90 换档电磁阀是否有断路、短路、搭铁故障。还应检查 B2 供油泄油转换阀和 B2 协调阀是否出现了磨损过甚、泄油、滑阀运动不畅、卡滞，以及回位弹簧是否疲劳、折断等。

3. 深度解析

从传动规律可知，D3 档选择离合器 K1 和 K2 同时工作，或者选择离合器 K1 和 K3 同时工作，均可输出 D3 档。

但为什么 D3 档选择 K1 和 K3 离合器，而不选择 K1 和 K2？从 D3 档和 D4 档油路图的对比中可知，因 D4 档是制动器 B2 和离合器 K3 工作，由此可知，离合器 K3 也参与 D4 档工作，因此，D3 档选择离合器 K1 和 K3，D4 档只要将离合器 K1 切换成制动器 B1，便可进入 D4 档。

四、D4 档油路工作原理及故障诊断

1. D4 档油路工作原理

D4 档油路工作原理图如图 4-5-4 所示。

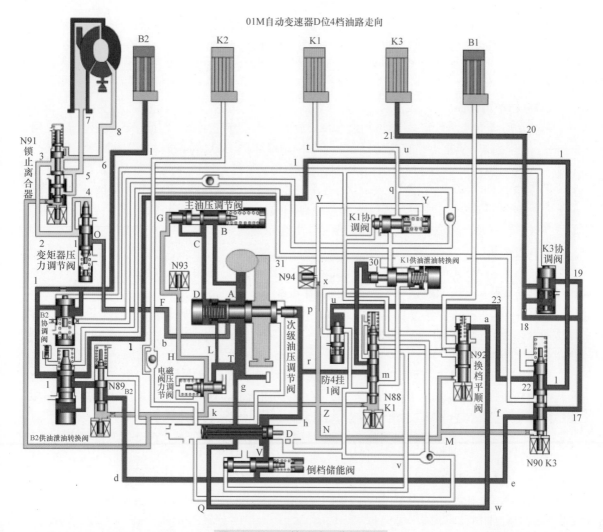

图 4-5-4　D4 档油路工作原理图

从传动原理已知，D4 档是离合器 K3 和制动器 B2 工作，从 D3 档和 D4 档油路的对比中可知，D4 档只是在 D3 档油路的基础上，将离合器 K1 切换成制动器 B2，变速器便可从 D3 档升入 D4 档。

因此，当电控单元根据节气门位置信号和车速信号，确认车速已进入 D4 档设定车速时，便立刻向 N88 换档电磁阀和 N89 换档电磁阀通电。

（1）换档电磁阀 N88 通电，将离合器 K1 油压泄出

从油路图图 4-5-4 可知，常开的 N88 换档电磁阀通电停止泄油后，恒压便将滑阀推到上端，打开了离合器 K1 泄油通道，其泄油油液走向如下：

离合器 K1 →经 t →经 u →经 q →经 k1 协调阀 →经 k1 供油泄油转换阀 →经 N88 换档阀 →从手动阀泄出。

（2）换档电磁阀 N89 通电，主调压阀主油压送入制动器 B2

常开的 N89 换档电磁阀通电，使电磁阀关闭停止泄油，使恒压压缩 N89 换档滑阀的回位弹簧，将滑阀推到上端。于是，主调压阀主油压，便可送入制动器 B2，其油路走向为：

主油压从主调压阀 T 口出→经 g →手动阀→从 v →入倒档储能阀，左行→从储能阀出→经 d →入 N89 换档阀→经上移的 N89 换档阀→入 B2 供油泄油转换阀下腔上推阀→主油压从 10 →经 15 →经 B2 协调阀节流→经 16 →入制动器 B2。在 D3 档基础上，离合器 K3 和制动器 B2 同时工作，使双辛普森行星排齿圈输出 D4 档。

2. D4 档故障诊断

从传动原理和油路可知，制动器 B2 在 D2 档和 D4 档均参与工作，因此，若该变速器 D2 档、D4 档均工作不良，应重点检查制动器 B2，以及与 B2 相关的 B2 协调阀和 B2 供油泄油转换阀，以及 N89 换档阀是否存在磨损过甚、泄油、运动不畅、卡滞，回位弹簧是否疲劳、折断等。

若 N89 换档电磁阀存在断路、短路、搭铁，必定造成该变速器无 D2 档和无 D4 档的故障。

从油路图图 4-5-4 又可知，若 N88 换档电磁阀出现断路、短路、搭铁的故障，或滑阀因磨损过甚卡滞在下端，必定造成无 D4 档的故障，并显示故障码。

3. 深度解析

从油路图图 4-5-4 可知，图中有一个防 4 挂 1 阀，该阀的作用和工作原理，在任何资料中，均找不到答案。因此，只有从与该阀相连的阀中找线索！

从图 4-5-4 可知，该阀分别与制动器 B2 和 K1 供油泄油转换阀右腔相通，该变速器 D4 档是靠向 N88 换档电磁阀通电，将 N88 换档阀推到上端，使 K1 供油泄油转换阀移到右端，把离合器 K1 内的油压泄出。

若汽车在 D4 档高速行驶时，万一 N88 换档电磁阀突然出现断路、短路、搭铁故障，N88 换档滑阀必在弹簧力的作用下移动到下端，使 K1 供油泄油转换阀左端泄压，阀芯移动到左端，使主油压立刻送入离合器 K1，离合器 K1 结合后，便强行使变速器进入 D1 档。

汽车在 D4 档高速行驶，突然降至 1 档，这就相当于在高速公路上高速行驶的汽车，突然自动紧急制动，极易造成连环追尾的恶性事故。

为防止上述故障的发生，该变速器在油路中，加装了一个防 4 挂 1 阀。从图 4-5-4 可知，当变速器进入 D4 档时，B2 供油泄油转换阀分流出一部分油压，送入防 4 挂 1 阀上腔，其油路走向为：B2 供油泄油转换阀→经 11 →经 12 →经 13 →经 14 →经 N90 换档阀→经 22 →经 23 →经 u →入防 4 挂 1 阀上腔→将防 4 挂 1 阀压下。

防 4 挂 1 阀压下后，便将 K1 供油泄油转换阀右腔封闭，使右腔真空。于是，当 N88 换档电磁阀出现断路、短路、搭铁故障时，N88 换档阀移动到下端，使 K1 供油泄油转换阀左腔油压全部泄出，K1 供油泄油转换阀在右腔真空度的作用下，也不会移到左端，有效地防止了离合器 K1 在 D4 档时突然工作。

此时，虽然存储故障码，但汽车仍然在 D4 档正常行驶，直至汽车降速或重新行驶，变速器便不能再升入 D4 档，直至排除 N88 换档电磁阀故障。

五、倒档油路工作原理及故障诊断

1. 倒档油路工作原理

倒档油路图如图 4-5-5 所示。

从传动原理可知，当变速杆挂入 R 位，主调压阀主油压便分别送入离合器 K2 和制动器 B1，使前排辛普森行星排的大太阳轮主动旋转，行星架制动，齿圈输出倒档。其油路走向如下：

（1）离合器 K2 油路走向

主调压阀主油压→经 A →手动阀→经 B →经 F →经单向球阀 C →经 D →经 X →入离合器 K2。

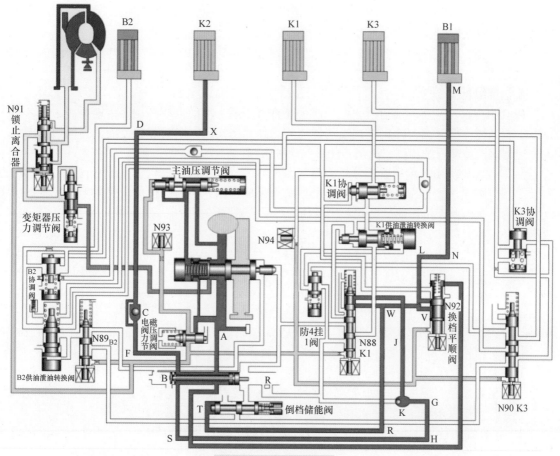

图 4-5-5　倒档油路图

（2）制动器 B1 油路走向

主调压阀主油压→经 A →手动阀→经 B →经 S →经 H →经 G →经 K →经 J →入 N88 换档阀→经 W →经 V → L → N → M →入制动器 B1。

与此同时，主油压还从 N88 换档阀出→经 W →经 R → 经 T →入倒档储能阀左腔，向右推阀。

2. 倒档故障诊断

若制动器 B1 存在磨损、泄漏、卡滞，回位弹簧疲劳、折断等故障，必定造成该档驱动无力或冲击故障；若倒档储能阀存在磨损、泄漏、卡滞，回位弹簧疲劳、折断等，必定造成该档起步冲击的故障；若单向球阀漏装或密封不严，必定造成倒档起步冲击的故障。

综上可知，有什么样的结构，有什么样的原理，就可能相应产生什么样的故障。只有彻底了解掌握结构原理，在结构原理指导下实践，才能具备举一反三地解决实际问题的能力。因此，一定要反复熟读本教材，或者反复播讲视频，将本教材的全部内容完完整整地理解记忆，能力和水平自然就提高了。

3. 深度解析 1

很多资料均将本教材所提到的倒档储能阀称为高档供油阀，但本教材将该阀改称为倒档储能阀，这是因为从倒档油路图可知该阀与制动器 B1 并联，从倒档油路图 4-5-5 可知，当手动阀向制动器供油时，手动阀主油压→经 B →经 S →经 H →经 G →经 K →经 J →入 N88 换档阀→经 W 一方面送入制动器 B1，并从 W 处分流下行→经 R 左行→经 T →入储能阀左腔，向右推滑阀，将去制动器 B1 的油液瞬间分流一部分，以瞬间降低流入制动器 B1 的流量，降低制动片的结合速度，降低倒档起步时的冲击。

由此可知，它的作用与变速器中的储能器具有相同的作用，本教材将其命名为倒档储能阀是正确的。

4. 深度解析 2

因有些行星轮式自动变速器，倒档时需要将倒档油压比前进档油压成倍地提高，那么，为什么倒档油压需要升高？什么样的变速器需要提高倒档油压？以及怎样才能提高倒档油压？从该变速器倒档传动原理和倒档油路，便可找到答案。

从行星齿轮机构的传动原理分析中已知，在同一个行星齿轮机构中，所有轮齿上的作用力和反作用力均大小相等，只有行星架是受作用力和反作用力合力的作用，是太阳轮或者是齿圈受力的两倍，因此，用制动行星架输出倒档的行星轮式自动变速器，需要将制动器的油压提高，否则，必定造成制动器打滑。

从该油路图可知，所有行星轮式自动变速器，倒档油压提高的手段有两种，一种像该变速器一样，手动阀挂入倒档时，将主调压阀右端的油压，从手动阀泄出使主调压阀关小泄油口。另一种手段是手动阀挂入倒档时，手动阀将主油压送入主调压阀另一端，使主调压阀关小泄油口。

再次重申，本教材之所以多角度多层次地将 01M 自动变速器加以详尽剖析，其目的决不是单纯地讲述 01M 自动变速器！而是要讲前排是辛普森式，后排是拉维娜式行星排组合而成的拉维娜式行星齿轮机构。拉维娜式行星齿轮机构是自动变速器发展中的里程碑。这是因为：

1）拉维娜式行星齿轮机构后排是拉维娜式，拉维娜式在行星架上巧妙地套装了两组行星轮，于是便将齿圈和行星架的回转半径放大，在同等转矩输出的情况下，其太阳轮的回转半径，比辛普森行星排太阳轮的直径小很多，低速档输出时，可使发动机节能。

2）拉维娜式行星齿轮机构前排是辛普森式，可大幅度地提高车速，虽然使发动机输出的阻力矩大幅度地增加，但因汽车惯性力的助力，汽车高速行驶时仍可使发动机节能。

综上可知，两行星排的珠联璧合，使行星轮式自动变速器效能达到顶峰。

3）如宝马六档、雷克萨斯八档、宝马九档等很多高档轿车的自动变速器，均利用 01M 自动变速器的齿轮机构输出更多档。只有将 01M 自动变速器的结构原理了如指掌，才能对所有行星轮式自动变速器触类旁通。

4）01M 自动变速器的油路，有很多变速器都没有的特异功能的阀，将 01M 变速器油路剖析透彻，可积累更多的知识，大幅度地提升分析所有液压系统的能力。

5. 深度解析 3

在分析行星轮式自动变速器各档传动原理，独创的引入了简单的引入了简单的作用力与反作用力小箭头中，不仅可使复杂的传动原理一目了然，更重要的是从中感悟和挖掘出，行星齿轮机构设计者的设计意图，是因在同一个行星齿轮机构中，除空转外，所有轮齿上的作用力和反作用力，均大小相等，即均等于动力源作用在太阳轮齿上的作用力。

综上可知，行星齿轮机构具有将动力源作用在太阳轮齿上的作用力，等作用力的传递给齿圈和行星架，这是行星齿轮机构的精华所在。

因齿圈和行星架的回转半径，比太阳轮的回转半径大很多，因此，齿圈和行星架便具有将动力源输出的转矩大幅度放大的特点，因此，行星齿轮机构，具有其他所有机械传动系统均不具备的以下四点精华。

1）几个低速档，可利用拉维娜行星排齿圈输出，即可使动力源省力，又可增力加汽车载重能力。

2）可利用几个不同转速的直接档，可使动力源既省力又真正节能。

3）因行星齿轮机构，任意两齿轮以不同的转速主动旋转，转速低的齿轮，就是转速高的齿轮的相对制动器，利用相对制动，可使变速器不再增加行星排、不再增加离合器、不再增加制动器、即不再增加体积便可输出更多档。详见后文对宝马等八、九档变速器分析。

4）更多档的行星轮式自动变速器，除可更加充份的利用汽车惯性，跳跃式的提速减扭、节能省力外，还可利用直接档使动力源更加节能省力。

可见，采用多档行星轮式自动变速器是新能源汽车节能省力、省电、省燃料消耗的最佳选择。

复 习 题

一、填空题

1. 01M 自动变速器总体结构由（　　　）和（　　　）两部分组成。

2. 拉维娜行星排是由（　　　）、（　　　）、（　　　）三轮组成。

3. 拉维娜行星齿轮式自动变速器是由（　　　）器、（　　　）器、（　　　）器三器组成。

4. 拉维娜行星齿轮式自动变速器也是通过（　　　）和（　　　），对行星齿轮机构中不同的（　　　）和（　　　）进行组合，得到各种传动比输出。

二、问答题

1. 拉维娜式与辛普森式行星齿轮机构主要区别是什么？

2. 拉维娜式自动变速器六大要素的三种连接方式是什么？

3. 怎样分析行星轮式自动变速器的结构？

4. 通过 01M 自动变速器各档传动过程可总结出哪些重要的传动规律？

5. 怎样用 01M 自动变速器传统传动图分析该变速器结构？

6. 01M 自动变速器倒档时，是怎样提高倒档油压的？

7. 01M 自动变速器油路中防 4 挂 1 阀有何作用？

8. 01M 自动变速器油路中倒档储能阀是怎样消除倒档冲击的？

9. 01M 自动变速器油路中锁止控制阀下端的减速阀是怎样消除锁止冲击的？

10. 01M 自动变速器油路中主油压调节阀是怎样控制主调压阀输出主油压？

三、判断对还是错

1. 自动变速器油路阀体内的手动阀的移动，是靠驾驶人手动（　　　）。

2. 计算拉维娜式行星齿轮机构传动比的运动方程是 $n_1 - a \cdot n_2 - (1-a) \cdot n_3 = 0$。（　　　）。

3. 01M 自动变速器主调压阀主油压由变矩器油压和节气门油压上下平衡调整的。（　　　）。

4. 01M 自动变速器主调压阀主油压由电磁阀调整。（　　　）。

5. 01M 自动变速器变矩器油压由主调压阀泄油到次调压阀调整出变矩器油压。（　　　）

6. 拉维娜式行星齿轮机构行星架输出是减速运动。（　　　）

7. 拉维娜式行星齿轮机构太阳轮的旋转方向与齿圈转向相反。（　　　）

8. 行星齿轮机构中的三轮中无一制动，则行星排仍有一轮输出。（　　　）

9. 拉维娜式行星齿轮机构行星架制动是倒档输出。（　　　）

10. 拉维娜式行星齿轮机构行星架主动是超速档输出。（　　　）

第五章 无级自动变速器原理与诊断维修

无级变速器是在行星齿轮式自动变速器基础上改进而来的。它有辛普森式和拉维娜式。而且只有一个行星排，一个制动器和一个离合器，只有一个前进档和一个倒档，然后将转矩传递给主动带轮。通过主从动带轮直径变化完成无级变速。

第一节 无级变速器总体结构

一、无级变速器平面图结构剖析

奥迪、奔驰、日产等车型的无级变速器多用辛普森式单行星排，但辛普森式比拉维娜式在同等体积时，输出的阻力矩大，因此，拉维娜式无级变速器比辛普森式更有优势。图 5-1-1 所示为拉维娜式太阳轮主动旋转的无级变速器。

从图 5-1-1 可知，它由一组拉维娜式行星齿轮机构和四根平行轴，通过一组多片湿式离合器和一组多片湿式制动器及一组起步离合器组成的。

二、无级变速器仿真拆分结构剖析

无级变速器总体结构仿真图如图 5-1-2 所示。

从图 5-1-1 与图 5-1-2 的对比中可知，该变速器由拉维娜式单排行星齿轮机构、离合器、制动器、起步离合器、主从动带轮组成。

无级变速器因使用主从动带轮进行无级升降速，操作简单，乘坐舒适。

下面分析拉维娜式无级变速器结构原理。

1. 无级变速器行星齿轮机构

该型无级自动变速器行星齿轮机构如图 5-1-3 所示。

从图 5-1-3 可知，该行星齿轮机构是拉维娜式。它是由齿圈、太阳轮、行星轮及行星架组成。

从图 5-1-3 可知，拉维娜式单行星排行星齿轮机构的行星架上，套装着两级行星轮，第一级行星轮和太阳轮外啮合，二级行星轮和一级行星轮外啮合，并与齿圈内啮合。

太阳轮与输入轴键配合一体，行星架通过行星架鼓与主动带轮轴键配合一体，可见，只有将太阳轮的转矩传递给行星架，无级变速器的主从动带轮才能旋转。

2. 离合器仿真拆分

无级变速器离合器仿真拆分图如图 5-1-4 所示。

从图 5-1-4 可知，行星排中的太阳轮与输入轴一体，太阳轮也是离合器的毂，因此，只要发动机运转，太阳轮及离合器的毂便同速同方向随发动机一同旋转。

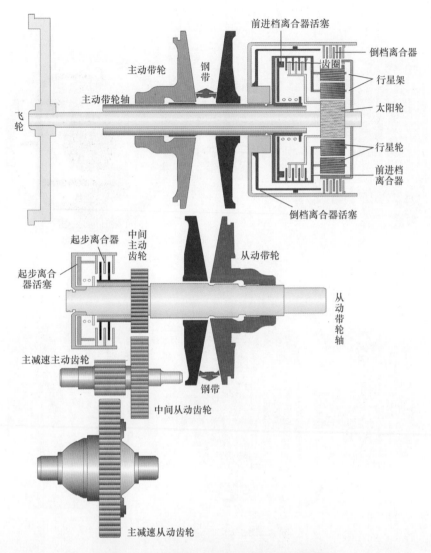

图 5-1-1 拉维娜式无级变速器平面结构图

图 5-1-2 无级变速器总体结构仿真图

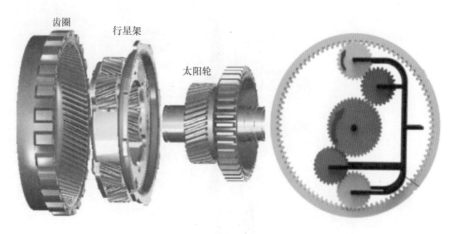

图 5-1-3　行星齿轮机构

图 5-1-4　离合器仿真拆分图

　　行星架与离合器鼓键配合一体，离合器鼓又与主动带轮轴键配一体，由此可知，离合器鼓可在行星架带动下，驱动主动带轮主动组件。

　　离合器鼓内安装离合器的活塞、回位弹簧、多片湿式离合器片。多片湿式离合器的摩擦片与太阳轮毂键配合，钢片与离合器鼓键配合，离合器工作后，便把行星架与太阳轮连成一体。

　　从行星齿轮机构的传动原理已知，当行星齿轮机构中的任意两组件连成一体时，另一组件便自连，使整个行星排连成一体，输出直接档。

　　可见，只要离合器工作，便把输入轴与行星架及行星架鼓连成一体，行星架鼓与主动带轮轴键配一体，于是主动带轮输出前进档。

　　另一类无级变速器是辛普森式，其构造原理十分简单，即它也由一个行星排、一个离合器、一个制动器组成。离合器工作后，将行星齿轮机构连成一体，输出前进档。制动器工作后，输出倒档。

　　无级变速器因采用单一传动比，所以必须用主从动带轮提高车速，只适用较低载荷的汽车。

3. 制动器仿真拆分

从图 5-1-5 可知，制动器的活塞、回位弹簧、制动器片均装在变速器壳体内（制动器鼓），制动器的摩擦片与图 5-1-3 中的齿圈键配合，制动器 B 的钢片与变速器壳体键配合，摩擦片与钢片相间安装，当液压作用使制动器 B 活塞压紧摩擦片和钢片时，行星齿轮机构中的齿圈便被制动，于是根据传动规律，拉维娜行星排，齿圈输出是倒档。

图 5-1-5　制动器仿真拆分图

综上可见，无级变速器内的行星排只是为改变传动方向，无级变速则由主从动带轮完成。

4. 无级变速器起步离合器仿真拆分

起步离合器如图 5-1-6 所示。

图 5-1-6　起步离合器仿真拆分图

该型无级变速器因设有起自动离合器作用的液力变矩器，所以在从动带轮轴与输出齿轮之间，安装了一组多片湿式离合器，称起步离合器，以保证停车时发动机能稳定运转。

起步离合器由电脑根据档位信号、节气门位置等信号控制其结合或分离。

从图 5-1-1 及图 5-1-6 所示的起步离合器与从动轴装配关系图可知，主动带轮用 V 形钢带与从动轴上的从动带轮相连，主动带轮轴旋转，从动带轮轴便同转，从动带轮轴上键配合着起步离合器的鼓，鼓内装有液压活塞、回位弹簧、离合器摩擦片和钢片。

鼓上键配合离合器钢片，输出齿轮的毂套装在从动带轮轴上，输出齿轮的毂上键配合起步离合器的摩擦片，当液压活塞压紧起步离合器片时，从动带轮轴便与输出齿轮连成一体旋转。输出齿轮便驱动减速器输出动力。

用控制起步离合器压力控制电磁阀开闭的占空比，间接控制电控系统加给起步离合器液压大小，汽车起步时，使离合器有不同程度的打滑，使汽车完成挂档停车和顺利起步。

因此加强起步离合器的润滑和冷却是十分必要的，为此在起步离合器的鼓上钻有很多径向小孔，如图 5-1-7 所示。这些小孔是为加大离合器润滑油的流量而设置的。

如果起步离合器片磨损严重，或油压不足，汽车将无法行驶，如果起步离合器卡在结合位置，将导致发动机息速熄火的故障。

综上所述，该型自动变速器的机械部分是由输入轴、主动带轮轴、从动带轮轴组成。另外加上了一组行星排、一个离合器和一个制动器。

其中输入轴与太阳轮一起主动旋转，离合器工作后便可把输入轴与图 5-1-6 中的离合器鼓连成一体，而离合器鼓又与主动带轮轴键配一体，因此离合器工作后，主动带轮轴通过 V 形钢带驱动从动带轮轴旋转，然后再通过起步离合器将动力传递给输出齿轮和减速器，以完成前进档的无级传动。

同理，当制动器制动拉维娜式行星排齿圈时，根据传动规律可知，齿圈制动输出倒档，于是，行星架便与离合器鼓和主动带轮轴一同输出倒档。

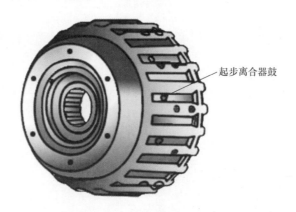

图 5-1-7　起步离合器鼓钻孔示意图

5. 无级变速器带轮结构仿真拆分

主动带轮与从动带轮结构完全相同，如图 5-1-8 所示。

从图 5-1-8 可知，主从动带轮均装在带轮轴上。V 形带轮是由两片组成封闭的伺服缸、一片与伺服缸壳体的一半一起固装在带轮轴上，另一片套装在带轮轴上，可轴向移动。两片组成伺服缸，缸内装有强力螺旋弹簧，在缸内无油压时，强力螺旋弹簧的张力使可轴向移动的带轮片向固定片靠近，但因从动带轮伺服缸内的弹簧力远大于主动带轮伺服缸内的弹簧力，因此从动带轮两片靠的最近，V形槽的直径最大。在钢带拉动下，主动带轮两片靠的最远，V形槽的直径最小。从图5-1-8可知，主从动带轮均装在带轮轴上。因两带轮V形槽的形状相同，并受同一个钢带拉动，所以两带轮所受轴向力是相等的，即主动带轮弹簧张力加伺服缸内油压必等于从动带轮弹簧张力加伺服缸内油压。因此，主动带轮伺服缸内油压必定永远大于从动带轮伺服缸内油压。

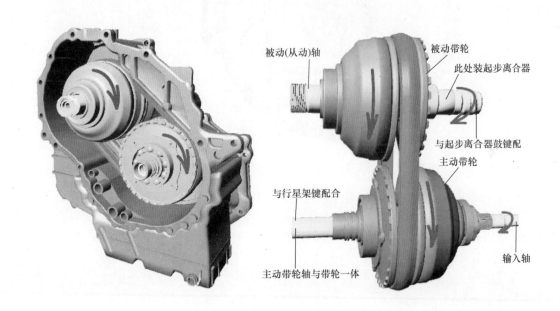

图5-1-8　带轮结构图

伺服缸内的压力油是从变速器壳体上的油道送入带轮轴内，再从轴上的油孔进入伺服缸内。电脑根据档位信号、节气门开度信号、发动机转速信号、车速信号等，调整主从动伺服缸内的液压油压力，使两带轮V形槽直径配套变化，以满足输出车速的要求。当某缸内油液增压时，油压作用在可动带轮片上，使V形槽直径增大。另一缸则油压相应减小，带轮在钢带拉力作用下压缩弹簧，使带轮V形槽直径相应减小。两带轮V形槽直径的线性变化保证了无级传动。带轮的接触压力是液压和强力螺旋弹簧张力之和。

第二节　无级变速器传动原理

无级变速器中的行星齿轮式自动变速器只需一个前进档和一个倒档，前进档和倒档速度的变化靠主从动带轮直径的变化，得到无级传动比的输出。

由于无级变速器只需要一个前进档和一个倒档，因此行星齿轮机构只需要一个辛普森式行星排，或一个拉维娜式行星排。下面讲述的无级变速器是拉维娜式。

一、前进档传动原理

无级变速器前进档传动原理如图5-2-1所示。

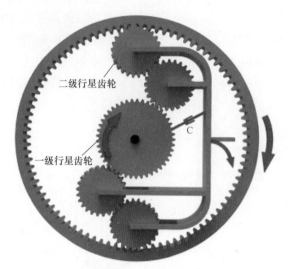

辛普森式行星齿轮机构或拉维娜式行星齿轮机构中，只要太阳轮、行星轮及架、齿圈三轮中任意两轮连成一体，另一轮便自连，整个行星排连成一体

图 5-2-1　无级变速器前进档传动原理图

当变速杆置入前进档位，电控单元首先使行星排离合器 C 结合，由图 5-2-1 可知，离合器工作后，便将输入轴的太阳轮及行星架连成一体，根据行星齿轮机构的传动规律可知，同一行星排中任意两轮连成一体，整个行星排便自连成一体。因此。整个行星排便在行星架与发动机驱动下顺时针旋转，输出前进档。

因行星架与主动带轮轴连成一体，行星架便使主动带轮轴主动顺时针旋转，于是，从动带轮便可驱动减速器输出前进档。

对比图 5-2-1 可知，因行星架鼓与主动带轮轴键配合一体，主从动带轮传动过程，如图 5-2-2 所示。

对比图 5-2-1 和图 5-2-2 可知，图 5-2-2 输入轴与行星齿轮机构中的太阳轮一体，从图 5-2-1 已知，若行星齿轮机构中，电控单元收到变速杆已挂入前进档的信号，便使前进档离合器 C 结合，从图 5-2-1 又知，前进档离合器 C 结合后，便将行星齿轮机构中的太阳轮与行星架连成一体，从传动原理已知，行星齿轮任意两轮连成一体，整个行星排便自连成一体，又因太阳轮与输入轴连成一体，从图 5-2-1 又知，因行星齿轮机构的太阳轮与输入轴连成一体，于是输入轴便可驱动整个行星排，一同随输入轴同速旋转。

从图 5-2-1 又知，因主动带轮轴与行星架鼓键配一体，由此可知，只要离合器工作，主动带轮轴便在输入轴的驱动下，顺时针主动旋转，主动带轮轴主动顺时针旋转时，便可使主动带轮伺服缸主动顺时针旋转，主动带轮伺服缸主动旋转，便通过钢带使从动带轮伺服缸也顺时针旋转，从而使从动轴顺时针旋转。

此时电脑又控制起步离合器，将输出齿轮与从动带轮轴连成一体，通过输出齿轮将动力传递给减速器，使两半轴顺时针旋转而输出前进档。

电脑再根据节气门位置传感器信号和车速信号，控制主从动伺服缸内的油压，调整主从动带轮直径，使主动带轮直径减小，从动带轮直径增大，便可无级地传递前进低速档，如图 5-2-2a 所示。电脑通过控制主从动伺服缸内的油压，使主动带轮直径增大，从动带轮直径减小，便可无级地传递前进高速档，如图 5-2-2b 所示。

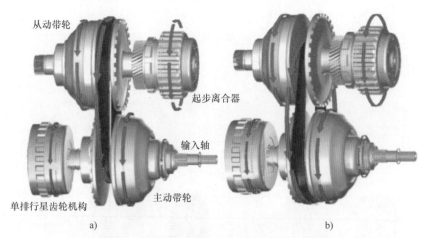

图 5-2-2　无级变速器前进档仿真传动原理图

a）前进低速档　b）前进高速档

二、倒档传动原理

无级变速器倒档传动原理如图 5-2-3 所示。

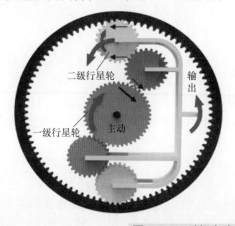

拉维娜式行星齿轮机构运动方程为：

$$n_1 - an_2 - (1-a)n_3 = 0$$

因齿圈制动$n_2 = 0$，代入上式得：$n_1 - (1-a)n_3 = 0$

$n_1 = (1-a)n_3$，因此，传动比为

$n_1/n_3 = (1-a)$是大于1的负值。是减速运动且
主被动旋转方向相反。

式中：a为齿圈齿数/太阳轮齿数；

$\quad\quad\quad n_1$为太阳轮转速；

$\quad\quad\quad n_2$为齿圈转速；

$\quad\quad\quad n_3$为行星架转速

图 5-2-3　无级变速器倒档传动原理图

从图 5-2-3 可知，当变速杆置入倒档位，电脑根据档位信号，首先控制换档电磁阀关闭泄油口，将换档阀推到左端，手动阀便将减压阀调整出的恒压，通过手动阀送入制动器，将行星齿轮机构的齿圈制动。

于是，在拉维娜式行星齿轮机构中，便形成太阳轮主动旋转，齿圈制动，行星架输出的格局。根据拉维娜行星排传动规律可知，齿圈制动、主动与被动输出的转向一定相反，行星架必逆时针旋转，又因行星架与主动带轮轴连成一体，因此主动带轮轴在行星架驱动下，逆时针带动主动带轮逆时针旋转。

主动带轮便驱动从动带轮，使从动带轮与从动轴逆时针旋转。与此同时，电控单元控制起步离合器结合，将输出齿轮与从动带轮轴连成一体，使从动带轮轴带动输出齿轮逆时针旋转，驱动减速器两半轴输出倒档。

同理，电脑还通过控制主、从动带轮调压电磁阀将减压阀的油压调整出两个控制油压，并将两个控制油压，分别送入主从动带轮压力控制阀，控制两个调压阀分别将主油压，调节成控制两个伺服缸的油压，以便调整主从动带轮直径，无级地控制倒档车速。

当电控单元使主动带轮直径减小时，如图 5-2-4a 所示，输出低速倒档。反之如图 5-2-4b 所示，从动带轮输出高速倒档。

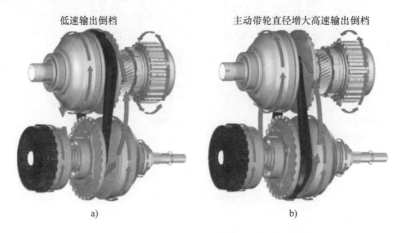

图 5-2-4　无级变速器倒档仿真传动原理图

a）低速倒档　b）高速倒档

三、深度解析

无级自动变速器配备了只有一个行星排的行星轮式自动变速器，而且只有拉维娜式和辛普森式两种。

从传动原理已知，在同等转矩输出时，因拉维娜式的行星架上，套装了两组行星轮，这样，就把行星架和齿圈的回转半径外移，由于放大了齿圈和行星架的力臂，在太阳轮直径相等时，即发动机的输出阻力相等时，拉维娜式比辛普森式输出的转矩大很多。

反之，若发动机同等转矩输出时，拉维娜式的太阳轮比辛普森式太阳轮的直径小很多，因此，同等转矩输出时，拉维娜式发动机输出阻力矩，比辛普森式小很多。

可见，前排由辛普森行星排，后排由拉维娜式行星排组合而成的拉维娜式行星齿轮机构，低速档由后排拉维娜式行星排输出，可使发动机节能，高速档输出时，使用前排辛普森行星排输出，对提速有利，虽然使用辛普森行星排，输出高速档增加了发动机的阻力矩，但高速档有汽车惯性力的助力，仍可使发动机节能地输出高速档。

第三节　无级自动变速器油路系统

飞度轿车变速器的油路图如图 5-3-1 所示（请复印油路图，以方便学习）。

各型无级变速器油路的控制原理大同小异，无级变速器油路系统由主阀体和控制阀体组成。

主阀体内安装主调压阀，起步离合器减压阀、减压阀、换档限制阀、起步离合器储能器、起步离合器后备阀、控制换档阀及润滑阀等。

控制阀体内安装有主动带轮调压阀、从动带轮调压阀、主动带轮压力控制电磁阀、从动带轮压力控制电磁阀、起步离合器压力控制电磁阀、控制换档阀及润滑阀等，以及主动带轮伺服缸和从动带轮伺服缸，以调整主从动带轮直径。

各阀在油路图中的位置如图 5-3-1 所示。分析油路各阀的结构原理时，一定要将图 5-3-1 复印，以方便图文对照。

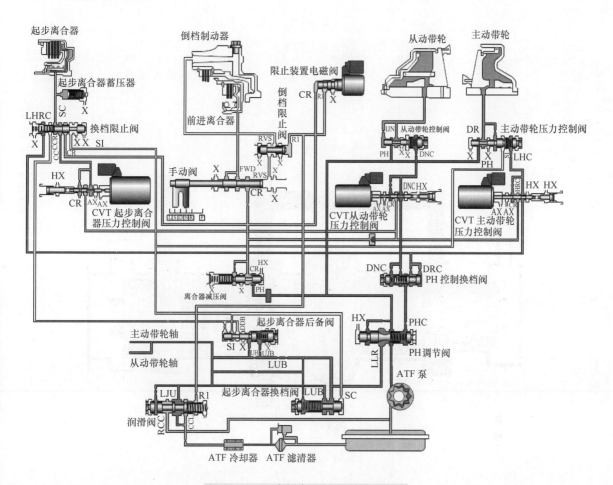

图 5-3-1　飞度轿车无级变速器油路图

下面分别介绍各阀结构原理。

一、无级自动变速器主要阀结构原理

1. 主调压阀

主调压阀如图 5-3-2 所示。

（1）主调压阀工作原理

从油路图图 5-3-1 与图 5-3-2 可知，油泵将油液泵入主调压阀，主调压阀将油压反馈给滑阀左腔向右推阀。送入主调压阀右腔的油压，与弹簧力的合力向左推阀。左右两力抗衡调整打开节流口开度大小，用像起步离合器减压阀泄油的方法，将油泵油液调整成主油压。

从油路图图 5-3-1 与图 5-3-2 可知，主调压阀调整出主油压，一方面送入减压阀，另一方面送入主动和从动带轮压力控制阀，经两阀调压后分别送入主动和从动带轮伺服缸，以调整伺服缸压力，调整主、从动带轮直径。

综上可知，该变速器的主油压也是通过泄油的办法，将油泵油压调节成主油压。从油路图又可知，主油压调节阀油压受控于主从动带轮压力控制电磁阀，所以该主调压阀也是一个电控调压阀。

（2）主调压阀故障诊断

因主调压阀各档均参与工作，若各档均工作不良或冲击，应检查主调压阀和主油压调节阀是否出现磨损过甚、泄油、卡滞，弹簧疲劳、折断等。还应检查油面是否过低、油路是否堵塞等。还要检查主油压调节阀是否有断路、短路、搭铁等。

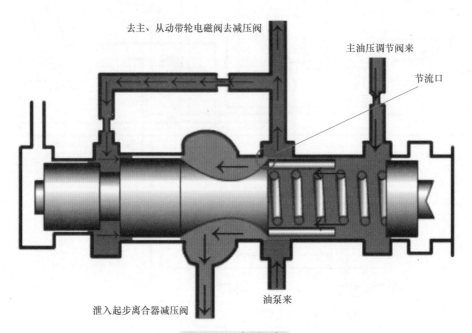

图 5-3-2　主调压阀

2. 减压阀（弹簧式调节阀）

（1）减压阀工作原理

减压阀如图 5-3-3 所示。

从图 5-3-1 与图 5-3-3 可知，弹簧力向右推阀，主油压节流调压后的反馈油压向左推滑阀，左右两端力的平衡决定了节流口开度的大小，将主调压阀主油压，调出一个随主油压变化而变化的设定的控制油压，并送入油路中的所有电磁阀。

从图 5-3-3 又知，它也是一个弹簧压力调压阀，即靠弹簧开、闭节流口时的弹簧力，调出恒定油压。

减压阀恒定油压送入所有电磁阀，由电磁阀调整出各自的控制油压。

（2）减压阀故障诊断

若减压阀出现磨损过甚、泄油、卡滞，弹簧疲劳、折断等，必定造成所有电磁阀工作不良，造成前进档和倒档均工作不良的故障。

综上可知，该调压阀与所有变速器中的恒压调节阀一样，也是将一个恒定油压送入所有电磁阀的液压阀。

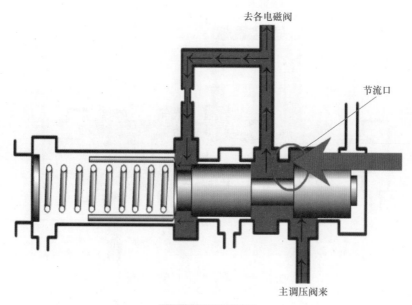

图 5-3-3　减压阀

3. 主动带轮压力调节电磁阀

主动带轮压力调节电磁阀如图 5-3-4 所示。

（1）主动带轮压力调节电磁阀工作原理

从图 5-3-1 与图 5-3-4 可知，电磁阀用通电占空比调节滑阀的位置，控制节流口开度大小，将减压阀的系统油压，节流调节成去主油压调节阀和去主动带轮压力控制阀的油压。

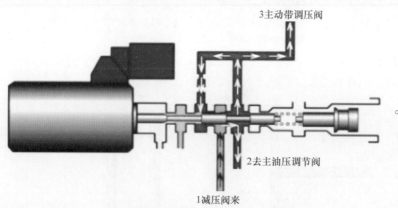

图 5-3-4　主动带轮压力调节电磁阀

（2）主动带轮压力调节电磁阀故障诊断

若主动带轮压力调节电磁阀断路、短路、搭铁，使输出油压过高，过高的主油压使换档限止阀左移，以降低去起步离合器的油压，只维持"跛行回家"功能。

4. 主动带轮压力调节阀

（1）主动带轮压力调节阀工作原理

主动带轮压力调节阀如图 5-3-5 所示。从图 5-3-1 与图 5-3-5 可知，主动带轮压力调节阀，用主动带轮压力调节电磁阀的油压，把主油压调节成去主动带轮伺服缸的油压。

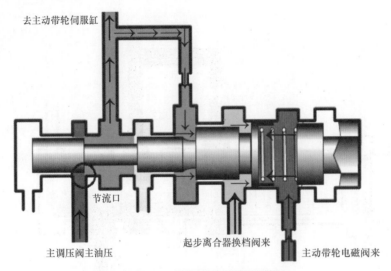

图 5-3-5　主动带轮压力调节阀

　　从图 5-3-5 可知，由主动带轮电磁阀来的控制油压向左推阀，主油压节流后的油压，向右推阀以控制节流口开度的大小，将主油压调节成去主动带轮伺服缸的油压，以电控调整主动带轮直径。

　　在电控系统有故障，主动带轮压力调节电磁阀输出油压过高时，过高的主油压使起步离合器换档阀左移，减压阀系统油压将主动带轮压力调节阀右移，关小节流口降低主动带轮伺服缸压力，使汽车降速行驶，保持回家功能。

　　（2）主动带轮压力调节阀故障诊断

　　若主动带轮压力调节阀出现磨损过甚、泄油、卡滞，弹簧疲劳、折断等，必定造成主动带轮油压失调，造成前进档及倒档均工作不良。

　　5. 起步离合器减压阀

　　起步离合器减压阀如图 5-3-6 所示。

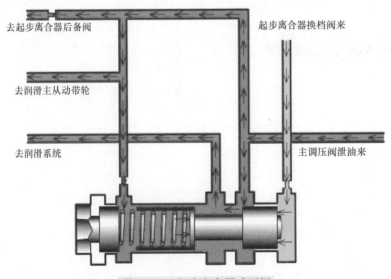

图 5-3-6　起步离合器减压阀

从图 5-3-1 与图 5-3-6 可知，如果电控系统失控，使主动带轮电磁阀输出油压过高时，过高的主动带轮调压电磁阀的油压，将起步离合器换档阀推至右端，使在起步离合器换档阀处待命的离合器减压阀的油压，送入起步离合器减压阀右端，将起步离合器减压阀向左推，通过调整向润滑系统泄油多少，将主调压阀泄出的油压，调整成去起步离合器后备阀的油压，控制起步离合器后备阀的节流口开度，以控制去起步离合器油压，使起步离合器后备阀输出的油压减小至只能使起步离合器维持"跛行回家"功能，且行驶里程不得大于 3 ~ 5km。

6. 起步离合器后备阀

（1）起步离合器后备阀工作原理

起步离合器后备阀如图 5-3-7 所示。

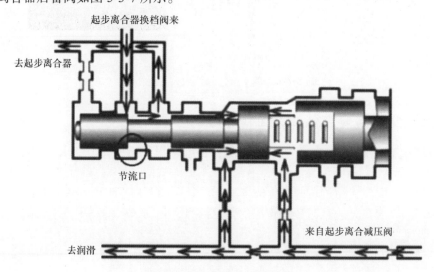

图 5-3-7　起步离合器后备阀

起步离合器后备阀是在主动带轮电磁阀失效，主油压过高时，向起步离合器输送低油压，短时间维持"跛行回家"功能。

从图 5-3-1 与图 5-3-7 可知，从起步离合器减压阀来的油压，使起步离合器后备阀左移，将在起步离合器换档阀来的油压，通过节流口减压后，由起步离合器换档阀，送入起步离合离，使起步离合器轻结合，以在电控系统出现故障时，起安全保护的作用。

（2）起步离合器后备阀故障诊断

若起步离合器后备阀出现磨损过甚、泄油、卡滞，弹簧疲劳、折断等，必定使"跛行回家"功能不良。

7. 起步离合器压力调节电磁阀

（1）起步离合器压力调节电磁阀工作原理

起步离合器压力调节电磁阀如图 5-3-8 所示。

因无级变速器没有液力变矩器，所以用起步离合器取代，起步离合器的油压大小，由起步离合器压力调节电磁阀控制。

从图 5-3-1 与图 5-3-8 可知，起步离合器压力调节电磁阀是电脑通过控制电磁阀通电的占空比，控制滑阀左右移动，调节节流口开闭的大小和频率，将减压阀的油压调节成去起步离合器油压。然后通过起步离合器换档阀送入起步离合器，使起步离合器工作。

（2）起步离合器压力调节电磁阀故障诊断

若起步离合器调节电磁阀断路、短路、搭铁，降低去起步离合器油压，必定会造成不能起步或起步冲击的故障。

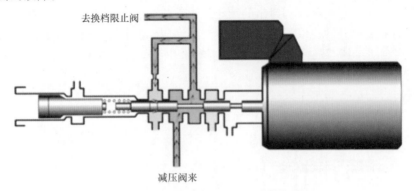

图 5-3-8　起步离合器压力调节电磁阀

二、无级变速器前进档油路工作原理

此油路图独有创意地在油路中加注了许多字母，用字母导航，油路走向一目了然，如图 5-3-9 所示。

1）从图 5-3-9 可知，主调压阀调出的主油压，分别送入减压阀和主从动带轮调压阀。

2）从图 5-3-9 又可知，从减压阀调出的恒定油压，分别送入油路中各电磁阀、手动阀、起步离合器换档阀。

3）送入换档阀的减压阀油压在手动阀控制下，将减压阀油压送入前进档离合器或倒档离合器。

4）从图 5-3-9 又可知，减压阀送入起步离合器换档阀的油压，为起动保护功能待命。下面分析该变速器前进档油路工作原理。

当电控单元收到手动阀进入前进档时，便同时控制主从动带轮电磁阀调整主从动带轮直径，与此同时，还控制起步离合器电磁阀输出起步离合器油压。此时，因换档电磁阀输出油压将换档阀推到左端，将倒档离合器的油压泄出。

于是，减压阀便将恒定油压送入前进档离合器。

5）前进档离合器油路走向。从油路图 5-3-9 可知，主调压阀主油压从 X 出→经 H →滤网→Q →入减压阀→入减压阀出→经 M → 50 →手动阀→从 51 出→经 52 →入前进档离合器。前进档故障诊断，详见本章的第四节。

6）发动机运转，但在任何档位车辆都不动：

① 主从动带轮压力控制电磁阀失效，或主从动带轮压力控制阀卡住。应先检查主、从动带轮压力控制电磁阀，再检查主、从动带轮压力控制阀。

② 起步离合器控制电磁阀失控或起步离合器打滑。应检查电控系统或拆检起步离合器及输油管是否损坏。

③ 主减速器主动齿轮或主减速器从动齿轮磨损或损坏。

④ 行星齿轮磨损或损坏，应拆检行星齿轮机构。

⑤ 油泵磨损、卡滞或异物进入油泵。应检查 ATF 冷却器管路是否泄漏，管路连接处是否

松动。

⑥ 控制阀体总成故障，拆检或更换阀体总成。

⑦ 手动阀体故障。

⑧ PCM 故障。

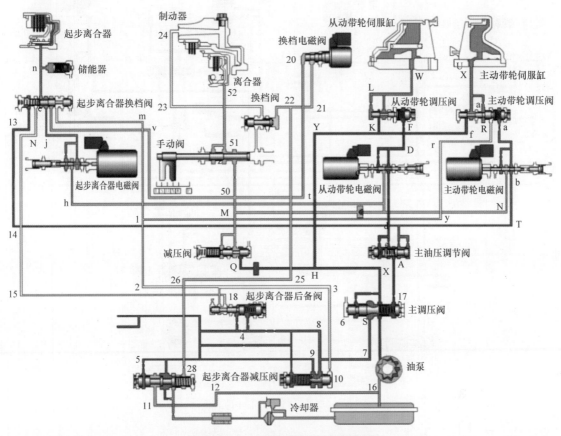

图 5-3-9　无级变速器前进档油路图

⑨ 变速器档位开关故障。

⑩ 发动机输出过低。检查 D 位指示灯，并检查变速器档位开关插接器是否松动。

⑪ 调故障码或读数据流，或用万用进行检查。

三、倒档油路工作原理

倒档油路工作原理如图 5-3-10 所示。

1. 倒档工作原理

从图 5-3-10 可知，当变速杆入 R 位，手动阀移动到将前进离合器的油道关闭，并使前进离合器泄油，前进离合器解除工作。

与此同时，电脑根据档位信号和车速低于 10km/h 的信号后，便使换档电磁阀通电，关闭停止泄油，于是，由减压阀来的油压，便经 M → 50 → t → 20 →电磁阀→ 21 → 22 →入换档阀右腔，将阀推到左端。

于是，减压阀油压经换档阀→ M → 50 → Z → 23 → 24 →入倒档制动器。

2. 故障诊断

若换档电磁阀断路、短路、搭铁，必定无倒档。详见本章的第四节。

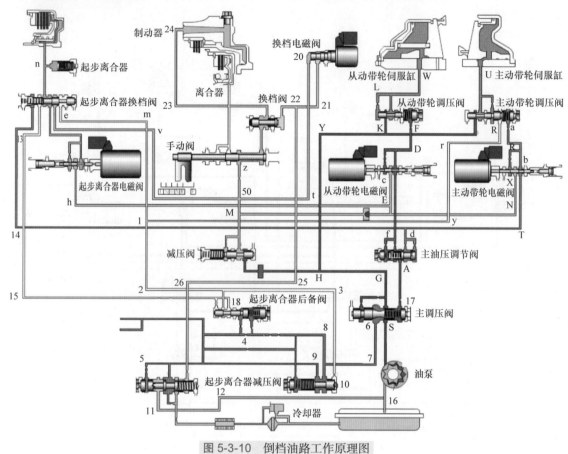

图 5-3-10　倒档油路工作原理图

第四节　无级变速器主要故障

1. 发动机运转，但在任何档位车辆都不动

1）主从动带轮压力控制电磁阀失效，或主从动带轮压力控制阀卡住。应先检查主、从动带轮压力控制电磁阀，再检查主、从动带轮压力控制阀。

2）起步离合器控制电磁阀失控或起步离合器打滑。应检查电控系统或拆检起步离合器及输油管是否损坏。

3）主减速器主动齿轮或主减速器从动齿轮磨损或损坏。

4）行星齿轮磨损或损坏，应拆检行星齿轮机构。

5）油泵磨损、卡滞或异物进入油泵。应检查 ATF 冷却器管路是否泄漏，管路连接处是否松动。

6）控制阀体总成故障，应拆检或更换阀体总成。

7）手动阀体故障。

8）PCM 故障。

9）变速器档位开关故障。

10）发动机输出过低。检查 D 位指示灯，并检查变速器档位开关插接器是否松动。

11）调故障码或读数据流，或用万用进行检查。

2. 无倒档

1）倒档制动器故障。倒档制动器活塞卡滞、磨损或损坏。应拆检制动器。检查制动器活塞和 O 形密封圈，检查弹簧座圈是否磨损和损坏，检查底板至顶板之间的间隙，检查制动片是否磨损或损坏。

2）行星架总成或行星轮磨损或损坏，应拆检行星齿轮机构。

3）输入轴滚子轴承磨损或损坏，行星架上的推力滚子轴承咬死、磨损或损坏。

4）变速杆与手动阀连接。

5）手动阀体故障。

6）ATF 接头管路磨损或损坏。

3. 加速性能不良

1）首先检查 D 位指示灯，并检查电路插接器是否松动。检查油位，检查油冷却器管路是否泄漏，连接处是否松动，必要时冲洗油冷却器管路。检查主动和从动带轮压力，以及润滑压力。压力测量值过低或没有压力时，检查油泵及管路是否堵塞。

2）带轮压力输油管损坏；油泵接头管路磨损或损坏；油粗滤器或油滤清器不畅。应拆检油粗滤器或油滤清器。

3）主动和从动带轮转速传感器故障。调故障码或读数据流，或用万用表检测转速传感器。

4）转速传感器故障。调故障码或读数据流，或用万用表检测电控系统转速传感器。

5）发动机输出低。调故障码或读数据流，排除发动机动力不足故障。

4. 行驶时有冲击现象

1）离合器故障。检查前进离合器压力是否不稳；检测离合器活塞、阀和 O 形密封圈；检查弹簧座圈是否磨损和损坏；检查离合器底板至顶板之间的间隙；检查离合器盘和离合器片是否磨损或损坏。如果离合器盘和离合器片磨损或损坏，必须成套更换。

2）倒档制动器故障。倒档制动活塞卡滞、磨损或损坏。

3）阀体总成故障。

4）起步离合器故障。起步离合器底板间隙不正确；起步离合器输油管损坏。拆检起步离合器。

5）PCM 起步离合器控制系统存储器故障。调故障码或读数据流，或用万用表检测起步离合器电控系统。

6）主动和从动带轮转速传感器故障。调故障码或读数据流，或用万用表检测主动和从动带轮转速传感器。

7）CVT 转速传感器故障。调码或读数据流检测 CVT 转速传感器。

5. 无发动机制动

检查 D 位指示灯，并检查电路插接器是否松动。校准起步离合器控制系统。

1）起步离合器故障，起步离合器输油管损坏，应拆检起步离合器并检查管路。

2）起步离合器控制系统存储器故障。调故障码或读数据流，诊断起步离合器控制系统。

3）带轮压力输油管损坏。

4）阀体总成故障。应拆检阀体。

5）PCM 起步离合器控制系统存储器故障。调故障码或读数据流，诊断起步离合器控制系统。

6）ATF 接头管路磨损或损坏。

7）主动和从动带轮转速传感器故障。检查主动和从动带轮压力；调故障码或读数据流，诊断主动从动带轮转速传感器。

8）CVT 转速传感器故障。调故障码或读数据流，诊断 CVT 转速传感器。

9）PCM 故障。检查电路并调故障码或读数据流，诊断 PCM 故障。

综上可知，只有对无级变速器的结构原理了如指掌，才能具备解决实际问题的能力。回避结构原理必会一知半解。

复 习 题

一、填空题

1. 无级变速器有（　　　　）式和（　　　　）式两种形式。

2. 无级变速器的行星齿轮机构也是由（　　　　）轮（　　　　）及架、（　　　　）组成。

3. 无级变速器的起步离合器是通过离合器将（　　　　）、（　　　　）连成一体完成动力输出。

4. 拉维娜式无级变速器的行星齿轮机构通过离合器将（　　　　）轮与（　　　　）结合输出前进档。

5. 无级变速器通过制动（　　　　）输出倒档。

6. 无级变速器是通过改变（　　　　）带轮 与（　　　　）带轮直径大小得到无级变速。

7. 主调压阀主油压分别入（　　　　）阀、（　　　　）器，及经节孔后去（　　　　）系统。

8. 手动阀在 D 位时，分别将主油压转送至（　　　　）阀、各（　　　　）阀。

9. 离合器减压阀输出的恒压分别送入（　　　　）阀、（　　　　）阀、（　　　　）阀 、（　　　　）阀、（　　　　）阀、（　　　　）阀、（　　　　）阀。

10. 无级变速器按行星齿轮机构分，有（　　　　）式和（　　　　）式两种形式。

11. 无级变速器是通过（　　　　）轮和（　　　　）轮改变（　　　　）轮直径进行无级变速的。

12. 无级变速器没有液力变矩器，是用（　　　　）取代了液力变矩器。

13. 主调压阀是通过打开（　　　　）开度，用调整（　　　　）的方法调整主油压的。

14. 离合器减压阀调出的恒定油压分别送入（　　　　）阀 、（　　　　）阀、（　　　　）阀。

二、问答题

1. 详述无级变速器前进档传动原理。

2. 详述无级变速器倒档传动原理。

3. 详述无级变速器主从动带轮压力调节电磁阀工作原理。

4. 详述无级变速器主从动带轮压力调节阀工作原理。

5. 详述无级变速器起步离合器电磁阀工作原理。

6. 详述无级变速器保护功能。

7. 详述无级变速器起步离合器油压控制原理。

8. 电脑根据哪些传感器信号控制主从动带轮直径。

9. 怎样对无级变速器起步离合器设定。

10. 分析无级变速器主调压阀调压原理及主油压走向。

11. 分析无级变速器离合器减压阀调压原理及系统油压走向。

三、选择题

1. 拉维娜式无级变速器有（　　　）行星排。

A. 一个　　　　　　　　B. 二个

2. 辛普森式无级变速器有（　　　）行星排。

A. 一个　　　　　　　　B. 二个

3. 无级变速器的无级变速是通过改变（　　　）完成的。

A. 主从动带轮直径　　B. 主油压　　　　　　C. 起步离合器油压

4. 无级变速器是通过使（　　　）工作得到前进档输出的。

A. 离合器结合　　　　B. 制动器结合

5. 无级变速器起步离合器起（　　　）作用。

A. 自动离合器　　　　B. 变矩器

6. 散热强化无级变速器起步离合器是通过（　　　）完成的。

A. 提高油压　　　　　B. 在起步离合器鼓上钻孔

7. 无级变速器油路系统的手动阀由（　　　）控制移动。

A. 手动　　　　　　　B. 电控液压

8. 无级变速器手动阀档位标志（　　　）。

A. P、R、N、D、S、L　　　　　　B. P、D、R、N、S、L

第六章 电动汽车变速器

第一节 混合动力汽车变速器主要组成

前已述及，所有变速器均可分成两大类，即行星轮式和齿轮式。且各类变速系统的结构和工作原理，均是在行星轮式的启发下开发出来的，因此，只要将任意一个行星齿轮式自动变速器机械的、电器的、液压的知识真正地了如指掌，所有变速器的理解便可迎刃而解。

混合动力汽车是用驱动电机和发动机的混合动力，驱动车辆行驶。混合动力汽车一般均用单一传动比的单档变速机构。为使汽车能高速行驶，必须用发动机提速助力。

一、混合动力汽车单档变速器主要组成

混合动力汽车的设计思路大同小异，即均是由电控单元控制单级自动变速机构，完成发动机和驱动电机的动力输出。混合动力控制单元，接收防滑控制单元、动力转向控制单元、变速杆档位信号，加速踏板位置信号，车速信号，蓄电池电压信号等，计算出所需转矩及输出功率，并将计算结果，发送到带变换器和逆变器的 ECU 和防滑控制 ECU。

控制单元根据以上信息和目标转速，控制驱动电机转速及所需原动力，控制电子节气门开闭，准确地控制发动机的转速，监测蓄电池的充电状态，控制蓄电池的冷却风扇和变换器的冷却风扇等。

下面仅以凯美瑞混合动力轿车为例，介绍变速系统的主要组成和原理及诊断维修。

1. 电动发电两用电机电控单元

电动发电两用电机的电控单元，根据混合动力车辆控制系统电控单元的信号，控制逆变器和增压变换器，从而使蓄电池向 MG1 或 MG2 两用电机供电，使电机的永磁电枢在旋转磁场力作用下旋转，驱动行星齿轮机构的太阳轮主动旋转，使齿圈旋转而输出。或使永磁电枢在发动机或汽车惯性力作用下旋转，切割定子线圈输出高压交流电，以便向 MG1 或 MG2 两用电机供电，或变电后向蓄电池充电。

2. 永磁电动发电两用电机

永磁电动发电两用电机是根据电磁感应定律开发出来的，即当永磁转子在外力驱动下旋转，永久转子的磁场便切割定子线圈，于是，定子线圈便感生出电动势而发电。反之，若向定子线圈输入交流电，使定子线圈产生旋转磁场，永磁转子便在旋转磁场力的拖动下旋转而输出转矩。

（1）MG1 电动发电两用电机

MG1 电动发电两用电机是永磁式电机，它可作为发电机，由发动机驱动产生高压电，以驱动 MG2 或对蓄电池充电。若对其通电还可作为起动机，起动发动机。

（2）MG2 电动发电两用电机

MG2 电动发电两用电机由 MG1 供电或由蓄电池的电力驱动旋转，产生驱动力。制动过程中，或未踩下加速踏板时，MG2 电动发电两用电机在汽车惯力作用下，被齿圈驱动旋转发电，并可向蓄电池充电。

3. 变换器

永磁电机的动力源是蓄电池，要想使电机能输出足够的转矩，必须将蓄电池的电压升高并转化成交流电压，才能使永磁电机在旋转磁场的驱动下，旋转输出转矩。

为使永磁电机的转子，在发动机或汽车惯性力驱动下旋转发电，并对蓄电池充电，还必须将电动发电两用电机输出的高压交流电，逆变成高压直流并降压转换成为蓄电池充电的电压。

将直流电压升压或降压的装置称变换器。

4. 逆变器

永磁电动机的动力输出是靠输入高压交流电，以形成旋转磁场使电机的转子旋转而输出转矩的。因此必须将蓄电池变换成的高压直流电，逆变成高压交流电。

当需要电机作为发电机向蓄电池充电时，还需将高压交流电逆变成高压直流电。完成高压交流和高压直流相互逆变的装置称逆变器。

5. 电子节气门控制系统

根据电动机转速和加速踏板位置信号，根据发动机目标转速和所需发动机转矩，控制电子节气门开闭和配气正时，完成对发动机空气供给的控制及点火和喷油正时和喷油量的控制。

6. 加速踏板位置传感器

混合动力汽车电控单元，根据加速踏板位置信号和车速信号，计算出车辆负荷，以便控制电机并起动发电机，以及控制电子节气门的开闭。

霍尔式加速踏板位置传感器结构原理图如图 6-1-1 所示。

从图 6-1-1 可知，与加速踏板连动的永久磁铁，踏板踏动时带动永久磁铁一起旋转，改变了磁铁与霍尔元件之间的相对位置，从而改变了磁力线进入霍尔元件的角度，也就改变了进入霍尔元件的磁通量，于是在霍尔信号发生器输出的霍尔电压值与加速踏板的位置之间产生了一一对应的线性关系，测量此霍尔电压就可以测出加速踏板角位移。

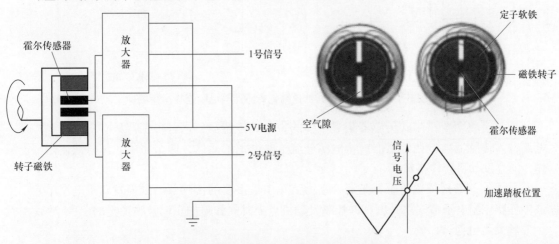

图 6-1-1 霍尔式加速踏板位置传感器

从图 6-1-1 又可知，信号发生器共有四个接脚，其中有一个是公共搭铁脚，一个是 5V 的公共电源，另两个脚分别与电控单元相接，将各自的霍尔信号电压送入电控单元，电控单元根据霍尔式传感器的两个输入信号，判断加速踏板开度。如果电控单元判知一个霍尔式传感器有问题，则记忆故障码，但故障灯不亮。如果两个霍尔式传感器均有问题，则电控单元除了记忆故障码外，还闪亮故障灯，并启动保护功能，即启用"跛行回家"功能。

从图 6-1-1 左图可知，磁环式霍尔效应加速踏板位置传感器，是一个永久磁铁组成的可旋转的磁环转子及几个固定不动的导磁体和霍尔元件组成的。

从图 6-1-1 又可知，霍尔元件是夹在两个半圆的导磁体之间，而两个半圆导磁体的外围是一个永久磁铁组成的转子磁环，磁环产生的磁场的磁力线，可通过两个半圆的导磁体穿过霍尔元件，使霍尔元件产生电压。若磁环随加速踏板开度而旋转，则磁环产生的磁场穿过霍尔元件的角度就会产生变化。于是霍尔元件输出的电压也会产生相应的变化。通过合理的结构设计，可使霍尔元件随磁环的旋转，霍尔电压产生线性变化，如图 6-1-1 右图。图 6-1-2 左图是两个霍尔式加速踏板传感器与电脑连接示意图。

从图 6-1-1 可知，霍尔式位置传感器应由电控单元供应稳定的电源电压，其电压值一般为5V 或 8V。输出的电压信号很微弱，需采用放大电路放大，此模拟信号如需转换成数字信号，集成电路内需有 A/D 转换电路。每一个霍尔传感器一般有三个接脚，即电源输入脚、信号输出脚和公共搭铁脚。这种传感器由于属于非接触式，所以使用中无磨损、精度高、寿命长，广泛被应用在发动机上。

图 6-1-2 所示为两个霍尔式传感器，每一个传感器均各自有一个 5V 电源脚和一个信号脚，及一个搭铁脚，两个信号脚的信号电压值均如图 6-1-2 右图所示，其电压值随踏板开度变化而线性变化。

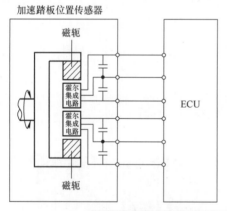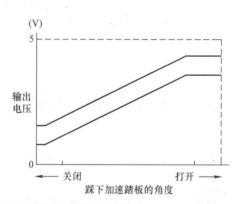

图 6-1-2　两个霍尔式加速踏板传感器与电脑连接示意图

目前，有将两个霍尔式传感器集成一体的霍尔式传感器，这种传感器只有三个接脚，即一个电源输入传感器内，在传感器内将电源分流给两个霍尔元件，两个霍尔元件搭铁在内部连成一体，通过发动机壳体搭铁。

霍尔式加速踏板位置传感器是混合动力汽车中最重要的传感器，因为发动机电控单元是根据该传感器控制电子节气门开度，并控制发动机点火时间和喷油正时及喷油量的。

7. 辅助蓄电池

辅助蓄电池通过 DC/DC 变换器向音响系统、空调系统和电控单元及传感器和仪表等供 12V电压。

二、变换器结构原理

1. 变换器升压工作原理

从图 6-1-3 可知，升降压变换器由蓄电池、大容量电容器 C，电感线圈 L、四个绝缘栅双极晶体管、四个二极管组成。

（1）向电感线圈 L 储能

从图 6-1-3 可知，当电控单元使绝缘栅双极晶体管 W2 导通时，电流从蓄电池正极经 A 点流入电感线圈 L →经 C →入晶体管 W2 →经 E → B →入蓄电池负极，蓄电池和电容器向电感线圈 L 注入电能。

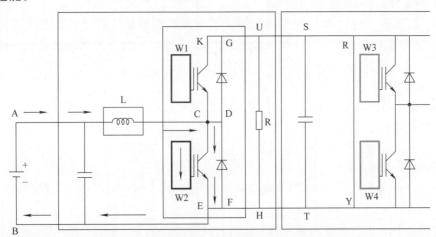

图 6-1-3　W2 晶体管导通电感线圈 L 储能原理图

（2）反电动势增压原理

当电控单元使晶体管 W2 切断时，电感线圈便产生反电动势，如图 6-1-4 所示。

从图 6-1-4 可知，电流从蓄电池正极→经 A →入电感线圈 L，→再经 C → D 及二极管→ G → U →电阻 R → H →再经 F → E 经→ B →入蓄电池负极。此时，回路电压是蓄电池电压与电感线圈 L 反电动势之和。

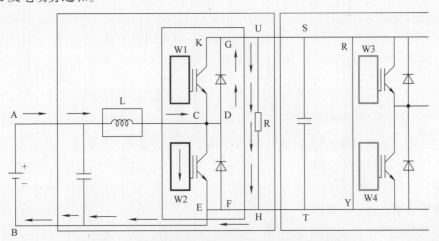

图 6-1-4　W2 晶体管断路电感线圈 L 放电增压原理图

由此可知，只要控制 W2 通断电的占空比，便可准确地控制电感线圈 L 反电动势的大小，将蓄电池电压提升到设定值。回路中的电容器起滤波作用，使输出稳定。

因此时输出的直流电压，是蓄电池电压与电感线圈 L 反电动势之和，将蓄电池电压变换成高压从 U-H 端输出。只要准确控制两个晶体管导通和截止的占空比，控制电感线圈 L 的反电动势，便可准确地将电源电压升压。

综上可知，只要准确控制晶体管 W2 导通和截止的占空比，控制电感线圈 L 的反电动势的大小，便可将电源电压升压成设定的高压。

2. 转换器降压工作原理

（1）晶体管 W1 导通阻抗器储能原理

从图 6-1-5 可知，若 U 和 H 处于高电位，当电控单元使晶体管 W1 导通时，电流从 U→经 G→流入晶体管 W1→再由 C→流入电感线圈 L→再经 A 点→入蓄电池正极→经负极，经 B→E→F 及 H 构成回路，向电感线圈 L 储存电能。

（2）晶体管 W1 断路反电动势降压原理

从图 6-1-5 可知，当电控单元把晶体管 W1 切断时，储存在电感线圈 L 的能量，即反电动势的方向，与高电压的电源方向相反，反电动势通过二极管 D→G→加在高压电源 U 极，使输出的电压是 U-H 间的高压减去电感线圈 L 的反电动势，将高电压降低为可用来向蓄电池充电的直流电压。

综上可知，通过加注字母和箭头导航的手段，便可清晰地将变换器的工作原理剖析得一清二楚。

即：变换器是利用两个晶体管与两个二极管的导通和截止，充分利用电感线圈 L 反电动势的特性，通过控制电栅晶体管导通与截止的占空比，完成直流高压与低压的互相变换的。

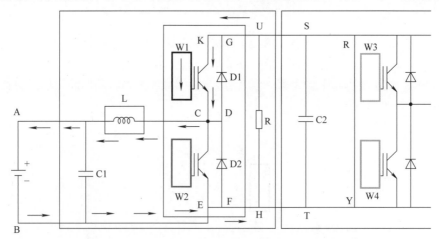

图 6-1-5　W2 晶体管切断电感线圈 L 放电降压原理

三、逆变器工作原理

1. 逆变器将直流变交流原理

典型逆变器工作原理图如图 6-1-6 所示。

电动汽车的驱动电机需要输入高交流电压，才能形成强有力的旋转磁场，以便使电机的永磁转子旋转输出转矩，因此需要将蓄电池直流电压，变换成直流高电压，再利用逆变器将直流高电压逆变成高压交流电。

为使电动发电两用电机又可作为发电机向蓄电池充电，又需将电动发电两用电机的交流电整流成直流电，因此，电动汽车还需有将交流变直流的整流器。

从图6-1-6可知，它通过六个晶体管和六个二极管的导通和截止的匹配，便可实现交直流的逆变。下面分析怎样将直流电逆变成三相交流电。

（1）晶体管W5、W4导通时电流走向

从图6-1-6可知，当电控单元使W4、W5晶体管导通时，电流走向为：高压直流正极→C→D→E→F→G→入晶体管W5→经1→2→3→Z进→O→X出→经4→5→晶体管W4→V→U→K→负极。电流从Z相进入电动机，从X相流出。

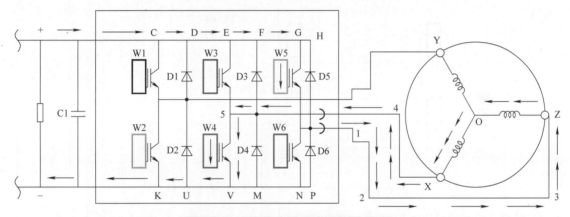

图 6-1-6　W5、W4导通时电流走向图

（2）晶体管W1、W6导通时电流走向

从图6-1-7可知，当电控单元使W1、W6晶体管导通时，电流走向为：高压直流正极+→节点C→晶体管W1→R→1→2→Y进→0→Z相出→3→4→5→晶体管W6→N→M→V→U→K→高压直流负极-。电流从Y进Z出。

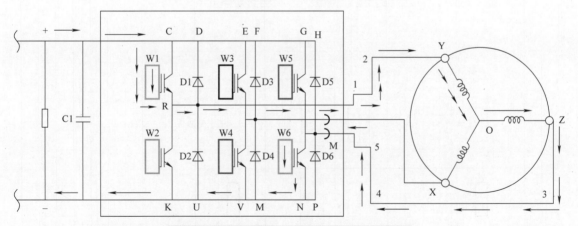

图 6-1-7　晶体管W1、W6导通时电流走向图

（3）晶体管W2、W3导通时电流走向

W2、W3导通时如图6-1-8所示。

从图6-1-8可知，当电控单元使W2、W3晶体管导通时，电流走向为：高压直流正极+→

节点 C→D→E→晶体管 W3→1→2→3→X 进→O→Y 出→4→5→6→导通的 W2 晶体管→K→高压直流负极，电流从 X 进 Y 出。

综上可知，电控单元控制六个晶体管两两相继导通和截止，便可使每一相电流进出交替变换走向，将高压直流电逆变成高压交流电送入电动机。

只要电控单元控制六个晶体管导通截止占空比，便可控制旋转磁场的转速，准确控制驱动电机的转速。

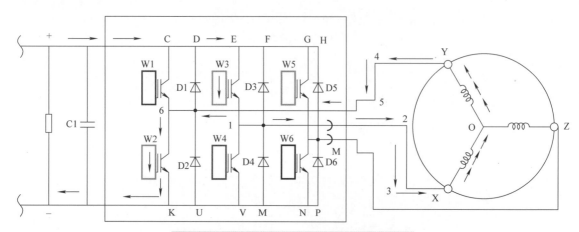

图 6-1-8 晶体管 W2、W3 导通时电流走向图

2. 整流器将交流变直流原理

当永磁电动发电两用电机作为发电机对蓄电池充电时，首先用整流器将高压交流电，整流成高压直流电，再用变换器将高压直流电转换成为蓄电池充电的低压直流电压。

（1）将 Z 相交流电变直流电原理

当电动发电两用电机 Z 相输出高压交流电时，若电控单元将变换器的 W7 晶体管导通时，便将 Z 相直流变换成可向蓄电池充电的低电压，原理图如图 6-1-9 所示。

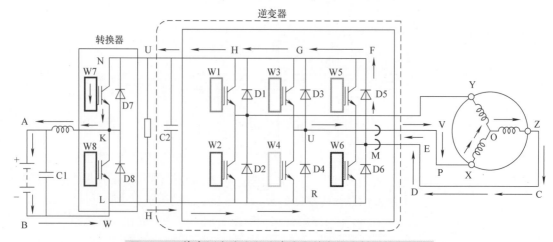

图 6-1-9 将高压交流电整流直流电并变换成低压的原理图

从图 6-1-9 可知，当 W7 晶体管导通时，Z 相输出的电流走向永远是：

三相电机 Z 相→ C → D → E → M → D5 二极管→ F → G → H → U → N → W7 晶体管→ K → A →蓄电池正极→负极→ B → W → R →二极管 D4 → U → V → P → X → O,使 Z 相输出成直流。

综上可知,三相交流电通过六个二极管两两单相导通,便可相继将电动发电两用电机输出的三相交流电变成直流电。

(2)反电动势使 Z 相降压

从图 6-1-9 又知,当电控单元使 W7 晶体管截止,W8 晶体管导通,电感器 L 的反电动势便通过导通的三极管 W6 和 D6 二极管作用在 Z 相,可见,只要控制晶体管 W7 和 W8 通断电的占空比,便可控制电感器反电动势的大小,使 Z 相降压输出直流电压。

综上可知,X 相输出时通过二极管 D3、D3 整流后,电控单元通过控制 W7 和 W8 的导通和截止的占空比,控制电感器反电动势的大小,将 X 相输出逆变成直流,再通过变换器将高压变换成可向蓄电池充电的电压。

同理,Y 相输出经二极管 D1、D6 整流后,再通过控制晶体管的导通或截止,将 Y 相高压交流电整流成直流电并变换成可向蓄电池充电的直流电压值。

(3)重要启示

综上可知,整流器结构原理十分简单,通过加注字母和箭头导航的手段,便可入木三分地将整流器的工作原理剖析得一清二楚。

即:整流器是通过六个二极管两两相继单相导通,将交流电变直流电,再通过变换器中 W7 和 W8 晶体管交替导通和截止的匹配,利用电感线圈的反电动势,将直流电压降低成可为蓄电池充电的电压。

第二节 混合动力汽车单传动比变速器传动原理及故障诊断

目前,使用驱动电机和发动机的混合动力汽车,多使用行星轮式变速器,其结构和工作原理大同小异,现以凯美瑞混合动力轿车辛普森双行星排变速器为例,分析混合动力汽车变速器的结构和工作原理。

图 6-2-1 是辛普森双行星排变速器结构原理示意图,从图 6-2-1 可知,该变速器是由两个辛普森行星排组成的两个前进档一个倒档的变速器。

从图 6-2-1 可知,后行星排的太阳轮与电动发电两用电机 MG2 连成一体,可使后排太阳轮主动逆时针旋转,后行星排的行星架永久制动,前后两排齿圈通过复合齿轮连成一体,是变速器的输出轴。

从图 6-2-1 又可知,前行星排的太阳轮与电动发电两用电机 MG1 连成一体,前排行星架与发动机连成一体,发动机可驱动前排行星架主动旋转,前后排齿圈连成一体输出。

一、起动发动机(只 MG1 工作使发动机起动,后排 MG2 不通电,后排静止)

当发动机需要预热,要起动发动机时,将变速杆挂入 P 位,踏下制动踏板,点火开关处于起动档,电控单元根据以上信号,指令逆变增压器将蓄电池电压变换成三相交流高电压,向 MG1 电机定子送电,使定子线圈产生旋转磁场力,驱动 MG1 永久磁铁电枢转子顺时针旋转。

因 MG1 电枢转子与前排太阳轮连成一体,因此,前排太阳轮主动顺时针旋转,又因 P 位已将齿圈制动，于是，便在前排形成太阳轮主动顺时针旋转，齿圈制动，行星架输出的格局，前排行星架顺时针旋转，带动发动机旋转，起动时如图 6-2-1 所示。

1. 用传动规律分析前排

从图 6-2-1 可知，当电控单元收到起动发动机信号后，指令 MG1 电机按设定的转速带动前排太阳轮顺时针旋转，因齿圈制动，于是在前排便形成太阳轮主动，齿圈制动，行星架输出的格局。

根据传动规律可知，在辛普森行星排，只要确认行星架输出，输出的转速一定低于主动转速，它用于起动发动机。此时，发动机电控单元，根据变速杆 P 位信号、制动踏板踏下信号、点火开关处于起动档信号，控制电子节气门开度、控制点火时间、控制喷油量、控制喷油时间，使发动机起动，并怠速运转。

2. 按辛普森传动规律分析后排

因 P 位时齿圈被制动，后排行星架也制动，根据辛普森行星排传动规律可知，单行星排任意两轮连成一体，其他各轮自连成一体，后行星排成一整体静止。

3. 用传动原理分析前排起动发动机原理

从图 6-2-1 可以一目了然，前排太阳轮在 MG1 电机驱动下主动顺时针旋转，前太阳轮顺时针旋转时，其轮齿必给行星轮齿一个逆时针旋转的作用力，行星轮逆时针旋转时，必受制动的齿圈轮齿一个反作用力，于是，前排行星轮齿受到作用力和反作用力的合力，使行星轮带动行星架和发动机顺时针旋转。

此时，电控单元根据起动信号、制动踏板位置等信号，控制电子节气门、控制配气正时、控制喷油量和喷油时间、控制点火时间、使发动机起动。

4. 用传动原理分析后排起动发动机原理

因 P 位齿圈被制动，后排行星架制动，因此后排太阳轮和各行星轮均静止。

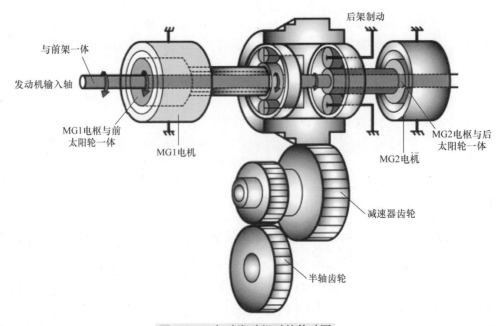

图 6-2-1　起动发动机时的传动图

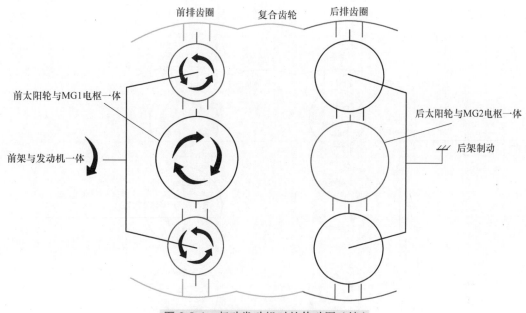

图 6-2-1 起动发动机时的传动图（续）

二、发动机不能起动故障诊断

当变速器挂入 P 位，踏下制动踏板，将点火开关旋转至起动档，发动机不能起动的诊断。

1. 起动时发动机能旋转但不能起动诊断

首先，检查发动机是否旋转正常，如果发动机能正常旋转，而发动机又不能起动的故障，与 MG1 两用电机及供电系统均无关，应首先检查发动机本身的故障，即检查火花塞是否点火、喷油器是否喷油、检查缸压是否正常、检查点火正时、检查曲轴位置传感器、检查凸轮轴位置传感器。

2. 起动时发动机不旋转的诊断

若起动时发动机不旋转，应首先检查 MG1 两用电机是否旋转，若不旋转，应重点检查变速杆是否挂入 P 位；检查点火开关起动信号是否正常；检查制动信号是否正常；再检查蓄电池电压是否过低；检查逆变器输入端电压是否正常；检查逆变器输出端电压是否正常；检查 MG1 两用电机供电是否正常；如果以上检查均正常，应检修 MG1 两用电机。

三、汽车起步（MG2 工作，动力不足时、激活 MG1 起动发动机助力）

1. 用传动原理分析汽车起步

汽车起步传动图如图 6-2-2 所示。

（1）起步时后排传动原理

当电控单元收到变速杆在 D 位，点火开关处于接通位置，加速踏板踏下信号后，便向 MG2 电动发电两用电机供电，使 MG2 电机逆时针旋转。

因 MG2 电机的转子与辛普森行星齿轮机构后排太阳轮键配一体，因此，在 MG2 电动发电两用电机的驱动下，后排太阳轮必逆时针旋转，后排太阳轮逆时针旋转时，其轮齿必给行星轮齿一个作用力，使后排行星轮顺时针旋转。又因后行星排行星架永久制动，于是，后排行星轮便在制动的行星架上顺时针旋转，后行星轮齿必给齿圈轮齿一个顺时针旋转的作用力，使齿圈顺时针旋转。

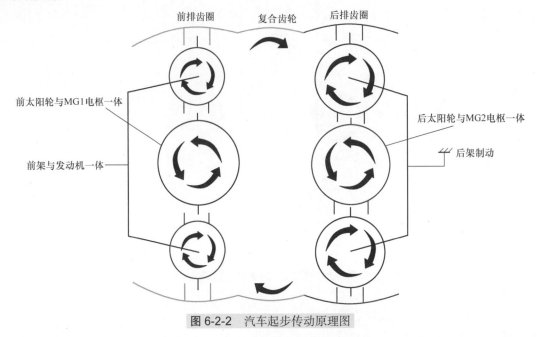

图 6-2-2　汽车起步传动原理图

因齿圈与减速器齿轮相啮合，齿圈顺时针旋转驱动减速器齿轮和半轴齿轮旋转，使汽车起步行驶。

（2）起步时前排传动原理

在前排，因齿圈主动顺时针旋转，其轮齿必给前行星轮齿一个顺时针旋转的作用力，使前行星轮必顺时针旋转，因发动机没工作，前排行星架制动，所以前行星轮必在制动的行星架上顺时针旋转，其轮齿必给前太阳轮一个逆时针旋转的作用力，于是，前排太阳轮必驱动 MG1 电机一同逆时针旋转。

> **重要提示**

汽车起步时，电控单元根据加速踏板位置传感器信号，以及 MG2 电机转速传感器信号，决定是否起动发动机助力，若起步载荷过大，使 MG2 电机转速降低至设定值时，便激活 MG1 起动发动机助力。

2. 按传动规律分析汽车起步传动原理

用辛普森行星排总结出的传动规律，不用一个齿轮一个齿轮的分析，便可知前后行星排是怎样传动的。

（1）用传动规律分析后排起步传动

从图 6-2-2 可知，因汽车起步时，MG2 电机驱动后排太阳轮主动逆时针旋转，行星架永久制动，于是便在辛普森行星排形成太阳轮主动逆时针旋转，行星架制动的格局。根据从 01M 自动变速器上总结出的传动规律，即辛普森行星排，只要行星架制动，主动与被动输出的转向一定相反。即后太阳轮与齿圈的转向相反，因此，后太阳轮主动逆时针旋转，齿圈一定顺时针旋转，驱动减速器半轴齿轮使汽车起步行驶。

（2）用传动规律分析前排起步传动

从图 6-2-2 又知，在前排，因齿圈顺时针主动旋转，但前排行星架因发动机压缩压力制动，于是，在前排便形成齿圈主动，行星架制动，太阳轮输出的格局。

根据传动规律已知，在辛普森行星排，只要确认行星架制动，主动与输出的转向一定相反，即前排太阳轮一定逆时针旋转。

前太阳轮驱动 MG1 两用电机的电枢逆时针旋转，永久磁铁电枢旋转切割定子线圈输出三相交流电。该三相交流电通过变换器可对 MG2 两用电机供电助力，或为蓄电池充电。

（3）起步时起动发动机助力原理

若电控单元根据两用电机 MG2 的转速信号，以及加速踏板位置信号，确认为重载起步或爬坡，两用电机 MG2 无力使车辆正常行驶时，便激活两用电机 MG1，使前排太阳轮顺时针旋转，前排太阳轮顺时针旋转时，其轮齿必给行星轮齿一个逆时针旋转的作用力，行星轮逆时针旋转时，必受齿圈轮齿一个反作用力，于是行星轮在作用力和反作用力合力作用下，驱动行星架带动发动机顺时针旋转。

此时，发动机电控单元根据加速踏板位置信号、MG2 转速信号、蓄电池充电状态等，计算发动机所需目标转速，及发动机原动力，电控单元通过控制电子节气门开度、凸轮轴配气正时、点火正时、喷油器喷油量及喷油正时，控制发动机按目标转速主动旋转，为两用电机 MG2 助力。

3. 汽车不能起步的故障诊断

1）检查变速杆是否向电控单元传递 D 位信号，若正常，再检查点火开关起动信号是否正常，检查加速踏板位置信号是否正常。

2）检查 MG2 两用电机是否旋转，若不转，应检查下列各项：

① 检查 MG2 两用电机是否通电正常。若通电正常，应检查电机电控单元或电机。

② 检查逆变器输入端直流电压是否正常，若正常，则应排除逆变器控制单元及逆变器故障。

③ 检查蓄电池电压是否过低。

④ 检查是否因电流过大，电机或蓄电池温度过高，切断装置断电等。

综上可知，有什么样结构，有什么样工作原理，就有什么样的故障产生，因此，只要将结构原理了如指掌，便可通过故障现象使故障的分析诊断和排除有的放矢。

四、低速或巡航定速（MG2 工作，发动机助力，MG1 发电入 MG2）

低速或巡航定速行驶时，动力输出传动图如图 6-2-3 所示。

从图 6-2-3 可知，电控单元根据 MG2 电机的转速以及加速踏板位置信号，或巡航信号，控制 MG2 电机转速，并同时控制节气门开度及点火正时和喷油量，使发动机为 MG2 电机助力，使汽车低速或巡航定速行驶。

1. 用传动规律分析低速或巡航定速传动原理

（1）用规律分析前排传动

从图 6-2-3 可知，低速或巡航定速行驶时，发动机主动顺时针旋转，因发动机与前排行星架一体，前排行星架主动顺时针旋转，此时齿圈的转速低于行星架转速，齿圈是行星架相对制动器，所以在前排便形成行星架主动顺时针旋转，齿圈制动（相对制动），太阳轮输出的格局。

根据辛普森行星排传动规律可知，行星架主动旋转，是超速档输出，但因齿圈是相对制动，所以太阳轮输出的转速仅高于发动机的转速，前太阳轮超速逆时针旋转。

发动机助力大小，取决于前太阳轮和 MG1 电机旋转的阻力。

（2）用规律分析后排传动

从图 6-2-3 可知，低速或巡航行驶时，MG2 电机通电主动旋转，后排行星架永久制动，于是，便在后排形成太阳轮主动、行星架制动，齿圈输出的格局，根据传动规律已知，在辛普森行星排，只要确认行星架制动，主动与被动输出的转向相反，即齿圈顺时针旋转驱动半轴齿轮使汽车行驶，与此同时前排发动机助力旋转。

综上可知，低速或巡航行驶时，电控单元控制 MG2 电机工作，并使发动机工作，为 MG2 电机助力。

2. 低速或巡航定速行驶故障诊断

（1）MG2 电机不运转的故障诊断

1）检查 MG2 两用电机是否通电正常。若通电正常，应检查电机电控单元或电机。

2）检查逆变器输入端直流电压是否正常，若正常，则应排除逆变器控制单元及逆变器故障。

3）检查蓄电池电压是否过低。

（2）发动机工作不良故障诊断

用起动发动机的程序诊断发动机的故障，即判断发动机是否有起动转速，若没有起动转速，应检查 MG1 两用电机及其供电部分。若发动机可旋转但无法起动，应检查以下几项：

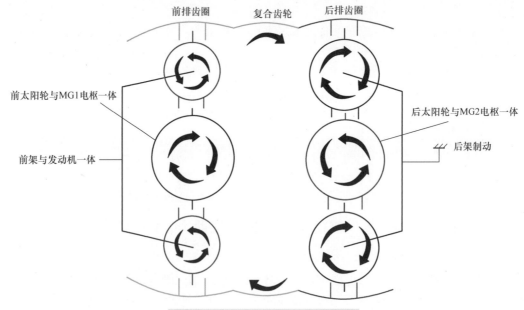

图 6-2-3 低速或巡航定速传动原理

1）检查电子节气门开度是否开启，检查开度是否随加速踏板同步动作。

2）检查火花塞是否点火。

3）检查喷油器是否喷油。

4）检查缸压。

5）学习、匹配检查电控单元。

五、发动机大负荷节气门全开（除 MG2 两用电机工作外，发动机加速助力 MG1 发电）

汽车由低速或巡航定速行驶转变成大负荷时，电控单元根据加速踏板全开信号，一方面控制 MG2 电动机旋转，另一方面根据加速踏板位置信号，控制电子节气门开度、控制喷油时间和喷油量、控制点火时间，使发动机为 MG2 电动机助力。

此时的传动原理如图 6-2-4 所示。

1. 用传动规律分析加速踏板全开发动机大负荷传动原理

（1）大负荷后行星排输出

从图 6-2-4 可知，后排 MG2 电机驱动后排太阳轮主动逆时针旋转时，因后排行星架永久制动，于是，后行星排便形成了太阳轮主动，行星架制动，齿圈输出的格局。根据行星排传动规律可知，在辛普森行星排只要行星架制动，主动与被动输出的转向相反，因后排 MG2 电机逆时针旋转，齿圈顺时针旋转输出动力。

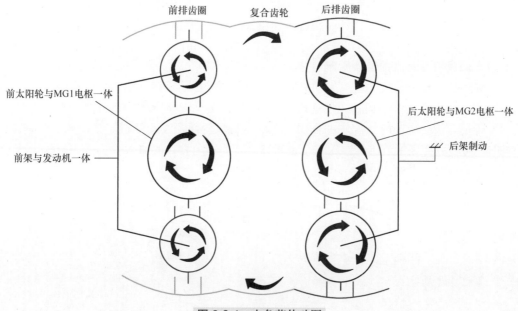

图 6-2-4　大负荷传动图

（2）大负荷前行星排输出

发动机驱动前排行星架主动旋转，行星架主动旋转的转速高于齿圈的转速，齿圈对行星架有相对制动的作用，于是，便在前辛普森行星排，形成行星架主动旋转，齿圈相对制动，行星架驱动行星轮给齿圈轮齿一个顺时针旋转的作用力，为 MG2 电机助力。行星轮齿给齿圈轮齿作用力的大小，取决驱动前排太阳轮和 MG1 电机高速旋转的阻力。

（3）大负荷 MG1 电机工作原理

因发动机使前排行星架主动旋转，发动机顺时针旋转的转速高于齿圈顺时针旋转的转速，即齿圈对行星架有相对制动的作用，于是，在前排便形成行星架主动，齿圈相对制动，太阳轮输出的格局，根据传动规律，行星架主动，输出是超速，行星轮逆时针旋转驱动前太阳轮带动 MG1 电机顺时针旋转发电，向 MG2 电机送电助力。

2. 大负荷工况下主要故障诊断

首先，检查发机起动是否正常，若正常再检查是否可正常起步，若以上检查均正常，再检查巡航工况是否良好，若哪项工作不良，应先排除后再检查大负荷工况。若以上各项均良好，应检查节气门开度，检查发动机控制单元。

六、汽车减速行驶

汽车减速行驶时，其传动示意图如图 6-2-5 所示。

电控单元收到加速踏板完全放松信号，但输出轴仍有转速信号时，便停止向两用电机供电，同时停止发动机的喷油和点火，于是汽车惯性使齿圈主动顺时针旋转，其传动示意图如图 6-2-5 所示。

1. 汽车减速滑行时后排传动原理

从图 6-2-5 中可以一目了然，汽车减速滑行时，因后排行星架制动，汽车惯性使齿圈主动顺时针旋转时，齿圈轮齿必给后排行星轮齿一个顺时针旋转的作用力，于是后排行星轮必定在制动的行星架上顺时针旋转，使后排太阳轮逆时针旋转，因后排太阳轮与 MG2 两用电机电枢转子一体，后太阳轮使 MG2 两用电机电枢转子逆时针旋转，使定子线圈输出三相交流电，通过逆变器对蓄电池充电。

2. 汽车减速滑行时前排传动原理

汽车惯性使行星齿轮机构齿圈主动顺时针旋转，前排传动原理如图 6-2-5 所示。

在前排，因发动机停止运转，使前排行星架制动，于是，齿圈主动顺时针旋转时，其轮齿必给前排行星轮齿一个顺时针旋转的作用力，前排行星轮便在制动的行星架上顺时针旋转，行星轮顺时针旋转，必定给前排太阳轮一个逆时针旋转的作用力，使前太阳轮驱动 MG1 电机逆时针旋转而发电并向蓄电池充电。

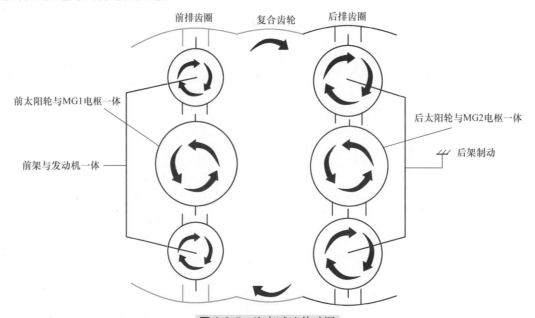

图 6-2-5　汽车减速传动图

综上可知，汽车减速或滑行时，汽车惯性动能转化为电能输出。

七、倒档行驶

1. 倒档传动原理

汽车倒档（R 位）行驶时，动力传动图如图 6-2-6 所示。

从图 6-2-6 可知，倒档时电控单元根据 R 位信号，通过逆变器将蓄电池电压送入 MG2 两用电机，驱动 MG2 两用电机电枢顺时针旋转，使齿圈逆时针旋转输出倒档。

（1）汽车倒档时后排传动原理

从图 6-2-6 可知，当电控单元收到变速杆挂入 R 位后，便根据节气门开度，向 MG2 电机送入相应的电流，使 MG2 电机主动顺时针旋转。

MG2 电机带动后排太阳轮主动顺时针旋转，后排太阳轮主动顺时针旋转时，其轮齿必定给后行星轮齿一个逆时针旋转的作用力，因后排行星架制动，后排行星轮便在制动的行星架上逆时针旋转，后排行星轮齿必定给后齿圈轮齿逆时针旋转的作用力，驱动齿圈逆时针旋转输出倒档。

（2）汽车倒档时前排传动原理

在前排，因齿圈逆时针旋转，其轮齿必定给前行星轮齿一个逆时针旋转的作用力，因发动机停止运转使前行星架制动，因此前排行星轮必定在制动的行星架上逆时针旋转，其轮齿必定给前太阳轮齿一个顺时针旋转的作用力，于是，前太阳轮驱动 MG1 电机顺时针旋转而发电。

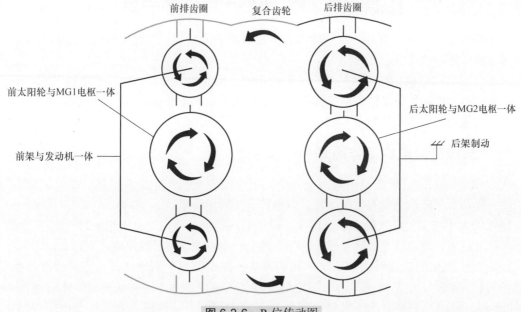

图 6-2-6　R 位传动图

2. 汽车倒档行驶主要故障诊断

若汽车只是无倒档应重点检查倒档时变速杆档位信号是否不良，若前进档和倒档均无，应重点检查逆变器是否过热，电流是否过大，电压是否异常使切断保护器执行切断功能，切断向两个两用电机供电。

3. 深度解析

从混动汽车传动原理的分析可知，发动机与驱动电机混合动力汽车的自动变速器，也是行星轮式自动变速器，是一个只有两个前进档和一个倒档的行星轮式自动变速器。因为档位少，不能充分利用汽车惯性，阶梯性提速增矩，所以电控单元根据节气门位置信号，车速信号，以及电机转速信号，测得电机动力不足时，便需向另一个电机通电，以便起动发动机助力。

综上可知，利用多档行星轮式自动变速器，是纯电动汽车提速增矩、节能省电的最佳选择。

八、混合动力汽车优缺点评估

1. 混合动力汽车变速器优点

1）混合动力汽车由于采用了两个前进档的行星轮式变速器，不需要制动器和离合器，因此不需要复杂的油路，使变速器的构造与工作原理简单。

2）混合动力汽车由于有电机助力，降低了排放污染。

2. 混合动力汽车变速器缺点

1）混合动力汽车由于采用了只有两个前进档的行星轮式自动变速器，没有充分利用汽车惯性动能，阶梯性提速增矩，因此，必须有发动机助力，因此无法做到零排放。

2）混合动力汽车由于采用了只有两个前进档的变速器，无法既保证重载起步和爬坡行驶，又能使电机有充足的储备转速，保证汽车高速行驶，因此，只靠驱动电机两者无法兼得，必须要有发动机助力。

第三节 纯电动汽车自动变速器

因多档变速器是利用惯性达到节能省力、提速增矩的装置，因此，多档变速器永远是汽车等高速运载机械的重要组成部分。

采用直流永磁电机做动力源的汽车，为合理的分配蓄电池能耗，延长蓄电池寿命和续驶里程，应采用多个传动比的多档自动变速器，这才是纯电动汽车提速增矩，节能省电的最佳选择。永磁交流电机和发电机均是利用电磁感应定律开发出来的。

一、永磁交流电机工作原理

当永磁直流电机定子线圈内通入交流电，定子线圈便会产生旋转磁场，旋转磁场的电磁力，便可驱动永久磁铁组成的电枢旋转，电枢转子便输出转矩。

转矩的大小与交流电流的大小成正比，即当通入定子线圈内的电流越大时，定子线圈产生的磁场强度越强，旋转磁场对转子磁铁的吸力越大，电枢磁铁转子输出的转矩越大。

永磁直流电机的转速可由交流电的频率调整，即交流电的频率越高，定子线圈产生的旋转磁场的转速越高，旋转磁场驱动永磁电枢旋转的转速也越高，永磁电机的转速可达 15000 ～ 20000r/min，但因受材质、加工及散热等各种因素的影响，特别是当电机提高到一定转速后，再提高转速，电机效率便急剧下降，这也是用一个传动比的单档变速器不能高速行驶的原因。

综上可知，永磁电机输出的两个重要的参数是转矩与转速，两者均取决于蓄电池的容量，当蓄电池容量确定后，可输出的最大转矩和最高转速便被限定。

二、纯电动汽车是否需要多档变速器

电动汽车是用永磁电机做动力源的汽车，但电机的动力源是蓄电池，前已述及，永磁电机用在汽车上的两个重要的参数是转矩和转速，由于转矩和转速与蓄电池容量有关，所以，当蓄

电池的容量确定后，在限定的容量内，希望既能保证汽车有足够高的车速，又能有足够的载重量，选用多档变速器才是电动汽车的最佳选择。

综上可知，只要采用一个固定传动比的单档变速器，就必定出现高速行驶与大负荷之间的矛盾，解决这个矛盾的办法，就必须有另一种动力源为电机助力。

要想不用另外动力源助力，完全由电机驱动，只能采用以下三种办法解决。

1. 降低车载和车速

这种办法只适用于微型中低速行驶的汽车，或重载低速行驶的汽车，例如市内公交车，因不需要高速行驶，所以可最大限度放大传动比，用最大限度提高电机的转速，确保公交车可重载起步、爬坡、中低速行驶，但此时电机的有效储备转速已无力再使汽车高速行驶。

2. 最大限度地增加蓄电池容量

1）采用并联蓄电池或放大蓄电池体积的办法，大幅度增加蓄电池的容量。

2）并联电机或大幅度提高电机功率。

3）最大限度提高电机的转速。

4）所有配套电气元件，同步升级。

以上四种措施并举，电机便可用单档变速器既能有一定的承载能力，又可高速行驶。

但这要付出昂贵的投入，并造成电机效率降低，还需要采用降温等措施。用大幅度提高造价的代价，换取不用多档变速器，实在是得不偿失。

3. 多个传动比的多档变速器，是纯电动汽车最佳选择

（1）拉维娜式自动变速器的优点

1）拉维娜式自动变速器，由于采用了两级行星轮，在同等体积时，它比辛普森式输出转矩大。

2）只要在拉维娜式行星排齿轮机构的输入端，再串联一个行星排或由两个行星排、组合而成的行星齿轮机构，使其有几个不同转速，传递给行星齿轮机构，便可有更多档位输出。

（2）电动汽车采用拉维娜式自动变速器的优点

1）拉维娜式自动变速器，由于采用了两级行星轮，可将后排力矩放大。

2）可最大限度的放大传动比，用电动机的高速旋转使输出降速增矩，以保证低档时，电机有足够的驱动力矩，使汽车在各种路面和各种载荷下均能中低速行驶。

3）充分地利用汽车惯性，逐级减小传动比的办法提速增矩，达到理想的高速行驶。

通过以上分析可知，只要将蓄电池、电机、变速器多个传动比，这三者合理协调，便可使电机既可驱动汽车重载中低速行驶，又可充分利用汽车惯性和变速器的几个不同传动比，保证汽车高速行驶。

可见，采用多档变速器不仅是柴油车、汽油车，也是电动汽车等各类高速运载机械不可缺少的重要组成部分。

综上可知，采用多档变速器是电动汽车的最佳选择。

重要启示

只要有自动变速器知识基础，电动汽车结构原理便可简单地一语道破。即：

1）电动汽车只是用结构原理简单的电机取代了结构原理较复杂的内燃机而已。

2）电动汽车唯一一个新装置，是结构原理非常简单的变换器。变换器电控单元利用和二极管的单向导电性，和电感线圈反电动势的特性，完成直流高低压的相互转换。而逆变器只需利用二极管的单向导电性，电控单元便可完成交直流的相互转换。

复 习 题

1. 以凯美瑞混合动力汽车为例，简述混合动力汽车变速系统的主要组成。

2. 简述混合动力汽车变速系统为什么要加装变换器。

3. 简述变换器是怎样将高低电压相互转换的。

4. 简述逆变器是怎样将交直流电压相互逆变的。

5. 简述凯美瑞混合动力汽车变速系统电动发电两用电机 MG2 的作用。

6. 简述凯美瑞混合动力汽车变速系统电动发电两用电机 MG1 的作用。

7 简述凯美瑞混合动力汽车变速系统 MG2 电机怎样使汽车起步行驶的。

8 简述凯美瑞混合动力汽车变速系统 MG1 电机怎样使发动机起动的。

9. 怎样分析混合动力汽车发动机不能起动的故障？

10. 怎样分析混合动力汽车电机可驱动发动机旋转，但发动机不能起动的故障。

11. 怎样分析混合动力汽车不能起步行驶的故障。

12. 怎样分析混合动力汽车变速系统 MG2 电机不旋转的故障。

13. 怎样分析混合动力汽车变速系统 MG1 电机不旋转的故障。

14. 怎样分析混合动力汽车无倒档的故障。

15. 简述多档变速器的主要功能。

16. 简述为什么纯电动汽车的最佳选择是多档变速器。

17. 详述为什么永磁电机可使公交车满街跑，而驱动轿车时却需发动机助力？

第七章 行星轮式自动变速器电控系统

第一节 电子控制系统主要控制功能及传感器、电磁阀结构原理

一、电子控制系统控制功能

电子控制装置 TCM 根据发动机转速、变速器输入轴转速传感器（涡轮转速信号）、变速器输出轴转速传感器、节气门位置传感器、冷却液温度传感器、油温传感器、各种开关信号等，依据计算机内部存储器存储的程序，实现各类自动控制。

1. 变速器主油压控制

电控自动变速器的主油压，均是用脉冲调压电磁阀控制的。电控单元主要根据节气门位置传感器测定的节气门开度，控制脉冲电磁阀通电的占空比，使主油压随节气门开度而变化，以获得不同发动机负荷下，主压油的最佳值，将驱动油泵的动力降到最小。

为减小自动变速器体积，通常将倒档执行组件的尺寸缩得较小，但为了传递较大转矩，因此倒档油压较其他档位高。

为使主油压能准确地根据工作条件变化而变化，电控单元还根据传感器测得工作条件信号，对主油压做适当的修正，使主油压控制获得最佳效果。

例如，在变速杆位于前进低档（S，L 或 2，1）位置时，汽车驱动力较大，电控单元修正占空比，使主油压高于前进档（D 位），以满足动力传递的需要。

为减小换档冲击，电控单元还在档位切换瞬间，通过调整电磁阀的占空比减小主油压，以改善换档质量。

电控单元还根据液压油温度传感器的信号，在变速器油温未达到正常工作温度时（一般低于 600℃），将主油压调至低于正常值，以防止因油温低黏度较大而产生换档冲击。

当变速器油温过低时（低于 300℃），电控单元使主油压升至最大值，防止因温度过低黏度过大，导致离合器和制动器供油不足。

在海拔较高时，发动机输出功率降低，变速器电脑将主油路油压调至低于正常值，以防止换档时出现冲击。

2. 超速档控制

当变速杆在 D 位，超速档开关接通时，电控单元控制换档电磁阀，使换档阀为超速档离合器或制动器匹配油路，变速器可进入超速档。

若在超速档状态下行驶时，电控单元接到巡航控制信号时，当汽车实际车速低于设定车速约 4～6km/h 时，电控单元解除超速档控制或阻止进入超速档。

3. 变矩器锁止控制

电脑根据档位开关信号、发动机转速信号、车速信号、冷却液温度信号、油温信号、节气

门开度信号、制动信号以及巡航信号等，经电脑处理后，按电脑设定的程序，根据预先储存在电脑内存内的程序，选取最佳锁止或分离时机。一般同时具备以下几个条件时，锁止离合器可锁止：

1）冷却液温度在65℃以上，变速器油温在20℃以上。

2）无制动信号。

3）涡轮转速与泵轮转速接近相等时。

4）节气门开启。

5）档位信号是D位。

目前，已将锁止范围拓宽，即在2档，3档均有锁止机会。另外，为减轻对发动机的冲击和充分发挥传动效率，又增加了半锁止工况，即半离合后经缓冲再进入全锁止，以减轻换档或锁止离合器锁止或解锁时的冲击。

当制动、档位切换和大负荷时，电控单元控制变矩器解锁。

4. 发动机转矩控制

在某些电控自动变速器中，TCM根据接收到的各种信息，若判断变速器需要换档，就发出信号至发动机控制模块（ECU），暂时延迟点火正时，控制发动机转矩，以使换档平顺，不会出现换档冲击。

5. 失效保护控制

在汽车行驶过程中，不停地检测自动变速器电子控制装置中所有传感器、执行器的工作情况，一旦发现故障，变速器电脑具有以下几种失效保护功能。

（1）节气门位置传感器出现故障

电控单元根据节气门位置传感器中怠速开关的状态，或加速踏板位置传感器进行控制；当怠速开关断开时（加速踏板被踩下），按节气门开度为1/2进行控制，同时节气门油压按最大值输出。当怠速开关接通时（加速踏板完全放松），按节气门处于全闭状态进行控制，同时节气门油压按最小值输出。

（2）车速传感器出现故障

电脑根据变速杆的位置控制，变速杆在D位或S位，按超速档或3档控制。变速杆在L位或1位，按1档也有的锁定在高档，以保持汽车最基本的行驶能力。

许多车型有两个车速传感器，其中一个用于换档控制，另一个为仪表板上的车速表用的传感器。当用于换档控制的车速传感器损坏时，变速器电脑可利用车速表的传感器信号来控制换档。

（3）输入轴转速传感器出现故障

变速器电脑停止减小转矩控制，此时换档冲击会有所增大。

（4）油温传感器出现故障

变速器电脑设定80℃进行控制。

（5）电磁阀故障

1）不论有几个电磁阀出现故障，变速器电脑都将停止所有换档电磁阀的工作，此时自动变速器的档位完全由变速杆的位置决定。变速杆在D位或S（或2位）位时，变速器被固定在3档，在L位或1位时被固定在2档。

2）换档电磁阀中有若干个出现故障时，电脑控制无故障的电磁阀工作，以保证自动变速器仍能自动升档或降档。此时会失去某些档位，例如，可能直接由1档升至3档或超速档。

3）锁止电磁阀出现故障时，变速器电脑停止锁止离合器控制，使锁止离合器始终处于分离状态。

6. 自诊断功能

当电控单元检测到电控系统传感器、电磁阀发生故障时，按预存程序控制仪表板上的故障指示灯闪烁，并以故障码形式将故障储存在存储器中，以备诊断仪诊断。待故障彻底排除后，应及时清除故障码，故障码清除后，仪表盘上的故障指示灯便停止闪烁。

7. 匹配与学习功能

自动变速器已将原始的理想控制模式和程序，预存在电脑的存储器中，行驶中电控单元按原始程序发出指令，控制换档电磁阀、调压电磁阀等电控元件，按设定的程序，准确地完成换档点控制、调压电磁阀的各种压力控制等。

当自动变速器经过使用元件磨损或经过检修、换件、重装等与原始状态出现差异，许多轿车具有清除原始记忆，通过匹配和自我学习功能，对原始程序进行修正和重新记忆。

各型自动变速器的匹配和学习程序不尽相同，可按诊断仪和相关仪器规定程序操作。

8. 推迟点火时间控制

为减轻档位切换瞬间产生冲击，有些轿车采用推迟点火时间，以瞬时减小发动机输出转矩，使档位切换时不会冲击。

9. 换档点控制

换档点控制是电脑控制自动变速器的重要内容之一，汽车在任何工况下，电脑根据档位开关信号、车速信号、节气门位置信号、冷却液温度信号、油温信号、制动信号、转向信号以及模式选择开关信号和模糊逻辑装置得到的上坡或下坡的坡度值信号，经运算处理后控制调压电磁阀和换档电磁阀，都能给出一个最佳的换档时机，以提高汽车的动力性和经济性。

带有模式选择开关的自动变速器，一般有普通模式、动力模式等几种模式的换档规律，普通模式、动力模式的换档规律如图 7-1-1 所示。

在普通模式中，若节气门的开度固定在 50%，在节气门开度 50% 处，画一条横坐标线，从该线与换档规律线的交点可知，变速器输出轴转速在 1500r/min 时，变速器从 1 档升 2 档。转速 2500r/min，从 2 档换 3 档。转速在 4000r/min 时，从 3 档换高档至超速档。

从该线与普通换档模式虚线的交点中可知，升档点和降档点不在一个点上，例如从 1 档升 2 档是 1500r/min，而从 2 档再降 1 档则是 500r/min。

降档点比升档点低，一是为更好地充分利用发动机的动力性能，二可避免频繁跳档，造成冲击和离合器或制动器的磨损。

在动力模式中，为使汽车加速性能最好。在同一节气门开度下，变速器换高档或低档的车速会高于常规的模式。节气门开度同样固定在 50%，在变速器输出轴转速为 1800r/min 时，变速器从 1 档换 2 档；转速 3100r/min 时，从 2 档换 3 档。转速在 4500r/min 时，从 3 档换高档至超速档。

可见，在同样节气门开度下，动力模式升档点要比经济模式晚，这主要是充分利用发动机的动力性能。

10. 转弯控制

电脑根据驾驶员放松节气门踏板信号和两个从动轮转速差信号，计算转向角度值，使车速降档行驶，并通过 ABS 功能制动某轮转速，保持汽车稳定行驶。

11. 换档质量控制

为改善换档质量，提高汽车的乘坐舒适性，目前常见的特殊控制功能有以下几种。

（1）换档油压控制

在升档或降档的瞬间，变速器电脑通过压力控制电磁阀适当降低主油路油压，以减小换档冲击，达到改善换档质量的目的。也有一些控制系统是在换档时通过电磁阀减小储能器活塞的背压，以降低离合器或制动器液压缸内油压的增长速度，达到减小换档冲击的目的。

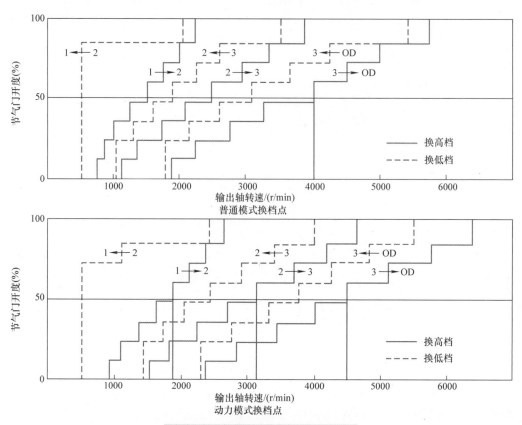

图 7-1-1　变速杆在 D 位换档规律图

（2）转矩控制

在换档的瞬间，通过延迟发动机的点火时间或减少喷油量，暂时减少发动机的输出转矩，以减小换档冲击和汽车加速度出现的波动。

（3）N～D 换档控制

在变速杆由驻车档或空档（P 或 N）位置，换至前进档或倒档（D 或 R）位置，或相反地进行换档时，变速器电脑通过调整发动机的喷油量，将发动机的转速变化减至最小程度，以改善换档质量。

12. 巡航控制

现在轿车上多装备了巡航控制装置，可以使汽车在选定的车速自动保持匀速行驶，而不需要驾驶员控制节气门开度。

当驾驶员以选定的车速保持节气门开度不变行驶，并按下巡航开关，电控单元获此车速信号后，便与汽车实际车速比对，求出差值信号经放大处理后，作为控制节气门开度信号，使汽车实际车速向选定车速修正，以保证汽车自动保持恒速行驶。

二、电控系统传感器原理与诊断维修

目前汽车用转速传感器主要有霍尔效应式和电磁感应式两种

1. 霍尔效应式转速传感器工作原理

霍尔效应式转速传感器原理图如图 7-1-2 所示。

当霍尔元件从磁场中穿过时，并在与磁力线垂直方向通入电流，则在与电流垂直的方向上便会产生霍尔电动势。

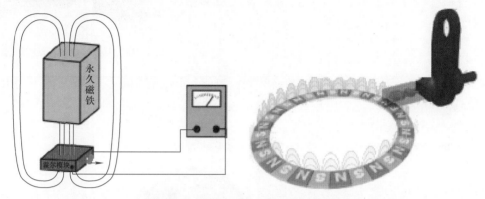

图 7-1-2 霍尔效应式转速传感器原理图

霍尔电动势的大小与磁场强度成正比。图 7-1-2 右图是将一个南北极交替排列的磁环固定在被测转子上，当转子旋转时，交变磁场便穿过霍尔元件，于是霍尔集成电路便产生脉冲电压，电控单元便根据脉冲数计算出转子的转速。

2. 电磁感应式转速传感器

电磁感应式转速传感器原理图如图 7-1-3 表示。

从图 7-1-3 可知，它由永久磁铁、传感器线圈、转子组成。转子旋转时，转子凸齿与线圈铁心之间的气隙不断反复变化，通过线圈的磁通也不断变化，因此在线圈中产生变化的感应电势，这个信号电压经过放大整形后就可用来计算转子的转速。

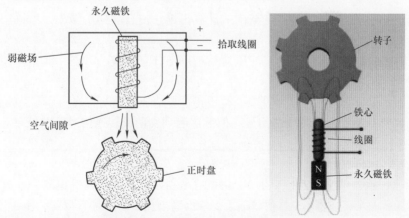

图 7-1-3 电磁感应式转速传感器原理图

3. 与变速器有关的转速传感器

（1）发动机转速传感器

发动机转速传感器多采集点火控制组件信号，传感器外形如图 7-1-4 所示。

1）发动机转速信号与节气门开度信号可准确计算出发动机的负荷，以供自动变速器电控单元，按预存的程序选择换档时机和调整油压。

2）该传感器与变速器输入轴转速传感器一起，监控锁止离合器滑转率，以便通过锁止电磁阀调整锁止油压，使滑转率保持小于 40～50r/min。

若该传感器不良。不仅会使发动机工作失常，而且会导致变速器升降档时机错乱，并造成各档均有换档冲击的故障。

若传感器断路或短路，电控单元监测不到发动机转速信号，而能监测到变速器输入轴信号，电控单元记录并显示故障码。

图 7-1-4　发动机转速传感器

电磁感应式转速传感器可用万用表检查线圈电阻值，也可用诊断仪读取数据流，或用示波器观察波形是否均匀无缺失。

（2）输入轴转速传感器

输入轴转速（涡轮转速）传感器如图 7-1-5 所示。

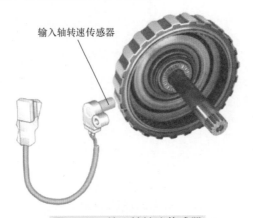

输入轴转速传感器

图 7-1-5　输入轴转速传感器

1）与发动机转速传感器比对，可精确地计算出锁止离合器的滑转率，以供调整液力变矩器的油压。

2）与输出轴转速信号比对，修正油压然后精确地计算出换档时机，变矩器锁止离合器调节和监测等。

若该传感器不良，会导致变速器升降档时机错乱并造成各档均有换档冲击的故障。

若电控单元监测不到输入轴转速信号，但能监测到发动机转速信号，电控单元记录并显示故障码。

（3）输出轴转速传感器

输出轴转速传感器也称车速传感器，如图 7-1-6 所示。该传感器有电磁感应式和霍尔效应式。有些变速器有两个传感器，1 号供仪表，2 号供输出轴。若 2 号有故障，用 1 号取代。1 号与 2 号同时失效，会存储故障码并启用保护功能。

电控单元利用输出轴转速传感器，输入轴转速传感器，与节气门位置传感器信号比对，控制各档的升降档点，并调整相应油压。另一方面监控传动比，若监控出现异常，可记录并显示故障码，必要时启用相应的保护功能。

若该传感器不良，会导致变速器升降档时机错乱并造成各档均有换档冲击的故障。

检测霍尔效应式传感器时，用万用表交流档检测信号与搭铁脚，接通点火开关，转动车轮其电压值应为设定值（一般应为 7～14V）。用诊断仪读数据流或用示波器观察波形是否均匀无缺失。

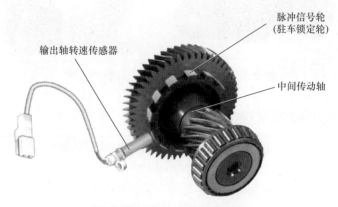

图 7-1-6　输出轴转速传感器

4. 温度传感器

变速器控制单元需要采集发动机冷却液温度和自动变速器油温信号，以供变速器电控单元根据温度，控制液力变矩器是否锁止。变速器油温传感器装在油路系统的阀体内，多用热敏电阻取分压采集信号。

1）当冷却液温度低于 55～65℃，不升 4 档，液力变矩器锁止离合器不锁止。

2）当油温低于 20℃时，电控单元不发出锁止指令；当油温上升至 122℃时，电控单元在变速器二档、三档、四档控制锁止离合器锁止。

3）若油温升高到 150℃时，为避免油温过高损坏液力变矩器，电控单元立即发出指令，控制锁止离合器控制阀，使锁止离合器锁止。

4）油温在 140～154℃居高不下，仪表板上的故障指示灯闪烁，并存储故障码。与此同时，在变速器 2、3、4 档锁止离合器始终锁止。

若油温传感器失效，短路或断路，电控单元监测不到温度信号，便会记录并显示故障码。可用万用表检查传感器电阻值或信号电压，也可用诊断仪读取数据流诊断。

5. 节气门位置传感器

常用节气门位置传感器有滑动电阻式和霍尔效应式，滑动电阻式如图 7-1-7 所示，霍尔效应式可详见第三章。

1）发动机电控单元利用节气门电压信号，计算节气门开启角度，变速器电控单元根据节气门信号并参考当前的车速信号，控制档位切换时机及锁止离合器锁止时机。

2）现代轿车均装有电子式节气门位置传感器，该传感器除驾驶员脚踏操纵外，还并联一个步进电动机，以便在特殊工况下，由电控单元干涉节气门开度，改变发动机输出转矩。如驱动防滑及档位切换瞬间电控单元会关小节气门。

若节气门位置传感器提供错误信号，不仅影响发动机的动力输出，而且必定导致变速器换档时机错乱，引起各档均有换档冲击故障。

当电控单元检测不到节气门位置信号（传感器断路或短路）时，电控单元记录并显式故障码。可用万用表电压档检测信号电压值，或用诊断仪读取数据流。

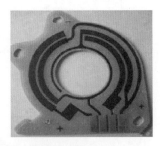

图 7-1-7　滑动电阻式节气门位置传感器

三、电控系统电磁阀原理与诊断维修

变速器油路系统中有两类电磁阀，即开关型电磁阀和调压电磁阀。

1. 开关型电磁阀

开关型电磁阀分为常开电磁阀与常闭电磁阀，常开电磁阀如图 7-1-8 所示。

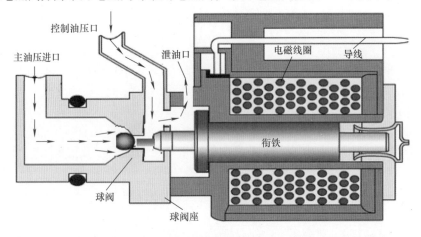

a)

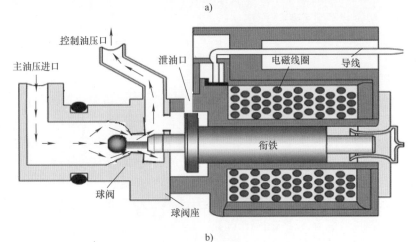

b)

图 7-1-8　常开电磁阀工作原理图

a) 不通电时　b) 通电时

开关型电磁阀是由电磁线圈、衔铁及球阀和回位弹簧组成。

（1）常开电磁阀

常开电磁阀不通电时，电磁阀开启，如图 7-1-8a 所示，球阀在油压作用下关闭进油口，将控制油压口与泄油口相通，使控制油压降为零。

当电磁阀通电时，在电磁力作用下，衔铁移动将球阀打开，并将泄油口关闭，如图 7-1-8b 所示，于是，控制油压便作用在被控制的滑阀上。

（2）常闭电磁阀

常闭电磁阀与常开式相反，电磁阀不通电时泄油口关闭，球阀开启，输出控制油压。当电磁阀通电，在电磁力作用下，泄油口打开，输出控制油压为零。

（3）开关型电磁阀故障诊断

若电磁阀出现断路、短路、搭铁故障时，电控单元记录并显式故障码，检测时可采用通电和断电法检查电磁阀是否有动作声，也可用万用表检查电阻值，还可用诊断仪读取数据流，判断电磁阀是否有故障。

（4）怎样判断常闭与常开电磁阀

通电有落座声，断电无声为常开电磁阀，反之，若通电无落座声，断电有声为常闭电磁阀。

2. 脉冲调压电磁阀

滑阀式脉冲调压电磁阀结构如图 7-1-9 所示。

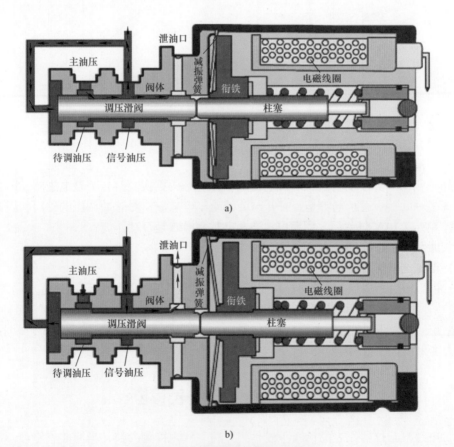

a)

b)

图 7-1-9　滑阀式脉冲调压电磁阀

a) 不通电时　b) 通电时

从图 7-1-9 知，滑阀式脉冲调压电磁阀是由电磁线圈、弹簧、衔铁、减振弹簧、精加工的柱塞和套筒等组成。它是依靠滑阀的两个棱边，关闭或打开进油口和泄油口完成压力调节的。

在电磁线圈无电流通过时，如图 7-1-9a 所示，此时柱塞及衔铁和滑阀在弹簧力作用下左移，滑阀进口棱边将进油口打开，出油口棱边将泄油口关闭，信号油压增加。当电磁线圈通电后，电磁力使衔铁推动柱塞右移，如图 7-1-9b 所示。此时滑阀进口棱边将进油口关闭，而滑阀出口棱边将泄油口打开，信号油压迅速降低。电控单元以大于 600Hz 的频率按占空比控制滑阀左右移动，将油压调整到理想值。自动变速器压力调节电磁阀的压力调节范围一般在 0～600kPa。

电磁阀在脉冲电信号的作用下不断反复地开启和关闭进出油孔，变速器电控单元通过改变每个脉冲周期内电流接通和断开的时间比例，即所谓占空比达到控制油路油压的目的。

在一个脉冲周期内，通电时间为 A，断电时间为 B，则占空比等于 $A/(A+B) \times 100\%$，占空比越大，油路压力越低，反之，占空比越小，油路压力就越高，如图 7-1-10 所示。

脉冲调压电磁阀一般安装在主油路或储压器背压油路中，在变速器自动升降档瞬间，或者在锁止离合器锁止或解除锁止时，使油压下降，以减少换档和锁止冲击。

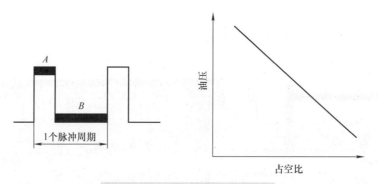

图 7-1-10　油压与占空比关系图

3. 电磁阀检修

电磁阀一般均一次性使用，若确认电磁阀不良应总成更换。对开关型电磁阀，因其电阻值较大，可直接对电磁阀通断电听是否有开与关的动作声确诊。对脉冲调压电磁阀，因其电阻值小，可串联 8W 或 10W 灯泡后，用蓄电池通断电观察滑阀是否动作。

电磁阀断路或短路，显示故障码，电磁阀卡滞可读取数据流检查。

4. 脉冲调压电磁阀重要提示

1）脉冲调压电磁阀通过使滑阀开和闭，使输出油压在零与主油压间，按占空比高速切换，取其油压的平均值获得任意设定的控制油压。

2）主油压脉冲调压电磁阀在锁止离合器锁止，或离合器或制动器结合瞬间，减小主油压，以消除液力变矩锁止冲击和换档冲击。

第二节　仪器仪表诊断

目前，电控汽车仪器仪表的诊断手段是用万用表检测接脚参数，与标准值比对，若不符应检修；用示波器检测各信号波形；用诊断仪调取故障码；用诊断仪读取数据流。

仪器、仪表的诊断手段只能诊断电路故障，即诊断传感器和电磁阀断路、短路、搭铁故障。因任何诊断设备，都有一定的盲区，所以，对数据流进行分析和更多的机械故障诊断则需掌握结构原理，诊断起来才能得心应手。

了解电控系统的诊断程序，对维修人员分析经自诊系统获取的故障信息，有重要的意义。电控单元（ECU）要实现对电子控制系统的诊断，必须将预先设置好的诊断程序，存储入系统的电控单元内。

电控系统由传感器、执行器、电控单元等三部分组成。一个完整的电控单元的故障诊断过程，应包括故障信息的采集、识别和对故障信息的处理。

一、电控单元对故障信息的采集和识别

电控单元对故障信息的采集和识别主要分传感器、执行器和电控单元自身三部分。

电控系统对传感器的故障信息的采集识别主要有以下三种方式。

1. 检测传感器信号电压

例如，发动机冷却液温度传感器的信号电压值不应高于4.8V，也不应低于0.1V，否则电控单元就会记录故障信息。这是电控系统在设计的时候就已经编好的程序。

2. 检测传感器信号电压的时间范围

例如，氧传感器的信号电压不应在闭环控制工况内保持高于800mV的电压达到15s，否则电控单元就会记录故障信息。这也是电控系统在设计的时候就已经编好的程序。

3. 对检测到传感器信号进行逻辑判断法

例如，电控单元检测到节气门开度4%，检测到进气量28kg/h，检测到发动机转速3500r/min，检测到车速100km/h，则电控单元根据进气量信号、发动机转速信号和车速信号，判断出节气门位置信号不准确，电控单元记录故障信息。

二、电控系统对执行器故障信息的采集和识别

通常采用的方式是在电控单元驱动执行器的电路中，专门设计了检测电路。判断执行器的工作状况。

电控单元对自身故障信息的采集识别，通常也是采用相应的检测电路，通过检测时钟，按时对电控系统进行复位，用以检查电控单元是否按正常的控制程序工作。

三、电控系统对故障信息的处理

电控系统检测到故障信息后，一方面存储故障信息，并点亮故障警告灯提醒驾驶人员；另一方面采取应急措施，尽量保证汽车的继续运行，以便汽车行驶到维修站维修处理。

电控系统采取应急措施时，通常有三种方法。

1）传感器信号代替法。例如，电控系统检测到进气计量装置的故障信息后，电控系统就使用节气门位置传感器信号代替它，并与发动机转速传感器信号计算出一个相对准确的进气量值，用以控制燃油喷射。

2）传感器信号设定法。例如，电控单元监测到发动机冷却液温度传感器的故障信息后，电控单元就将发动机冷却液温度设定在40℃或其他的固定值，电控单元根据设定的温度修正喷油量和点火提前角。

3）电控单元内部程序切换法。例如，电控单元监测到氧传感器的故障信息后，电控单元

则把控制方式从闭环控制改为开环控制，不再使用氧传感器信号来反馈修正喷油量。

四、电控单元的诊断程序

电控系统的自诊断内设有两种诊断程序。

1）静态检测是指接通点火开关但不起动发动机时，电控单元对电控系统进行诊断的方式。

2）动态检测是指接通点火开关并起动发动机，使车辆进入正常运行工况，电控单元自动连续地执行自诊断程序。

重要提示

综上可知，仪器、仪表诊断只能诊断电器方面的故障，即诊断传感器和电磁阀的故障，对机械方面的故障则必须用结构原理分析法。况且，仪器仪表诊断的结论多数还需要经过分析才能找到真正的故障点。

仪器、仪表均有使用说明书，按说明书操作即可。

复 习 题

一、填空题

1. 自动变速器电控系统主要由（　　　　）、（　　　　）、（　　　　）等三部分组成。

2. 电子控制装置（TCM）主要根据（　　　）、（　　　）、（　　　）、（　　　）、（　　　）、（　　　）、（　　　）信号进行自动控制。

3. 电子控制装置（TCM）主要根据（　　　）、（　　　）、（　　　）、（　　　）等信号，控制换档点。

4. 自动变器的主油压随节气门开度变化而变化，节气门开度增大，主油压（　　　），节气门开度减小，主油压（　　　）。

5. 电脑根据（　　）信号、（　　）信号、（　　）信号、（　　）信号、（　　）信号、（　　）信号、（　　）信号以及（　　）信号、按电脑设定的程序，选取最佳锁止时机。

6. 同时具备（　　）、（　　）、（　　）、（　　）、（　　）五个条件时，锁止离合器才锁止。

7. 电脑主要根据（　　）信号、（　　）信号、（　　）信号控制锁止离合器解锁。

二、问答题

1. 电子控制装置（TCM），对自动变速器有哪些主要控制功能？

2. 电控单元是怎样对传感器故障信息进行采集和识别的？

3. 电控系统是怎样对执行器的故障信息进行采集识别的？

4. 电控系统是怎样对故障信息进行处理的？

5. 简述诊断仪诊断电控单元的程序。

6. 简述锁止离合器与冷却液温度的关系。

7. 简述锁止离合器与油温的关系。

8. 详述锁止离合器锁止条件。

9. 详述电磁感应式转速传感器工作原理。

10. 详述霍尔效应式转速传感器工作原理。

11. 详述发动机转速传感器工作原理，及引起的主要故障。

12. 详述输入轴转速传感器工作原理，及引起的主要故障。

13. 详述输出轴转速传感器工作原理，及引起的主要故障。

第八章 行星轮式自动变速器故障综合诊断与正确使用

第一节 行星轮式自动变速器故障诊断

一、行星轮式自动变速器的主要故障点

1）变速器机械部分主要故障点为：液力变矩器、油泵、离合器、制动器、单向离合器和变速杆。

2）油路部分主要故障点为：手动阀、主调压阀、变矩器调压阀、个别调压阀、换档阀、电磁阀、滑阀、单向阀、储能器。

二、判断故障的最佳程序

1）路试确认哪个档工作不良。

2）确认有故障的档内哪个离合器、哪个制动器、单向离合器、储能器、单向阀及滑阀和电磁阀参与工作。

3）确认是离合器还是制动器本身不良，还是与之相关的油电路不良。

4）分析每个换档阀不在设定位置时丢掉的档位。

三、宏观诊断

如果手头没有资料，可以根据故障现象，按以下大致方向诊断。

1. 所有档均丢失

1）检查油泵。检查油泵安全阀弹簧和滑阀是否卡滞。

2）检查主油压。大多数变速器均有油压检试孔，检查主油压调压电磁阀，检查滑阀是否卡滞。

3）检查变矩器。检测发动机转速传感器与变速器输入轴转速传感器。

4）检查变速杆与手动阀连接是否脱落。

2. 个别档丢失

1）检查离合器。检查离合器是否严重磨损或损坏。检查与离合器相关油路中的各阀。

2）检查制动器。检查制动器是否严重磨损或损坏。检查与制动器相关油路中的各阀。

3）检查单向离合器。检查故障档内是否有起制动作用的单向离合器打滑。

4）各换档阀是否不在设定位置。每个换档阀均有两个设定位置，若换档电磁阀失效，或滑阀卡滞，会使某些离合器无油压，导致相关档丢失。

5）检查是否有所有档均参与工作的离合器或制动器，若有应检查。

3. 所有档均冲击

1）检查主油压是否过高。

2）检查变速器油质。

3）检查油路中调压阀。检查油路中各换档瞬间起减压作用的调压电磁阀或调压滑阀，如01M 自动变速器中 N92 换档平顺阀失效、调压电磁阀失效，或滑阀卡滞运动不畅，便会导致各档均产生换档冲击故障。

4）检查各传感器是否有信号失准，若有应更换。

5）学习匹配：若因检修或更换电控单元，或因检修使程序错乱导致换档时机不当，必定使自动变速器各档换档点错乱，使变速器各档换档瞬间均产生冲击。

4. 个别档冲击

1）检查离合器：检查冲击档离合器片间隙是否因磨损而过大，及活塞是否卡滞、回位弹簧是否疲劳或折断等。

2）检查制动器：检查冲击档制动器片间隙是否因磨损而过大，及活塞是否卡滞、回位弹簧是否疲劳或折断等。

3）检查单向离合器：检查存在冲击的档内是否有单向离合器，若有则应检查单向离合器是否打滑失效等。

4）检查单向阀：检查存在冲击的档内是否有单向阀，若有，应检查是否丢失漏装或密封不良。

5）检查储能器：检查存在冲击的档内是否有储能器，若有，应检查活塞是否因磨损过甚而泄漏，是否卡滞，弹簧是否疲劳、折断等。

6）检查储能阀：检查存在冲击的档内是否有储能阀，若有，应检查滑阀是否因磨损过甚而漏油，是否卡滞，弹簧是否疲劳、折断等。

7）检查协调阀：检查存在冲击的档内是否有协调阀，若有，应检查滑阀是否因磨损过甚而漏油，是否卡滞，弹簧是否疲劳、折断等。

8）检查调压阀：检查油路中是否有主管个别档换档冲击的滑阀，若有应检查滑阀是否因磨损过甚而泄油，是否卡滞，弹簧是否疲劳、折断等。

四、用结构原理分析故障

自动变速器有什么样的结构，有什么样的工作原理，才会产生什么样的故障。因此，只有彻底掌握结构原理，才能根据故障现象，在结构原理的指导下，准确分析各类故障。

1. 行星轮式变速器故障诊断技巧

所有行星齿轮式自动变速器都有三个起步档，即 D 位、R 位、S 位（L 或 1 位）等三个起步档。如果对结构原理一无所知，当变速器出现故障时，故障的诊断排除便只能"大海捞针"。但如果掌握了结构和原理，便可充分利用结构和工作原理，按以下方法，提纲挈领，很快就可以找到故障所在。

1）D 位、R 位、S 位（L 或 1 位）三个起步档均正常。首先将变速器置于 D 位、R 位、S 位（L 或 1 位）三个起步档，如果三个起步档均正常，该故障与参与三个档的所有离合器、制动器、单向离合器及其相关的油电路均无关。

2）三个起步档均不良。该故障可能与主油压、液力变矩器是否不传递转矩，或有三个档全参与的离合器或制动器或单向离合器及其相关部分有故障。

3）仅个别档不良。则三个档中仅参与故障档的离合器或制动器或单向离合器及其相关部分有故障。

4）如果仅汽车行驶中个别档有故障，则该档没参与 D1 档、L1 档和倒档的离合器或制动器或单向离合器及其相关部分有故障。

5）如果 D 位、R 位、S 位（L 或 1 位）三个档均正常，但汽车行驶中各档均工作不良，应调取故障码、数据流或进行学习和匹配。

6）一定要从油路图及其电控系统中找出故障产生的主要原因，例如从 01M 自动变速器油路图中可知，电磁阀压力调节阀是将主油压调节成一个恒压，送入所有电磁阀，若该阀卡滞、泄漏、弹簧折断或疲劳等，均会使所有电磁阀工作失常，必引起变速器各档均工作不良。

7）又如 01M 自动变速器油路中 N94 开关电磁阀，该电磁阀是在 D1 档 K1 离合器完全结合后，立刻向 K1 协调阀右腔送压，使 K1 协调阀在变速器切换 D2 档与 D3 档时不会左移，以稳定 K1 离合器在 D1 档与 D2 档和 D3 档油压。如果该电磁阀损坏或电控失效，该电磁阀不能适时将油压送入 K1 协调阀右腔，必引起在 D2 档和 D3 档切换瞬间出现冲击。

8）又如 01M 自动变速器油路中每档都有一个协调阀，在档位切换瞬间将主油压减压，以减轻换档冲击。若个别档冲击，应重点检查该协调阀和该档是否有单向阀漏装或泄漏。

9）又如 01M 自动变速器油路中 N92 换档平顺调压电磁阀，它是在各档位切换时，向各协调阀送控制油压，以瞬间关小各协调阀节流口开度，控制流入所在切换离合器或制动器的油液流量，使离合器或制动器结合平顺。若各档均有全冲击，应重点检查 N92 换档平顺调压电磁阀。

综上可知，只有彻底掌握传动原理和油路图，才能有根据故障现象分析各类故障的实力。

上述用各档比对的办法诊断和分析故障，对所有自动变速器均有效。现将以下常见故障及其主要原因归纳如下，供在实践中参考。

2. 一挂档就熄火

汽车发动机怠速运转正常，但一挂档，发动机立即熄火，其主要原因如下。

（1）发动机怠速调整过低

现代汽车为减少排气污染，限定发动机怠速为 900 ~ 950r/min，在此怠速转速下，置于 D 位时，汽车应爬行，即向前微动。若此转速过低，则挂档负荷后，发动机因驱动力不足而熄火。应检查调整发动机怠速转速。

（2）点火正时不当

若点火时间晚，发动机动力性能差，导致发动机无力驱动汽车行驶而熄火。

（3）锁止离合器因故锁止不释放

众所周知，锁止离合器装在变矩器内。液力变矩器实则是一个自动离合器，在发动机怠速运转时，变矩器泵轮与涡轮间的液流相当于将手动变速器的离合器半离合。

当发动机与泵轮的转速提高到使涡轮旋转时，汽车才行驶，当涡轮与泵轮转速相近时，锁止离合器锁止，将发动机与变速器输入轴连成一体，若发动机怠速运转时，锁止离合器锁止不释放，对发动机产生制动作用而熄火。

检查锁止离合器是否锁止不释放时，可加大节气门开度后挂档起步，若熄火现象消失，说明发动机动力不足或锁止离合器锁止不释放。

检查锁止离合器是否锁止不释放时，可用诊断设备检查锁止离合器滑移率，也可路试检测，为此可使汽车在低速行驶时突然急速踏下加速踏板，若发动机急加油时，汽车有同步反映，说明锁止离合器锁止不释放。也可在汽车行驶中突然踏下制动踏板，如果发动机熄火，说明锁止离合器锁止不释放，应检查锁止控制阀及其控制部分。

也可将汽车用举升机举起，用示波器或诊断仪检测发动机转速传感器和变速器输入轴转速传感器的值是否相同，若始终同步，说明熄火是由变矩器锁止不释放引起的，锁止离合器锁止不释放的主要原因是锁止换档电磁阀或锁止换档阀卡滞等。

（4）空调系统有故障

空调电控系统收到空调系统工作请求，将空调电磁阀离合器结合，发动机电控系统应控制发动机提速，若控制部分失控，压缩机已给怠速的发动机增加了一部分负荷，而未能使发动机提速，导致发动机动力不足而熄火。

3. 汽车不能行驶

从自动变速器的动力传动过程可知，在有液力变矩器的自动变速器中，发动机的动力是由液力变矩器传递给变速器，再由变速器的输入轴经行星齿轮机构和离合器、制动器传递给输出轴。可见，置于 D 位或 R 位汽车均不能行驶。它是液力变矩器有故障或变速器行星齿轮机构及离合器，制动器，单向离合器有故障。从汽车结构原理可知，在汽车发动运转正常的情况，若置于 D 位或 R 位，汽车均不能行驶的主要原因如下。

（1）液力变矩器不传递动力

引起液力变矩器不能传递动力的主要原因有：

1）变矩器油压过低，应检查变矩器调压阀及其油道是否堵塞不畅。

2）变矩器的涡轮花键与变速器输入轴花键磨损过甚无法传递转矩，应检查发动机输入轴。

（2）主油压过低

引起主油压过低的主要原因有：

1）油泵主动轮破裂，油泵不能运转，在变速器总体结构的讲解里，已说明油泵主动轮是由液力变矩器壳体上的键槽轴驱动，若变矩器在变速器上安装不当，能压裂主动轮，或工作疲劳引起主动轮破裂，因此，在将变速器向变矩器上安装时，一定使变矩器轴插入油泵主动轮键槽内，再拧紧变速器与发动机体间的螺栓。

2）油泵磨损泄压。油泵各零件间装配精度较高，配合间隙有一定要求，若各零件间因磨损间隙超限，必定造成油压不足。为防止油泵油压过高，每个油泵均装有限压阀，油泵油压超高时，压缩弹簧，球阀离座泄压，若球阀因故常开，导致油压过低，严重时将使汽车在 D1 档、倒档均无法行驶。

3）主调压阀电控部分失控。主调压阀电控系统主要是根据节气门位置和车速信号修正主油压，若节气门位置和车速信号有误，必定使电控失调导致油压不足。

4）滤网堵塞。长期不换油造成油液过脏，或离合器制动器磨损过甚，磨料过多堵塞滤网，这种故障有时甚至发生在刚刚大修后的变速器中，大修后短距离正常行驶后不能前进也不能倒退的故障，这主要是大量磨料积聚在液力变矩器内，汽车行驶后这些磨料参与循环，堵塞滤网，使汽车不能行驶，有时汽车停驶一段时间后又能行驶一段，行驶一段后又出现不能行驶的现象，这主要是停驶后变矩器内的油液回流，将滤网重新通开。

5）油泵泵油压力不足。

4. 个别档冲击

自动变速器只是个别档换档冲击的主要原因如下。

1）参与冲击档的离合器或制动器间隙过大。判断是哪个离合器或制动器间隙过大时，应与其他不冲击档对比，看有哪几个离合器和制动器参与工作。如果某些档无冲击，所有参与这些档的离合器与制动器均良好。由此可知，参与无冲击的档的离合器与制动器均良好，余下的制动器和离合器便有可能是间隙过大。

如果参与冲击档的离合器或制动器均分别参与过其他良好的档位，则换档冲击的故障不是离合器和制动器造成的。

2）该冲击档油路漏装了单向阀。检查该档通往离合器或制动器的油路是否有单向阀。

3）参与冲击档工作的单向离合器打滑，分析是否有单向离合器参与工作。

4）冲击档的储压器活塞变形卡住，起不到缓冲作用。检查该冲击档是否有储压器。

5）通过油路图检查电控系统有否控制冲击的电磁阀或降压滑阀，如 01M 自动变速器中有几个协调阀，它们受控于 N92 换档平顺电磁阀，分别在各自档位切换时，为各自档的离合器或制动器瞬间减压，若该档协调阀卡滞，在档位切换瞬间，就会无法减压而造成冲击。

5. 汽车无前进及倒档

汽车置于 D 位和 R 位均不能行驶的主要原因如下。

（1）主油压不足

造成主油压不足的主要原因如下。

1）油泵不良。

2）主调压阀不良。

3）主调压阀电控系统不良。

4）油面过低或滤网堵塞等。

（2）液力变矩器不传递转矩

造成液力变矩器不传递转矩的主要原因如下。

1）变矩器油压过低，应检查变矩器调压阀及其油道是否堵塞不畅。

2）变矩器的涡轮花键与变速器输入轴花键磨损过大无法传递转矩。

3）检查是否有既参与前进档又参与倒档工作的离合器或制动器。

4）检查变速杆与手动阀的连接。

6. 汽车无前进档但有倒档

汽车倒档正常说明变速器油压正常，液力变矩器正常，参与倒档的制动器及离合器均正常，从 R 位工作原理或工作表中可知，参与 R 位的制动器和离合器有离合器 C2 与制动器 B2 工作，则制动器 B2 与 C2 肯定良好。

1）查执行元件工作表可知，D 位 D1 档时离合器 C1 与 F1 工作。无前进档则可以肯定是离合器 C1 或单向离合器 F1 必有一个不良，那么如何确定二者是哪一个有问题呢。

2）从执行元件工作表中又知，L 位 1 档时离合器 C1 与 B2 工作，若 L1 档能行驶，离合器 C1 正常，则必定为单向离合器不良。若 L 位 1 档也无法行驶，制动器 B2 在 R 位正常的情况下已确认良好，则不能前进的故障肯定是离合器 C1 不良，应检查离合器 C1 的油路或离合器状态。

综上可见，当只有一个档工作不良，可将参与工作正常档位的制动器和离合器或单向离合器排除在外，再找出失效档位都有哪些离合器和制动器参与工作，再通过对比找出既参与正常工作档又参与有故障档的离合器和制动器，将参与有故障档的这些制动器和离合器排除，余下的制动器和离合器及其相关的油路必定存在故障。

7. 汽车有前进档无倒档

从挂 D 位汽车可行走，但置于 R 位汽车不行驶的现象中可知油压正常，参与 D1 档的离合器和制动器的正常，在这种情况下，结合传动原理及其油路分析，无倒档的主要原因如下。

（1）汽车驻车制动器拉杆调整不当

因汽车自动变速器变速杆与驻车联动，又因 P 位与 R 位相临，若拉杆调整不当，会造成变速杆入 R 位时，但拉杆却在驻车位。这就造成驻车制动器已起作用。驻车制动爪已压入输出轴键槽内。检查时可在平路上将变速杆入 R 位，前后推动汽车，若均推不动，则为汽车已制动，应调整驻车拉杆。

（2）倒档油压过低

汽车倒档时自动变速器主油压应比前进档高出一倍，一般为 1.4 ~ 1.8MPa，为此，在全液压自动变速器中，挂倒档时有一专用油道，将主油压送入主调压阀下端，向上推主调压阀，关小主调压阀泄油口，使主油压升高，若该油路不畅或主调压阀这段滑阀拉伤泄油，造成倒档油压不足，使离合器或制动器打滑，在电控液压自动变速器中，电控单元接到倒档信号后，便通过控制主油压调节电磁阀的占空比。调出控制油压，用控制油压推动主调压阀使倒档油压升高。若主油压调节电磁阀失控，则倒档油压过低，使倒档离合器或制动器打滑而无倒档。

（3）参与倒档的制动器或离合器严重磨损打滑

为确认参与倒档的离合器和制动器究竟是哪一个有故障，对有些变速器可通过执行元件工作表对比排除法确定。例如：丰田 140-E 自动变速器，D1 档是 C0、C1、F2 工作，因 D1 档正常，所以 C0、C1、F2 均正常。R 位时，离合器 C0、C2、B3 工作，因从 D1 档中已证实 C0 正常，若无倒档是由制动器或离合器引起的，只能是离合器 C2 或制动器 B3 有故障。为确认这点，可将变速杆推入 L 位 1 档，从传动原理或查表中可知 L1 档是 C0、C1、B3 工作，若 L1 档正常，则 C1、B3 正常。在 R 位 B3 与 C0 均正常，便只有离合器 C2 有故障了。若 L1 档也不能行走，必定是离合器 B3 有故障。这里应提醒注意的是，用此法断定某离合器或制动器有故障不仅指该离合器或制动器本身，还包括相关的油路系统和相关的电控部分。离合器或制动器本身的故障是指以下情况：

1）伺服缸或活塞拉伤变形泄压。

2）油封老化变形泄压。

3）制动片或离合器片磨损打滑。排除此类故障也应本着先简后繁的顺序。即先检查倒档油压是否过低，最后再检查控制系统。以上均正常后再拆离合器或制动器。

8. 汽车换档冲击

换档冲击的实质是离合器或制动器结合过猛，造成离合器或制动器结合过猛的主要原因如下。

1）单向球阀漏装。在变速器和离合器的油路中，并联有单向球阀，这些单向球阀在离合器或制动器结合时，在油压作用下落座，以切断并联油道的供油，使充入离合器或制动器的油量减缓，使伺服缸活塞移动的速度和油压渐进。当离合器或制动器泄油时，在油液残压与回位弹簧作用下，油液泄油将单向阀推离阀座，使并联油道参与泄油。可见单向阀使离合器或制动器结合放缓，分离快捷。如果漏装单向阀，不影响分离，但会使离合器或制动器结合过猛，造成换档冲击。

2）单向离合器失效。所有行星齿轮式自动变速器，换档瞬间必有一个离合器或一个制动器分离，并有另一个离合器或制动器分秒不差地结合，否则不是瞬间同时挂了两个档，就是出现换档间隙，这就必造成换档冲击。

有些自动变速器为避免出现换档冲击，在变速器内安装单向离合器，由于单向离合器的介入，可使离合器或制动器先分离，而接替的离合器或制动器晚些结合，此时单向离合器立刻自动工作，有效地消除了换档间隙。当接替的离合器或制动器结合后，单向离合器便自动解除。

若单向离合器打滑失效，与之并联的离合器或制动器解除工作后，单向离合器不能暂时代替，于是出现瞬间换档间隙，当接替的离合器或制动器结合时必造成换档冲击。

目前很多变速器内没有单向离合器，这就要靠使两个参与的离合器瞬间半离合过渡。

3）主油压过高。自动变速的换档是靠离合器或制动器的切换完成的。为减少换档冲击，其中的一项措施是靠湿式离合器或制动器片结合初期的瞬间打滑缓解的，若油压过高，会引起换档冲击。若油压过高引起换档冲击，则各档均会有冲击现象。

4）相应档位储能器失效。很多自动变速器的低速档均设计有储能器，它与相应档位的离合器或制动器并联。若储能器活塞卡住，储能器弹簧过硬或活塞装反，均会使相应档冲击。

5）各档均冲击多为电控系统故障，应调取故障码或完成匹配及学习。

6）离合器或制动器片磨损或装配间隙过大。离合器或制动器片间隙过大延迟了换档时机，使离合器或制动器完全结合的时间拖后，使发动机转速升高油压相应升高，因此结合时过猛，引起换档冲击。

7）离合器或制动器缓冲弹簧疲劳或折断。多数离合器或制动器片，紧挨活塞一侧的第一片是钢片，钢片外侧装有一波形弹簧片或一碟片弹簧，它的作用是离合器或制动器工作时，活塞先压在波形弹簧或碟片上，波形弹簧片或碟片再弹性推压离合器或制动器片，使离合器或制动器片先弹性连接，若波形弹簧或碟片疲劳或折断，必引起换档冲击。此外，碟片的锥角应与活塞锥角相同方向。若装反会使离合器或制动器片间隙过小，也会引起换档冲击。

8）换档阀运动不畅。若换档阀运动不畅卡滞，造成换档时机滞后，引起换档冲击。为此可拆检该换档阀，检查是否有划伤或油污。清洗装复后，将套筒立起；滑阀应靠自身重力落入套筒内。装上弹簧后用手推滑阀压缩弹簧入座，松手后滑阀应在弹簧力作用下回位。否则应用1200#金相砂纸轻轻打磨并清洗后装复。

9）换档电磁阀卡滞，运动不畅。换档电磁阀运动不畅相当于延迟了换档时机。对电控汽车，电控单元根据节气门开度和车速控制换档时机，但因换档电磁阀运动不畅使离合器或制动器结合时机不当，造成换档冲击。同理，离合器或制动器间隙过大或过小，均会造成发动机动力在离合器或制动器结合时不匹配，进而引起换档冲击。

9. 自动变速器油温过高

正常的自动变速器油温应在80～90℃，散热器后方回路的油温应在60～70℃。造成油温过高的主要原因如下：

1）自动变速器冷却系统堵塞。自动变速器油压通过油冷却系统散热，以防油温过高，若散热油路堵塞，散热不良，就会使油温急速升高。

2）锁止离合器打滑，若液力变矩器锁止离合器压盘因磨损过甚或锁止离合器锁止油压不足，均会导致锁止离合器压盘打滑摩擦生热，使油温急剧升高。

3）离合器或制动器因磨损过甚或油压不足，使离合器片或制动器片打滑，造成摩擦生热。

4）液力变矩器导轮单向离合器卡滞，解除锁止方向运动不畅，摩擦生热。自动变速器油温过高。自动变速器油温过高必引起以下不良后果：

① 加剧自动变速器油氧化变质。

② 润滑质量差换档冲击。

③ 丢档。

④ 锁止换档阀卡在锁止端，使锁止离合器锁止不解锁，引起挂档或制动时发动机熄火的

故障。

⑤ 油温传感器向电控单元传送温度已超过 140℃时，电控单元便启用失效保护程序，即变速器不会升入超速档，且将锁止离合器锁止。

重要提示

检查是否因锁止离合器打滑，或哪一离合器、制动器打滑引起过热，可用诊断仪路试，在各档、各种负荷下，对比检测发动机转速、输入轴转速、输出轴转速便可一目了然。

10. 汽车无超速档

自动变速器无超速档主要原因有：

1）节气门位置传感器电压过高。电控液压自动变速器的升档点主要取决于车速传感器信号与节气门位置传感器信号，其他传感器信号均起修正作用。根据脉谱图可知，每有一个节气门开度信号，便有一个升档点车速与之对应。从 D3 档升 D4 档时，若节气门开度与节气门位置传感器信号不匹配，即节气门位置传感器信号高于实际节气门开度，电控单元根据节气门信号决定升 D4 档时的车速永远达不到，因此电控单元便不会发出升档的信号，造成始终不会有超速档。

2）温度传感器信号不良。油温传感器信号电压过高，冷却液温度传感器信号电压过低，信号电压失常后电控单元进入失效保护，限制变速器升入超速档。

3）车速传感器信号电压过低。根据自动变速器升降档脉谱图可知。每有一个节气门开度，便有一个升档车速与之对应。若车速传感器信号电压低，则在节气门任何开度下，指示的车速均达不到相应的升档点车速。因此造成任何节气门开度下，均不会从 D3 档升 D4 档。

4）3～4 档换档阀卡住

5）3～4 档换档电磁阀不良

6）超速档离合器或制动器打滑。判断究竟是哪一离合器或制动器打滑。仍需利用各档传动原理。通过其他各档参与工作的离合器，制动器均良好的对比中，可确认 D4 档时哪一离合器或制动器不良。

7）01M 自动变速器 N88 换档电磁阀失效。电控单元启用自我保护功能，不发出换 D4 档指令，以防同时挂上 D1 档和 D4 档。

11. 汽车冷车时各档正常，油温升高后丢档

1）缺档的离合器活塞受热变形卡滞，离合器片压力不足打滑。

2）参与丢档的制动器活塞受热膨胀变形后运动不畅，使制动器片压力不足打滑。

12. 汽车起步或加速性能差

若汽车行驶时正常，只在汽车起步或加速时，感到发动机动力不足，其主要原因有：

1）发动机动力不足原因。

2）液力变矩器导轮单向离合器打滑。液力变矩器导轮单向离合器打滑使导轮在汽车起步或加速时，失去对泵轮的助力作用。

13. 自动变速器频繁跳档

自动变速器频繁跳档是指加速踏板稳定在某一位置，变速器在两档间频繁自动切换。这种情况多发生在凹凸不平的路段，且在 D3、D4 档间易产生。引起频繁跳档的主要原因如下。

（1）节气门位置传感器中断磨损

对滑动电阻式节气门位置传感器，中断易磨损严重，造成滑动触点与电位计接触不确切，在不平路行驶时，使节气门信号波动，电控单元根据波动的信号调整换档点，使变速器在3-4档间频繁切换。检查节气门位置传感器信号是否有波动的故障时，可停车并接通点火开关。用指针万用表直流电压档检测节气门位置传感器的信号电压，当节气门打开到产生频繁换档的开度，用手轻轻振动传感器，若信号电压有波动应检修或更换节气门位置传感器。

（2）多功能开关活动触点松动

多功能开关是通过几对活动触点与固定触点的接通或断开，向电控单元提供升降信号，若多功能开关有的活动触点松动，过凹凸不平路面时，使触点接触不良，向电控单元提供的高低电位组合错乱，电控单元发出错误升降档信号，特别是D位与L位在颠簸中容易混连，更易造成频繁跳档。检查多功能开关是否松动引起跳档时，可将汽车停驶，将变速杆推至易产生频繁跳档的档位，用指针式万用表，检查多功能开关振动时，信号电压，即指针是否摆动。

（3）车速传感器失效

目前很多的汽车车速传感器有两个，即1号与2号车速传感器。其中1号车速传感器信号送入仪表板里程表内，若2号车速传感器失效，电控单元经8s后才会采信1号车速传感器信号，因此造成换档点滞后。

（4）换档电磁阀不良

电控液压式自动变速器是靠换档电磁阀调节出控制油压，用控制油压控制换档阀移动，实现变速器升降档。若换档电磁阀接触不良、运动不畅，造成控制油压不稳定，会引发频繁跳档。

14. 升档点滞后

电控液压式自动变速器的升降档是由电控单元根据节气门位置传感器信号和车速信号，以及档位信号控制换档点，并用发动机冷却液温度信号，空调信号等修正换档点，造成升档点滞后的主要因素如下。

（1）换档电磁阀卡滞

向换档阀输送的油液不畅，使换档点滞后。

（2）换档阀卡滞运动不畅

若换档阀卡滞，运动迟缓，使离合器或制动器结合延迟，造成升档点滞后。

（3）节气门位置传感器电压过高

节气门位置传感器信号电压过高，电控单元误以为节气门开度大，便根据错误的节气门信号计算出相对应的换档车速，使换档车速提高，换档点滞后。这种故障会导致各换档点均滞后。

15. 自动变速器丢档

自动变速器个别档丢失的主要原因如下。

1）参与丢档的离合器或制动器严重磨损或泄压失效。可通过分析丢档与良好档执行元件工作表，找出只参与丢档工作的离合器或制动器，若参与丢档的离合器或制动器均分别参与过其他档，则丢档原因与此无关。

2）丢档的换档阀卡在非设定位置。

3）丢档的电磁阀断路或卡滞失效，换档电磁阀通过电控单元控制电磁阀的开闭来控制换档阀移动，若换档电磁阀失效，换档阀不动作，将引起丢档。

16. 丢超速档

汽车行驶中无超速档的主要原因如下。

1）发动机冷却液温度或变速器油温失常，当发动机冷却液温度低于65℃，油温高于140~145℃时，启用安全保护功能，不发出超速档指令。

2）3～4档换档阀卡在3档位置。

3）3～4档换档电磁阀失效。

4）各档只参与超速档工作的离合器或制动器失效。

17. 电子控制系统常见主要故障

1）节气门位置传感器信号值过高，造成各升档点滞后，引起换档冲击。

2）节气门位置传感器终端磨损严重，将造成3-4档升档点滞后，3-4档间频繁跳档，或无超速档。

3）空调离合器接通信号断路，发动机起动正常，但一挂档便熄火。

4）进气压力传感器信号丢失，不修正主油压，使换档及液力变矩器锁止时机不当。

5）进气温度传感器信号丢失，换档时机不当，引起换档冲击。

6）曲轴位置传感器或点火控制模块不良，换档点和锁止离合器锁止时机不当，引起换档冲击。

7）油压传感器信号值低，变速器在D位只有一个档位。

8）油温传感器信号过高，变速器不能升入超速档，还会使锁止离合器锁止。

9）发动机冷却液温度传感器信号值低，变速器无超速档并解除锁止离合器。

10）主油压调节电磁阀失效，使主油压过高造成各档均冲击的故障。

11）换档电磁阀失效必定引起丢失个别档的故障。

第二节 行星轮式自动变速器结构、传动、故障分析实例

通过自动变速器结构的分析，理解各档传动的规律，便可具备分析宝马六档自动变速器、雷克萨斯八档自动变速器、宝马九档自动变速器等所有自动变速器的结构，以及各档传动路线还有故障诊断的实力。

一、宝马六档自动变速器分析技巧

宝马六档自动变速器，传统的各档传动原理图如图8-2-1所示。

从图8-2-1可知，这种形式的图，在各车型修理手册中均能找到，利用此图按上述规律，便可轻而易举地将该变速器的结构一目了然。

1. 用传动图分析结构

从图8-2-1可知，该变速器行星齿轮机构由三个行星排组成。

（1）前行星排

从图8-2-1可知，前行星排是辛普森行星排，该行星排太阳轮制动，齿圈与输入轴键配一体主动旋转，行星架输出。根据传动规律可知，辛普森行星排，行星架输出是低速输出。

从图8-2-1可知，前行星排行星架通过离合器A和B，可使后双行星排大、小太阳轮分别主动旋转。

（2）后双行星排

从图8-2-1可知，后双行星排前排是辛普森式，后排是拉维娜式，两行星排组合成拉拉娜

式行星齿轮机构。该行星齿轮机构与 01M 自动变速器的行星齿轮机构相同。

根据前面总结出的规律可知，01M 自动变速器的行星齿轮机构输入端。串联的行星排可使大、小太阳轮分别主动旋转，行星齿轮机构便能输出多个档位。

从图 8-2-1 可知，该变速器哪几轮可主动旋转，哪几轮可制动，即：

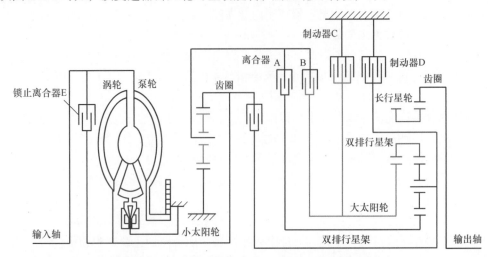

图 8-2-1 宝马六档自动变速器各档传动原理图

1）锁止离合器 E 使双行星排行星架与涡轮连一体，行星架随涡轮主动旋转。

2）离合器 A 可使小太阳轮与前行星排行星架连一体，使小太阳轮随前行星架主动旋转。

3）离合器 B 可将大太阳轮与前行星排行星架连一体，使大太阳轮随前行星架主动旋转。

4）制动器 C 可制动大太阳轮。

5）制动器 D 可制动双排行星架。

综上可知，用传统传动图可轻而易举地将变速器哪几轮可主动旋转，哪几轮可制动，一目了然。知道变速器哪几轮可主动旋转，哪几轮可制动，结构便已清晰明了了。

如果没有任何资料，只要将变速器实体拆开，按顺序一字排开，利用上述规律，也可搞明白该变速器有几个行星排，有几个离合器，有几个制动器，以及各离合器都能将行星齿轮机构哪几轮与输入轴连成一体主动旋转，各制动器都能将行星齿轮机构哪几轮制动，变速器结构也可以一目了然。

知道变速器哪几轮主动旋转，哪几轮制动，利用传动规律，各档是怎样输出的便可轻松分析出来。

2. 用传动图分析各档输出

只要将辛普森及拉维娜单行星排前已述的传动规律，深入理解并牢牢记住，所有行星轮式自动变速器，便不用一个齿轮一个齿轮分析，各档输出均可轻而易举地找出。

下面利用传动规律，演练怎样分析行星轮式变速器各档输出。

（1）D1 档输出

从图 8-2-1 可知，离合器 A 工作后，使后排小太阳轮随前行星架主动旋转，而制动器 D 制动行星架，于是在拉维娜行星排，便有小太阳轮主动，行星架制动，齿圈输出的格局。根据规律可知，在拉维娜行星排，只要确认齿圈输出，输出一定是低速档。又因长行星轮是在制动的行星架上自转，齿圈输出最低档 D1 档。

（2）D2 档输出

从图 8-2-1 可知，当制动器 C 制动大太阳轮，离合器 A 仍使小太阳轮随前架主动旋转时，便形成小太阳轮主动旋转，前排大太阳轮制动，齿圈输出的格局。

一定要熟记前已述及的规律，即在拉维娜行星齿轮机构中，只要后排小太阳轮以相同的转速主动旋转，制动前排太阳轮比制动行星架时，齿圈输出的转速比制动行星架输出高一档，输出 D2 档。

（3）D3 档输出

从图 8-2-1 又可知，离合器 A 与 B 将大小太阳轮与前排行星架连成一体，根据规律可知，后双行星排与前排行星架连成一体，使齿圈与前架同速旋转，因 D1 与 D2 档转速低于前架转速，因此，前架驱动齿圈输出直接档 D3 档。

（4）D4 档输出

同理，离合器 E 和 A 使双排行星架和小太阳轮与输入轴连成一体，因此，后双排自连成一体，与输入轴同速旋转，使齿圈输出 D4 档。

（5）D5 档输出

从图 8-2-1 又可知，当离合器 E 和 B 工作，使行星架和大太阳轮同时主动旋转时，因行星架与输入轴同速旋转，而大太阳轮与前架一起低速旋转，大太阳轮是行星架相对制动器，于是，在行星齿轮机构的前辛普森行星排，便形成了行星架主动，大太阳轮相对制动的格局。根据传动规律便知，行星架主动齿圈超速输出，但低于大太阳轮绝对制动时超速档（D6 档）的转速，齿圈输出 D5 档。

（6）D6 档输出

当制动器 C 制动大太阳轮，离合器 E 使行星架随发动机同速主动旋转，在双行星排前排，便形成太阳轮制动，行星架主动，齿圈输出的格局。根据辛普森行星排传动规律可知，行星架主动旋转，齿圈输出超速档，即高于输入轴转速，输出 D6 档。

（7）倒档输出

离合器 B 使大太阳轮主动旋转，制动器 D 制动行星架，在辛普森行星排根据规律可知，行星架制动，齿圈输出倒档。

综上可知，只要将变速器的结构和各档输出了如指掌，便可使各档输出一目了然，知道各档输出后，便可使故障诊断有的放矢。

3. 利用表 8-2-1 分析宝马轿车故障技巧

综上所述，一定要将行星齿轮式变速器的结构了如指掌，这是因为掌握了自动变速器各档是怎样输出的，才能使故障的诊断有的放矢。

下面我们就参考宝马六档自动变速器执行元件工作表（表 8-2-1），看看怎样分析该变速器故障。

1）变速器 D1 档工作不良或冲击或无 D1 档。从表 8-2-1 可知，D1 档是离合器 A 及制动器 D 参与工作。若变速器无 D1 档，离合器 A 或制动器 D 两者必有一个存在故障，或与其相关油电路有故障。那么，究竟是 A 还是 D 有故障呢？

为此，可再挂 R 位。如果 R 位良好，则证明制动器 D 无故障。因此，故障应产生在离合器 A 或其相关油电路上。

表 8-2-1　宝马轿车六档变速器执行元件工作图表

档位	离合器 A	离合器 B	锁止离合器 E	制动器 C	制动器 D
D1	○				○
D2	○			○	
D3	○	○			
D4	○		○		
D5		○	○		
D6			○	○	
R		○			○

2）变速器 D1 档与 R 位均工作不良或冲击或无 D1 档与 R 位。如果同时出现上述故障，其主要原因有主油压不足、变矩器不传递转矩、D1 档和 R 位均参与工作的离合器或制动器或其相关油电路不良。

若主油压和变矩器均良好，从表 8-2-1 的比对中可知，只有制动器 D 两个档均参与工作，因此，应检查制动器 D 及其相关油电路。

3）变速器 D2 档工作不良或冲击或无 D2 档。若变速器 D1 档正常，但 D2 档不良，从表 8-2-1 中可知，D2 档离合器 A 及制动器 C 参与工作，因 D1 档正常，所以离合器 A 无故障，D2 档工作不良的故障肯定是由制动器 C 工作不良造成，因此，应检查制动器 C 及其相关的油电路。

从表 8-2-1 又可知，若制动器 C 损坏，该变速器必也造成 D6 档工作失常的故障。

4）变速器 D3 档工作不良或冲击或无 D3 档。若变速器 D1 档、D2 档均正常，但无 D3 档，因 D3 档是离合器 A 和离合器 B 同时工作，又因变速器 D1 档、D2 档均正常，所以离合器 A 无故障，应重点检查离合器 B 及其相关的油电路。从表 8-2-1 中又知，如果是离合器 B 本身损坏，必同时出现 D5 档和 R 位工作失常的故障。

5）变速器无 D4 档。若变速器 D1 档、D2 档、D3 档均正常，但无 D4 档，从表 8-2-1 可知，D4 档是离合器 A 和 E 同时工作，无 D4 档离合器 A 和 E 两者必有一个有故障，又因变速器 D1 档、D2 档、D3 档均正常，证明离合器 A 良好，因此，应检查离合器 E 及其相关油电路。如果离合器 E 本身损坏，从表 8-2-1 中可知，该变速器也必无 D5 档和 D6 档。

6）变速器无 D5 档。从表 8-2-1 中可知，D5 档是离合器 E 和离合器 B 同时参与工作，因该变速器若 D2 档、D3 档均正常，证明离合器 E 和离合器 B 均无故障，应重点检查相关油电路。

7）变速器无 D6 档。从表 8-2-1 中可知，D6 档是离合器 E 和制动器 C 参与工作，若变速器 D2 档正常，无 D4 档和 D5 档，应重点检查离合器 E 及其相关油电路。

对自动变速器产生冲击的故障，上述诊断思路和方法同样适用。

综上可知，各档是怎样输出的，是分析自动变速器故障的重要依据，只有对自动变速器各档输出了如指掌，才能使故障分析有的放矢。

二、雷克萨斯八档自动变速器分析技巧

雷克萨斯 LS460 八档自动变速器（A80E）传动图如图 8-2-2 所示。

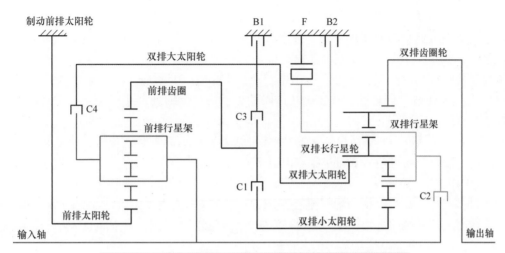

图 8-2-2 雷克萨斯 LS460 的 A80E 自动变速器传统传动图

　　我们已用宝马六档自动变速器，充分地证明了只要将本书第二章和第三章的内容，真正理解和记牢，便可只用修理手册中传统的线条传动图，或者将变速器实体拆开，就可对变速器中有几个离合器，有几个制动器，哪几轮主动旋转，哪几轮制动了如指掌。

　　对变速器结构了如指掌后，对变速器各档输出便一目了然，排除变速器的各种故障便可有的放矢。

　　下面我们再用上述规律，分析雷克萨斯 LS460 八档自动变速器（A80E）。

1. 变速器结构分析技巧

（1）行星齿轮机构

　　从图 8-2-2 可知，该自动变速器共有三个行星排，前行星排是拉维娜式，前排太阳轮永久制动。两个行星轮套装在同一个行星架上，行星架与输入轴键配一体，主动旋转，齿圈是该行星排低速输出元件。

　　后双行星排前排是辛普森式，后排是拉维娜式，两行星排共用一个行星架，各行星轮均套装在同一个行星架上，其中长行星轮前后两排共用，齿圈前后两排共用，齿圈与长行星轮内啮合，是该变速器的输出元件。综上可知，后双排行星齿轮机构其实就是 01M 自动变速器的行星齿轮机构。

（2）输入轴

　　从图 8-2-2 可知，该变速器输入轴既与前排行星架相连，又通过离合器 C2 与后双排行星架键配一体，因此，两个行星架可分别随涡轮同速主动旋转。

（3）离合器

　　从图 8-2-2 可知，该变速器共有 C1、C2、C3、C4 四个离合器。其中 C1 离合器可使后双行星排小太阳轮随前行星排齿圈低速主动旋转；C2 离合器可使后行星架与涡轮同速主动旋转；C3 离合器可使后双排大太阳轮随前排齿圈低速旋转；C4 可使后双排大太阳轮随涡轮主动旋转。

（4）制动器

　　从图 8-2-2 可知，该变速器共有两个制动器，制动器 B1 可将后双行星排大太阳轮制动，制动器 B2 可将后双行星排行星架制动，另有一个单向离合器可单向将后双行星排行星架制动。

综上可知，无论是利用传动图，还是实拆变速器，只要掌握变速器有几轮主动旋转，有几轮制动，变速器的结构便可了如指掌。

2. 雷克萨斯八档自动变速器传动分析技巧

从图 8-2-2 可知，前排行星架可随输入轴主动旋转，前排太阳轮永久制动，于是，在前排拉维娜行星排，便形成行星架主动，太阳轮制动，齿圈输出的格局。根据拉维娜式行星排传动规律可知，在拉维娜式行星排，只要确认齿圈输出，输出的转速一定低于主动旋转轴的转速，齿圈低速旋转。

从图 8-2-2 又可知，齿圈通过离合器 C1 可使后双排小太阳轮主动旋转，通过 C3 使大太阳轮主动旋转，因此，便可使后双行星排输出更多档。

（1）D1 档输出

当制动器 F1（或 B2）制动后双排行星架，离合器 C1 使小太阳轮随前排齿圈低速主动旋转时，根据前述传动规律可知，在后双排拉维娜式行星排，便形成小太阳轮主动，行星架制动，齿圈输出的格局。

根据传动规律可知，在拉维娜式行星排，只要确认齿圈输出，一定是低速档输出。又因长行星轮是在制动的行星架上原地自转，齿圈输出最低档 D1 档。

（2）D2 档输出

从图 8-2-2 又可知，当制动器 B1 制动大太阳轮，C1 仍使小太阳轮随前排齿圈低速旋转时，便形成小太阳轮仍以 D1 档转速主动旋转，前排大太阳轮制动，齿圈输出的格局，根据传动规律已知，拉维娜式行星齿轮机构后排小太阳轮以相同转速主动旋转，制动前排大太阳轮，比制动行星架，齿圈输出高一档，是 D2 档输出。

（3）D3 档输出

当离合器 C1 和 C3 同时工作，把大、小两个太阳轮与前排齿圈连成一体时，根据传动规律可知，整个后双行星排自连成一个整体，与前排齿圈同速旋转，使双排齿圈以高于 D1 档和 D2 档的速度输出 D3 档。

（4）D4 档输出

从图 8-2-2 可知，若离合器 C2 与 C1 同时工作，分别使后双行星排行星架随输入轴同速旋转，后排小太阳轮随前排齿圈低速旋转，则小太阳轮变成行星架的相对制动器，于是，在拉维娜式行星排，便形成行星架主动旋转，小太阳轮相对制动，齿圈输出的格局。根据传动规律可知，在拉维娜式行星排中，齿圈输出一定是低速档，即低于输入轴但高于小太阳轮（前排齿圈）转速，输出 D4 档。

（5）D5 档输出

从图 8-2-2 又可知，当离合器 C1 与 C4 同时使大小两太阳轮主动旋转时，小太阳轮低速旋转，成为高速旋转的大太阳轮的相对制动器。

于是，大太阳轮随输入轴主动旋转时，因小太阳轮随前行星架低速旋转，对短行星轮的阻力使短行星轮顺时针旋转，齿圈顺时针旋转输出。

在拉维娜式后行星排中，相当于行星架主动，太阳轮制动，齿圈输出的转速，是行星架顺时针旋转转速与长行星轮顺时针旋转的转速之和，高于 D3 档，输出 D5 档。

（6）D6 档输出

当离合器 C2 使后双排行星架与输入轴同速旋转，C4 使大太阳轮与输入轴连成一体，从传动规律可知，后双行星排自连成一体，与输入轴同速旋转，使双排齿圈与输入轴同速输出直接档 D6 档。

（7）D7 档输出

当器合器 C2 使双排行星架随输入轴同速主动旋转，C3 使大太阳轮随前齿圈低速旋转时，于是，便在双排前排形成行星架主动，大太阳轮相对制动，齿圈输出的格局，根据传动规律，在辛普森行星排中，行星架主动，齿圈输出超速档，但因大太阳轮是相对制动，齿圈输出低超速档 D7 档。

（8）D8 档输出

当离合器 C2 使双排行星架随输入轴同速主动旋转，B1 制动大太阳轮，便在双排前排形成行星架主动，大太阳轮绝对制动，齿圈输出的格局，根据传动规律，在辛普森行星排中行星架主动，输出是超速档 D8 档。

（9）R1 档输出

当制动器 B2 制动后双排行星架，C3 使大太阳轮随前排齿圈低速旋转，便在辛普森行星排中形成行星架制动，大太阳轮主动的格局。根据传动规律，在辛普森行星排中，只要确认行星架制动，齿圈一定输出倒档，因大太阳轮随前齿圈低速旋转，齿圈输出低倒档 R1 档。

（10）R2 档输出

当制动器 B2 制动后双排行星架，C4 使大太阳轮输入轴高速旋转，便在辛普森行星排中形成行星架制动，太阳轮主动的格局。根据传动规律，在辛普森行星排中，行星架制动，齿圈输出倒档，因大太阳轮是高速旋转，齿圈输出高倒档 R2 档。

综上可知，只要认真利用传动规律，将宝马和雷克萨斯的两个变速器各档输出的分析方法理解并运用自如，所有行星轮式自动变速器的传动分析便可迎刃而解。

知道自动变速器各档是怎样输出的，故障诊断便可有的放矢，下面再分析怎样诊断自动变速器的故障。

3. 雷克萨斯八档自动变速器故障分析技巧

只要知道了自动变速器行星齿轮机构中，哪几轮可主动旋转，哪几轮可制动，便可知每一档都有哪几个制动器和哪几个离合器参与工作，便可列出执行元件工作表。有了工作表（表 8-2-2），便可使故障诊断有的放矢。

表 8-2-2 是雷克萨斯 LS460 八档自动变速器（A80E）执行元件工作图表，下面我们就用此表演练怎样分析该自动变速器的主要故障。

（1）变速器 D1 档工作不良或冲击或无 D1 档诊断

变速器 D1 档有上述故障时，可再挂 R1 档，若 R1 档良好，故障发生在单向离合器失效。若 D1 档和 R1 档均不良，再将变速器置于 R 位，若 R 位正常，说明主油压正常，制动器 B2 无故障，故障产生在离合器 C1。

离合器 C1 工作失常的故障主要原因，一方面是离合器本身机械部分故障，另一方面是相关油路系统工作不良造成的。而且，重点要检查相应档的换档阀和换档电磁阀及单向离合器等。如果离合器 C1 工作不良，从表 8-2-2 可知，必定同时导致 D1 档、D2 档、D3 档、D4 档、D5 档工作也不良的故障。

（2）D2 档、D1 档、R1 档、R2 档均工作不良或冲击或各档均丢失

从表 8-2-2 可知，没有任何一个离合器或制动器，同时参与上述各档，因此该故障与离合器或制动器及其相关的油电路无关。主要应检查主油压是否过低、液力变矩器是否不传递转矩，变速杆与换档阀是否脱离等。

表 8-2-2　雷克萨斯自动变速器执行元件工作表

档位	C1	C2	C3	C4	B1	B2	F
D1	O					（1 档）	（D1 档）
D2	O			O			
D3	O		O				
D4	O	O					
D5	O			O			
D6		O		O			
D7		O	O				
D8		O		O			
R1			O			O	
R2				O		O	

（3）变速器 D2 档工作不良或冲击或无 D2 档诊断

若变速器 D1 档良好，而 D2 档有上述故障，因该故障与离合器 C1 无关，故障肯定产生在制动器 B1 或其相关的油电路。从表 8-2-2 对比中又知。若 B1 工作不良，必使 D8 档也工作失常。

（4）变速器 D3 档工作不良或冲击或无 D3 档诊断

若变速器 D1 档和 D2 档良好，但 D3 档不良，从表 8-2-2 可知，该故障与离合器 C3 或其相关的油电路不良有关。若离合器 C3 或其相关的油电路不良，可再挂入 R1 档，若 R1 档也不良，应检查离合器 C3 及其相关油电路。从表 8-2-2 还知，若 D3 档不良，D7 档必也工作不良。

（5）变速器 D4 档工作不良或冲击或无 D4 档诊断

从表 8-2-2 可知，若 D1 档、D2 档、D3 档任意一档良好，便说明该故障与离合器 C1 无关，该故障肯定是由离合器 C3 或其相关的油电路引起。

综上可知，其他各档以此类推，只要知道变速器各档是怎样输出的，便可有的放矢地找出各种故障点。

（6）变速器个别档冲击

首先，找出冲击档有哪几个离合器和哪几个制动器参与工作，再通过和其他档比对，确认与哪一离合器或哪一制动器及其相关油电路有关。

离合器或制动器本身不良引起的冲击，主要是由于间隙过大，活塞运动不畅而卡滞，活塞回位弹簧疲劳还要检查相关的油电路中是否有节流阀、储能器、储能阀、协调阀、单向阀或单向离合器等参与冲击档工作。

（7）变速器所有档均冲击

造成变速器各档均冲击的故障，肯定与离合器和制动器无关，各档均冲击的主要原因有主油压过高；变矩器锁止离合器控制系统不良；电控程序错乱使换档时机不对；各档均参与工作的个别调压阀失效等。

第三节　自动变速器的正确使用

一、正确更换自动变速器油

自动变速器的自动变速器油是专用润滑油，不可用其他润滑油替代。应按各车型使用手册规定的里程数定期更换自动变速器油，一般是在8000~10000km。更换自动变速器油时，应注意以下问题：

1）更换自动变速器油时，应将车辆停放在水平地面。

2）将变速杆置入P位或N位，起动发动机并保持怠速运转，保证油温正常后再换油。

3）最好使用专用自动变速器加油机，以便既对油路及各种滑阀、储能器和液力变矩器彻底清洗，又可将液力变矩器内的旧油排出，使自动变速器油更换彻底。

4）无论是用专用加油机还是人工加油，油液更换后，均需在发动机怠速运转中，将变速杆入各档位片刻，反复循环换位2~3次，使变速器各部均充满油液，再用油尺检查油面高度是否在刻度线范围内。千万不要加油后在档位没循环的情况下，认为自动变速器油已加足便挂档行驶，否则可能很快将离合器片烧毁。

二、正确使用加速踏板

1. 加速踏板开度控制

众所周知，自动变速器的换档规律已被软件程序化，换档规律如图8-3-1所示。

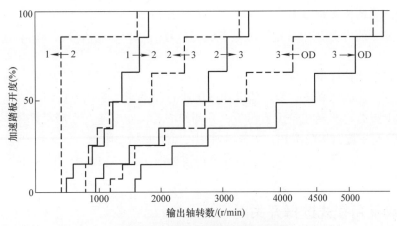

图 8-3-1 自动变速器换档规律图

从图8-3-1可知，电脑控制换档主要是根据加速踏板位置及车速信号，即每有一个加速踏板位置，便有一个升档车速与之对应。

图8-3-1中实线为各档升档点，虚线为自动降档点。可见，若加速踏板使用不当，会使升档点滞后或提前。

图8-3-1中虚线是汽车滑行时降档规律图，升降档车速不等是为防止在某档上频繁升降档。

例如，D位起步时，若一脚将加速踏板踏到底，由于加速踏板到底，使由D1档升D2档的车速升高，导致升档点滞后，既造成起步升速缓慢，又造成油耗增加。可见，汽车起步时将加速踏板踏到底的操作习惯有害无益。

2. 强制降档开关的使用

每种型号的变速器均有一个与加速踏板联动的强制降档开关，变速器在某档加速时，虽然加速踏板已到底，但发动机动力仍不足而无力再加速时，遇此情况唯一的解决办法是降低一档。此时，在节气门已全开的情况下，再将加速踏板踏到底，于是，与踏板联动的强制降档开关连通，将需要强制降档信号送入电脑，电脑便强行控制变速器降低一档。

三、正确使用变速杆

自动变速器变速杆下方的档位标识各不相同，其主要标识功能如下。

1. 自动变速器档位标识 P 位

当变速杆移动至 P 位驻车档时车辆被锁定，此时可起动发动机，但由于与液力变矩器涡轮键配合的变速器输入轴处于自由状态，因此发动机可在任意转速下空转，且只有在此位置才能将钥匙从点火开关中取下。

2. 自动变速器档位标识 R 位

当变速杆挂入 R 位，变速器进入倒档，此时车辆只能倒车。必须在车辆停稳后，才可挂倒档。为提高倒档时的主油压，多数行星轮式自动变速器，均在手动阀入倒档后，使主油压通过手动阀反馈给主调压阀，或将主调压阀一端的油压泄出，以便关小节流口开度，从而可以大幅度地提高主油压。

3. 自动变速器档位标识 N 位

当变速杆移至 N 位，变速器进入空档状态，此时可起动发动机，由于与液力变矩器涡轮键配合的变速器输入轴处于自由状态，因此发动机可在任意转速下空转。

4. 自动变速器档位标识 D 位

当变速杆移至前进档 D 位，电脑根据节气门位置信号和车速信号，在所有前进档中自动切换档位。

5. 自动变速器档位标识 S 位

当变速杆移至前进档 S 位，变速器升档点比挂 D 档滞后，降档点比挂 D 位提前，以使车辆在泥泞路面和上坡时，车辆在较重负荷下，升档点滞后，使车速升高后再升档，以保证发动机可轻松运转。汽车下坡时提前降档，可充分利用发动机的制动作用。

此档多用在泥泞道路及上坡和下坡路况。档位标识 3 位、2 位、1 位、L 位，具有类似 S 位的功能，但目前轿车上已很少使用。

四、正确使用模式选择开关

模式选择开关又称程序开关，用于选择自动变速器的控制模式，即选择自动变速器的换档规律，以满足不同的使用要求。

图 8-3-2 为一个安装在变速杆旁的模式开关。常见的控制模式大致有以下几种。

1. 经济模式

经济模式以汽车获得最佳燃油经济性为目标设计换档规律。当自动变速器在经济模式下工作时，其换档规律使汽车在行驶过程中，发动机经常在经济转速范围内运转，降低了燃油消耗。在此模式下，发动机转速相对较低时就会换入高档，即提前升档，延迟降档。

2. 动力 / 运动模式

动力 / 运动模式以汽车获得最大动力性为目标设计换档规律。当自动变速器在动力模式下工作时，其换档规律使汽车在行驶过程中，发动机经常处在大转矩、大功率范围内运行，提高了汽车的动力性能和爬坡能力。只有发动机转速提高时，才能换入高档，即延迟升档，提前降档。

3. 常规模式

常规模式的换档规律介于经济模式与动力模式之间。它使汽车既保证了一定的动力性，又有较好的燃油经济性。

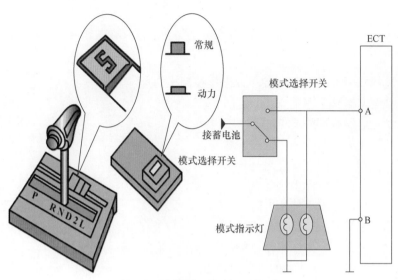

图 8-3-2 模式选择开关及电路连接

4. 手动模式

手动模式让驾驶员可在各档之间以手动方式选择合适的档位，使汽车好像装用了手动变速器一样行驶，而又不必像手动变速器那样换档时必须踩离合器踏板。采用此模式时，电控单元接到档位信号后，立即发出换档指令，使离合器和制动器切换至该档后，便不再控制升降档，直至电控单元重新接到档位请求信号。

5. 雪地模式

应用于冰雪路面。在雪地模式下变速器以高档（2 档或 3 档）起步，并控制提前升档，延迟降档来降低驱动轮转矩，即使汽车起步时加速踏板踩到底，也可以降低驱动轮出现打滑的可能性。

6. 巡航控制开关

巡航控制开关有的安装在仪表板上，有的安装在转向盘转向柱上，如图 8-3-3 所示。

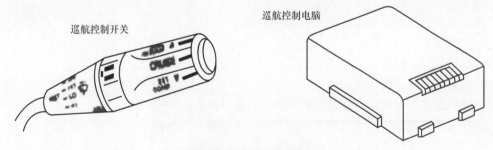

图 8-3-3 巡航控制开关

当汽车加速至 50km/h 以上时，若接通巡航开关，放松加速踏板，电脑便根据路况控制自动变速器在最经济的车速下行驶。如果车辆是在动力模式下行驶，启用巡航控制后，电脑便按常规模式控制巡航。

当再次按下按钮或踩下制动踏板时，便可解除巡航控制。

复 习 题

一、问答题

1. 变速器选择 S 或 L 位时，电控单元怎样控制换档点？

2. 简述自动变速器有哪些优点。

3. 简述自动变速器有哪些缺点。

4. 更换自动变速器油时应注意哪些问题？

5. 加速踏板使用不当的不良后果是什么？

6. 目前汽车变速杆档位标识是什么？

7. 简述 S 档在什么路况下使用？

8. 自动变速器模式开关有几种模式？

9. 巡航的含意是什么，怎样操作才能使汽车在巡航模式下行驶？

10. 简述行星轮式自动变速器的主要故障点。

11. 详述自动变速器各档均工作不良或冲击故障的主要原因。

12. 详述自动变速器个别档工作不良或冲击故障的主要原因。

13. 详述自动变速器个别档丢失的主要原因。

14. 详述自动变速器各档均丢失的主要原因。

15. 分析自动变速器一挂档发动机就熄火的原因。

16. 简述装自动变速器的汽车不行驶的主要原因。

17. 简述油温传感器信号在自动变速器中的作用。

18. 简述个别档丢失的主要原因。

19. 简述调压电磁阀是怎样调压的，主油压调节电磁阀失效会产生什么故障。

20. 详述 S 位与 D 位有什么本质区别。

二、填空题

1. 变速杆选择 S 位时，自动变速器升档点（　　　）、降档点（　　　）。

2. 模式开关选择经济模式是为使发动机经常工作在最经济的（　　　）运转。此模式下可降低（　　　）消耗。

3. 在经济模式下行驶，变速器升档点（　　　），降档点（　　　）。

4. 在动力模式下行驶，发动机经常工作在（　　　），（　　　）下运转。

5. 在动力模式下行驶，变速器升档点（　　　），降档点（　　　）。

6. 选择常规模式，换档规律既应满足（　　　）要求，又能满足（　　　）性要求。

7. 在雪地模式下行驶，变速器升档点（　　　），降档点（　　　）。

8. 在雪地模式下行驶，为防止驱动轮滑转，应降低驱动轮（　　　）。

9. 未来自动变速器在尽量简化结构的基础上，增加（　　　）档位。

平行轴自动变速器是在行星齿轮机构式自动变速器的启发下设计出来的，是手动变速器的齿轮机构和行星轮变速器离合器的组合体，构造简单，原理直白。

第一节 五档平行轴自动变速器总体结构

平行轴式自动变速器的总体结构简图如图 9-1-1 所示。

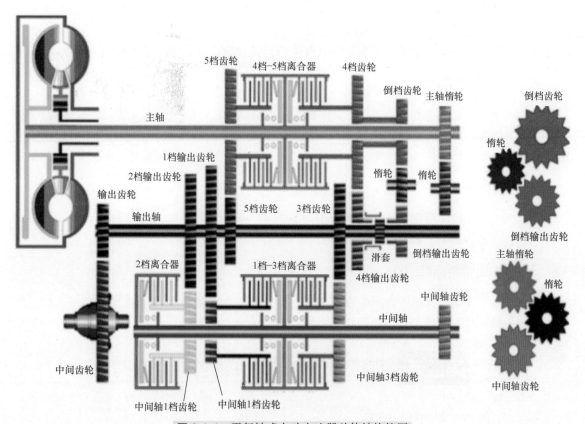

图 9-1-1 平行轴式自动变速器总体结构简图

与行星齿轮式自动变速器一样，它也是由液力变矩器和变速器本体及电控系统组成的。液力变矩器的构造原理前已述及，不再重述。变速器本体也是由机械传动部分和液压及电控系统组成的。机械部分是由手动变速器的齿轮机构与多片湿式离合器的组合体，结构简单。液压与电控系统与行星齿轮式控制系统的结构和控制思路大同小异。因此，只要有行星齿轮式自动变速器的知识基础，平行轴变速器便可一目了然。从图 9-1-1 可知，该自动变速器的传动部分是由主轴（输入轴）、输出轴、中间轴、惰轮轴、倒档惰轮轴，以及组装在各轴上的常啮合齿轮组成的。

一、主轴结构（输入轴）

从图 9-1-1 可知，主动轴的前端与涡轮花键配合，主动轴上键配合着 4 档、5 档离合器鼓，鼓上键配合着 4 档、5 档离合器的钢片，输入轴主动旋转时，便可驱动 4 档、5 档离合器鼓及与鼓键配合的离合器钢片及主轴齿轮一同主动旋转。

从图 9-1-1 又可知，主轴上还套装着 4 档、倒档齿轮和 5 档齿轮，两齿轮的毂上分别键配合离合器的摩擦片，因此，只要离合器接合，便把毂鼓连成一体。因此，主轴上的 4 档、倒档齿轮或 5 档齿轮便分别与主轴连成一体，可随主轴主动旋转。

二、中间轴结构

从图 9-1-1 可知，中间轴齿轮通过惰轮轴齿轮，可在输入轴的驱动下顺时针主动旋转。从图 9-1-1 又知，除中间轴齿轮与轴一体外，中间轴上还套装了 1 档和 2 档及 3 档三个齿轮，和 1 档、2 档及 3 档三个离合器。各离合器的鼓与中间轴键配一体，鼓上键配合着多片湿式离合器的钢片，3 个离合器的毂就是 1 档和 2 档及 3 档三个齿轮，三个齿轮上键配合着三个离合器的摩擦片，因此，哪一个离合器工作后，便通过离合器把毂鼓连成一体，便可使哪一轮主动旋转。

三、输出轴结构

从图 9-1-1 可知，输出轴上共有七个齿轮，其中输出齿轮、1 档齿轮、2 档齿轮、3 档齿轮、5 档齿轮均与输出轴一体，而输出轴上的 4 档和倒档轮则套装在轴上，这两个齿轮需用滑套才能将其与输出轴连成一体。输出轴上各齿轮均与输入轴和中间轴上的齿轮配对常啮合。

四、惰轮轴结构

从图 9-1-1 可知，惰轮轴装在主轴与中间轴之间，轴上的惰轮分别与主轴齿轮和中间轴齿轮常啮合，将输入轴动力传递给中间轴，使中间轴与输入轴同向顺时针主动旋转。

五、倒档惰轮轴结构

从图 9-1-1 可知，倒档惰轮轴装在输入轴与输出轴之间，轴上倒档惰轮分别与输入轴上的倒档齿轮和套装在输出轴上的倒档齿轮常啮合。

第二节　平行轴五档自动变速器传动原理

一、D 位 D1 档传动原理

1. 传动原理

D1 档传动原理如图 9-2-1 所示。

当变速杆在 D 位，车速在 D1 档范围内，电脑根据档位信号、车速信号及节气门位置信号，使 D1 档相关离合器工作。

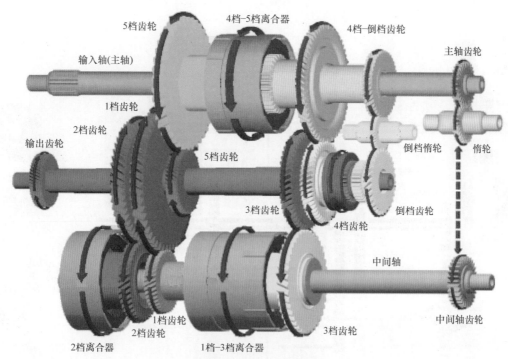

图 9-2-1 D1 档传动原理图

参照图 9-1-1 与图 9-2-1 可知，D1 档相关离合器工作后，将套装在中间轴上的 1 档齿轮与中间轴连成一体，中间轴上的 1 档齿轮，驱动输出轴上的 1 档齿轮逆时针旋转，输出 D1 档，其传动过程如下。

输入轴主动顺时针旋转→4 档 -5 档离合器鼓顺时针旋转→4 档 -5 档离合器钢片顺时针旋转→主轴齿轮顺时针旋转→惰轮轴上的惰轮逆时针旋转→中间轴齿轮顺时针旋转→1 档 -2 档 -3 档离合器鼓顺时针旋转→三个离合器的钢片顺时针旋转→1 档离合器已结合→中间轴 1 档齿轮顺时针旋转→输出轴 1 档齿轮逆时针旋转→输出齿轮逆时针旋转→减速器两半轴顺时针旋转→输出 D1 档。

其他各对常啮合齿轮均空转，对输出无干涉。

2. 故障诊断

变速器 D1 档工作不良或无 D1 档时，应重点检查：

1）检查参与 D1 档工作的离合器和储能器是否因磨损过甚而泄油、离合器片磨损严重、活塞卡滞等。

2）应检查参与 D1 档工作的单向球阀是否泄漏或漏装。

3）检查参与 D1 档工作的离合器输油管密封圈是否老化漏油等。

二、D 位 D2 档传动原理

1. D2 档传动原理

用线条图分析该变速器 D2 档传动原理，如图 9-2-2 所示。

当变速杆在 D 位，车速在 D2 档范围内，电脑根据档位信号、车速信号及节气门位置信号，使 D2 档相关离合器工作。

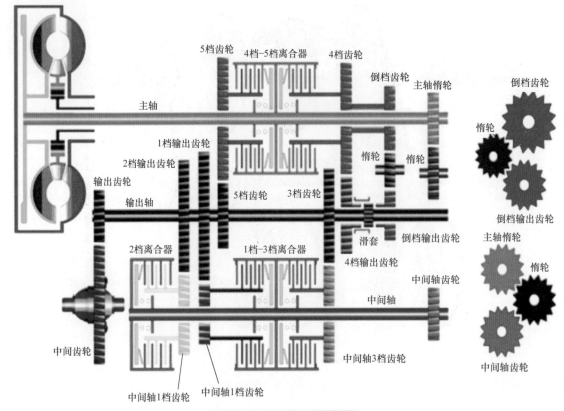

图 9-2-2 D2 档传动原理图

从图 9-2-2 可知，D2 档相关离合器工作后，将中间轴上的 2 档齿轮与中间轴连成一体，中间轴上的 2 档齿轮顺时针旋转，驱动输出轴上的 2 档齿轮，逆时针旋转输出 D2 档，其传动过程如下：

输入轴主动顺时针旋转→4 档 -5 档离合器鼓顺时针旋转→4 档 -5 档离合器钢片顺时针旋转→主轴齿轮顺时针旋转→惰轮轴上的惰轮逆时针旋转→中间轴齿轮顺时针旋转→1 档 -2 档 -3 档离合器鼓顺时针旋转→三个离合器的钢片顺时针旋转→2 档离合器已结合→中间轴 2 档齿轮顺时针旋转→输出轴 2 档齿轮逆时针旋转→输出齿轮逆时针旋转→减速器两半轴顺时针旋转→输出 D2 档。

其他各对常啮合齿轮均空转，对输出无干涉。

2. 故障诊断

若 D1 档良好，但 D2 档工作不良或无 D2 档，应重点检查：

1）检查参与 D2 档工作的离合器和储能器，是否因磨损过甚而泄油、离合器片磨损严重、活塞卡滞等。

2）应检查参与 D2 档工作的单向球阀是否泄漏或漏装。

3）检查换档电磁阀 A 是否有短路、断路、搭铁故障。

三、D 位 D3 档传动原理

1. D3 档传动原理

用立体传动图分析该变速器 D3 档传动原理，如图 9-2-3 所示。

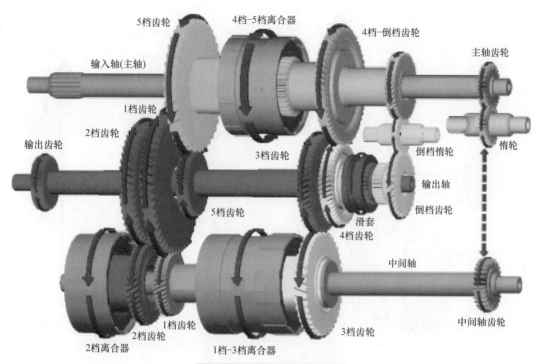

图9-2-3 D3档传动原理图

当变速杆在D位，车速在D3档范围内，电脑根据档位信号、车速信号及节气门位置信号，使D3档相关离合器结合，于是，D3档传动路线如下：

输入轴主动顺时针旋转→4档-5档离合器鼓顺时针旋转→4档-5档离合器钢片顺时针旋转→主轴齿轮顺时针旋转→惰轮轴上的惰轮逆时针旋转→中间轴齿轮顺时针旋转→1档-2档-3档离合器鼓顺时针旋转→三个离合器的钢片顺时针旋转→3档离合器已结合→中间轴3档齿轮顺时针旋转→输出轴3档齿轮逆时针旋转→输出齿轮逆时针旋转→减速器两半轴顺时针旋转→输出D3档。

其他各对常啮合齿轮均空转，对输出无干涉。

2. 故障诊断

若D1、D2档工作正常，只D3档工作不良，应重点检查只参与D3档工作的元件，即：

1）检查D3档离合器和D3档储能器，是否因磨损过甚而泄油、卡滞，离合器片是否磨损间隙过大，回位弹簧是否疲劳、折断等。

2）检查换档电磁阀B是否有断路、短路、搭铁。

3）检查调压电磁阀C是否有断路、短路、搭铁。

四、D位D4档传动原理

1. D4档传动原理

D4档传动原理如图9-2-4所示。

当变速杆在D位，车速在D4档范围内，电脑根据档位信号、车速信号及节气门位置信号，使D4档相关离合器工作。

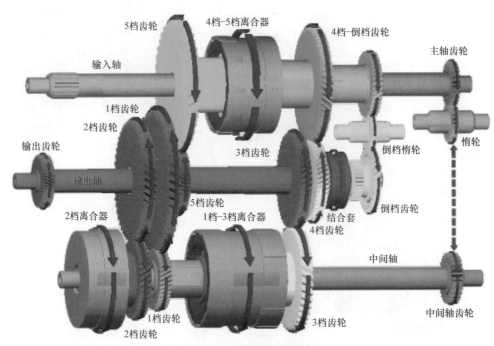

图 9-2-4　D4 档传动原理图

从图 9-2-4 可知，D4 档相关离合器工作后，将套装在输入轴上的 4 倒档齿轮与输入轴连一体，使 4 档 - 倒档齿轮随输入轴顺时针旋转，4 档 - 倒档齿轮驱动输出轴上的 4 档齿轮逆时针旋转，因结合套将 4 档齿轮与输出轴连成一体，输出齿轮逆时针旋转，输出 D4 档。其传动路线如下：

输入轴主动顺时针旋转→ 4 档 -5 档离合器鼓顺时针旋转→ 4 档 -5 档离合器钢片顺时针旋转→ 4 档离合器结合→ 4 档 - 倒档齿轮顺时针旋转→输出轴倒档齿轮逆时针旋转→结合套将倒档齿轮与输出轴连成一体→输出齿轮逆时针旋转→减速器两半轴顺时针旋转→输出 D4 档。

其他各对常啮合齿轮均空转，对输出无干涉。

2. 故障诊断

若 D1、D2、D3 档工作正常，只 D4 档工作不良，应重点检查只参与 D4 档工作的元件，即：

1）检查 D4 档离合器和 D4 档储能器，是否因磨损过甚而泄油、卡滞，离合器片是否磨损间隙过大，回位弹簧是否疲劳、折断等。

2）检查调压电磁阀 C 是否有断路、短路、搭铁。

3）详见教材故障诊断部分。

五、D 位 D5 档传动原理

1. D5 档传动原理

当变速杆在 D 位，车速在 D5 档范围内，电脑根据档位信号、车速信号及节气门位置信号，使 D5 档相关离合器工作。

从图 9-2-5 可知，D5 档相关离合器工作后，将套装在输入轴上的 5 档齿轮与输入轴连成一体，使 5 档齿轮随输入轴顺时针旋转，5 档齿轮便驱动输出轴上的 5 档齿轮逆时针旋转，使输出轴上的输出齿轮逆时针旋转，驱动减速器输出 D5 档。

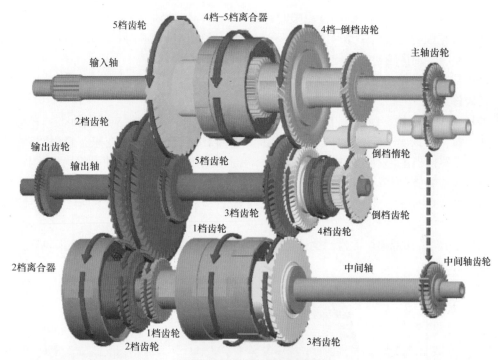

图 9-2-5　D5 档传动原理图

D5 档传动路线如下：

输入轴主动顺时针旋转→4 档 -5 档离合器鼓顺时针旋转→4 档 -5 档离合器钢片顺时针旋转→5 档离合器结合→5 档齿轮顺时针旋转→输出轴 5 档齿轮逆时针旋转→输出齿轮逆时针旋转→减速器两半轴顺时针旋转→输出 D5 档。

其他各对常啮合齿轮均空转，对输出无干涉。

2. D5 档故障诊断

若 D1、D2、D3 档、D4 档工作正常，只 D5 档工作不良，应重点检查只参与 D5 档工作的元件，即：

1）检查 D5 档离合器和 D5 档储能器，是否因磨损过甚而泄油、卡滞，离合器片是否磨损间隙过大，回位弹簧是否疲劳、折断等。

2）检查调压电磁阀 C 是否出现断路、短路、搭铁故障。

3）详见教材故障诊断。

六、倒档传动原理

1. 倒档传动原理

倒档传动原理如图 9-2-6 所示。

当变速杆在 R 位，电脑根据档位信号、使 D4 档离合器工作，将输入轴上的 4 档 - 倒档齿轮与输入轴连成一体，与此同时，电控单元使 4 档 - 倒档拨叉滑套，将输出轴上的 4 档 - 倒档齿轮与输出轴连成一体，于是，输出轴上的倒档齿轮顺时针旋转输出倒档。

倒档传动路线如下：

输入轴主动顺时针旋转→4 档 -5 档离合器鼓顺时针旋转→4 档 -5 档离合器钢片顺时针旋

转→4档离合器结合→4档-倒档齿轮顺时针旋转→倒档惰轮轴上的倒档惰轮逆时针旋转→输出轴上倒档齿轮顺时针旋转→结合套结合→输出轴上的倒档齿轮顺时针旋转→输出齿轮顺时针旋转→减速器两半轴齿轮逆时针旋转，输出倒档。

其他各常啮合齿轮均空转，对输出无干涉。

2. 故障诊断

若 D1、D2、D3 档、D4 档、D5 档工作正常，只倒档工作不良，应重点检查只参与倒档工作的元件，即：因该变速器倒档与 D4 档使用同一个 4 档离合器，因该变速器 D4 档良好，由此可知，该变速器倒档工作不良的故障，与 4 档离合器及向离合器供油的油电路均无关。

所以应重点检查倒档传动部分：

1）换档拨叉故障。检查换档拨叉轴是否卡滞；检查换档拨叉轴上的换档拨叉螺栓是否丢失。

2）倒档齿轮磨损或损坏。检测倒档接合套齿轮轮齿斜面，并检测副轴 4 档齿轮和倒档齿轮啮合的轮齿斜面。

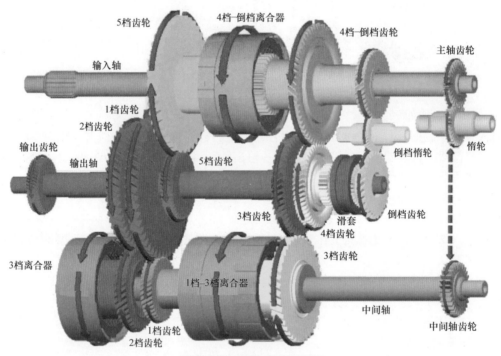

图 9-2-6　倒档传动原理图

通过该平行轴式自动变速器各档传动原理，可总结出分析所有平行轴自动变速器，以下重要的传动规律，即：

1）所有平行轴式自动变速器，有几个前进档，就有几个离合器，就有几对常啮合齿轮与离合器相对应，哪一个离合器工作，便可输出哪一档。

2）因油路是负责向离合器和制动器供油，由此可知，因该变速器只有五个前进档，因此，必有 5 个离合器，因此，该变速器的油路，必有 5 条油路。

3）因该变速器没有单向离合器，为消除档位切换冲击，采用电控单元使离合器半离合的方法，消除换档间隙，消除输入轴与输出轴转速差，以消除档位切换时的冲击。

4）因所有离合器均与输入轴及输出轴相连，因此，离合器应在输入轴与输出轴转速相等时结合。

第三节 五档平行轴自动变速器电控液压系统

从油路图 9-3-1 可知，该油路系统由主调压阀；A、B、C、D、E 换档电磁阀；A、B、C、D、E 换档阀，A、B、C 离合器调压电磁阀；伺服控制阀；伺服阀；锁止控制阀、锁止换档阀及储能器等组成。

5 个换档电磁阀由电脑控制开闭，以便用液压控制 A、B、C、D、E 等 5 个换档阀分别在两个位置上切换，为各档离合器匹配打开相应油路通道。

A、B、C 离合器调压电磁阀是在档位开始切换瞬间，将主油压减压后送入离合器，以减小换档冲击。伺服控制阀及伺服阀控制 4 档 - 倒档拨叉切换 4 档或倒档。

一、油路中各主要阀原理与诊断维修

1. 主调压阀

（1）主调压阀结构原理

对比油路图图 9-3-1 与主调压阀图 9-3-2 可知（请复印油路图，以方便学习），主调压阀调整系统主油压，使油泵泵出的油压随节气门开度和负荷变化而变化。从图 9-3-1 可知，来自油泵的压力油经 3 油道进入主调压阀的两个腔，进入左腔的油压滑阀的左端向右推滑阀，于是便与滑阀右端弹簧的弹力和导轮转矩的反作用力抗衡，决定滑阀的位置，即决定了泄油节流口 92 与 95 开度的大小，通过泄出油液的多少将油泵油液调整成主油压。

1）由油路图图 9-3-1 中主调压阀 A 油道→经 B →手动阀，再由手动阀送至各换档电磁阀和各离合器调压电磁阀。

2）参见油路图图 9-3-1 又可知，主调压阀泄油经 92 →经 6 →经 7 →入锁止控制阀（变矩器压力调节阀）调压后→再从 8 → 9 →入锁止换档阀→经 10 入变矩器→经 11 入冷却器。变矩器锁止时从 11 进→从 10 泄入冷却器。

3）与此同时经主调压阀节流后由 95 口→入调节器阀调出自动变速器油压润滑各零部件。

（2）故障诊断

因主调压阀各档均参与工作，若主调压阀磨损、卡滞，弹簧疲劳或折断，导轮打滑等，均会引起主油压失常，造成各档不良或冲击。

2. 导轮调压阀

（1）导轮调压阀结构原理如图 9-3-3 所示。

导轮调压原理是导轮轴通过花键和变矩器中的导轮连接，导轮轴臂则与主调压阀弹簧座接触。当汽车上坡或加速时，导轮转矩的反作用力作用在导轮轴上，产生与反作用力成比例的力，使导轮臂向左推压导轮调压阀弹簧座，使导轮调压阀左移，关小图 9-3-2 中 92 与 95 泄油口，使主油压升高，以满足负荷增加的要求。

（2）故障诊断

若导轮单向离合器打滑或装反，必造成主油压过低，引起变矩器、离合器打滑，造成驱动无力及油温过高的故障。

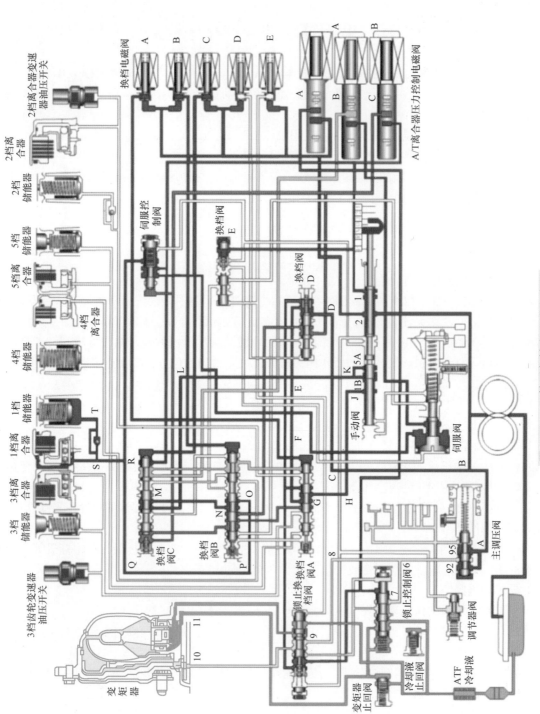

图 9-3-1　五档平行轴变速器油路图

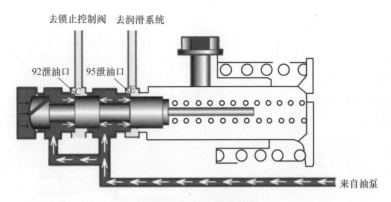

图 9-3-2　主调压阀图

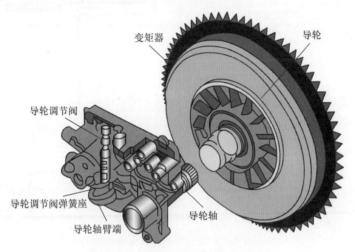

图 9-3-3　导轮调压阀结构原理图

3. 换档阀及换档电磁阀 A、B、C、D、E 工作原理

（1）换档阀结构原理

从油路图 9-3-1 可知，换档阀 A、B、C、D、E 受换档电磁阀 A、B、C、D、E 控制。

换档电磁阀开启泄油，换档阀被弹簧推至一端，换档电磁阀关闭停止泄油，换档阀在油压作用下被推至另一端。5 个换档阀在 5 个换档电磁阀控制下左右移动，为各档离合器匹配供油。

（2）故障诊断

从工作原理可知，若某换档电磁阀出现断路、短路、搭铁，或某一换档阀因磨损过甚而泄油，或运动不畅而卡滞及弹簧疲劳等，均会引起丢失个别档及个别档工作不良或冲击故障。

若出现个别档丢失或工作失常的故障，应首先检查相关换档电磁阀，若均良好，再拆检阀体及所在档离合器。

4. 调压电磁阀 A、B、C 工作原理

（1）调压电磁阀结构原理

从油路图 9-3-1 可知，该变速器中还有三个调压电磁阀，可将控制油压送入三个离合器，或两个离合器，使离合器瞬间半离合，以消除换档间隙；也可调出全结合油压。当变速器进入所在档后，三个调压电磁阀调出的油压，便分别在各自的位置上待命，以备升入下一档瞬间，控制三个离合器或两个离合器半离合。

（2）故障诊断

若调压电磁阀出现断路、短路、搭铁故障，必引起换档冲击故障。若调压电磁阀 A 出现断路、短路、搭铁故障，还会引起锁止冲击故障。

5. 锁止控制阀工作原理（变矩器调压阀）

锁止控制阀油路图如图 9-3-4 所示。

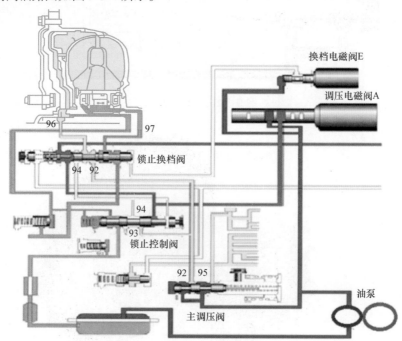

图 9-3-4　锁止控制离合器油路图

（1）锁止离合器不锁止

从 D1 档油路图 9-3-5 和锁止离合器不锁止时的油路图 9-3-4 可知，当锁止离合器无需锁止时，离合器电磁阀 A 输出控制油压，将锁止控制阀左移，通过调整锁止控制阀 93 泄油口开度，将主调压阀泄入锁止控制阀的油液，调节成变矩器油压，即锁止控制阀 93 泄油口或主调压阀 92 泄油口的油压。

与此同时，电脑使换档电磁阀 E 断电泄油，把锁止换档阀右腔的油压泄掉，于是锁止换档阀在弹簧作用下推至右端，将锁止换档阀 92 泄油口全打开，使锁止换档阀 93 泄油口变矩器油液，经锁止换档阀 92 泄油口从变矩器 96 泄油口进入变矩器，将锁止压盘推离泵轮，使涡轮泵轮脱离连接，变矩器解锁。

（2）锁止离合器半锁止

从图 9-3-4 又知，当锁止离合器需要半锁止时，常开换档电磁电阀 E 通电关闭，停止泄油，于是，将换档电磁阀油压送入锁止换档阀右腔，将换档阀推到左端，从图 9-3-4 可知，当锁止换档阀移到左端，便使换档阀 94 泄油口与变矩器 96 泄油口相连，92 泄油口与变矩器 97 泄油口相连。

与此同时，为消除锁止冲击，锁止初期，离合器调压电磁阀 A 用占空比调出控制油压，控制锁止控制阀 93 泄油口开度，将变矩器油压减压调节成 94 泄油口油压，并将该油压经换档阀 94 泄油口送入变矩器 96 泄油口，将经减压的油压作用在锁止压盘左侧。从图 9-3-4 又知，此时变矩器锁止控制阀 93 泄油口的变矩器油压便经换档阀 92 泄油口进入变矩器 97 泄油口，作用在变矩器锁止离合器压盘右侧。

综上可知，作用在压盘两侧油压抗衡，使变矩器锁止油压减小，以降低压盘锁止速度，消除锁止冲击。

（3）锁止离合器全锁止

锁止离合器全锁止时，参照图 9-3-4 可知，全锁止时与半锁止时相同，仍使常开换档电磁电阀 E 通电关闭，停止泄油，于是，换档电磁阀便将油压送入锁止换档阀右腔，仍将换档阀推到左端，仍使换档阀 94 泄油口与变矩器 96 泄油口相连，92 泄油口与变矩器 97 泄油口相连。

全锁止时，调压电磁阀 A 增大输出的控制油压，因此，使锁止控制阀压缩锁止控制阀弹簧，使滑阀向左移动，从图 9-3-4 可知，当图 9-3-4 锁止控制阀移动到左端，便将控制阀 93 泄油口关闭，使 93 泄油口处变矩器油压升高，并使变矩器油压从 93 泄油口，经锁止换档阀 92 泄油口和变矩器 97 泄油口，作用在锁止压盘右侧。与此同时，滑阀左移还将锁止换档阀 94 泄油口与油泵泄油口相通，使作用在压盘右侧的油压，从变矩器 96 泄油口经锁止换档阀 94 泄油口和锁止控制阀 94 入油口，从油泵泄油口泄压，使锁止压盘右侧只作用变矩器油压，变矩器进入全锁止工况。

（4）故障诊断

从传动原理可知，若换档电磁阀 E 断路、短路、搭铁，必定造成变矩器无锁止故障。若离合器调压电磁阀 E 断路、短路、搭铁，必定造成变矩器无锁止故障。若锁止控制阀因磨损严重而泄油、卡滞，或弹簧疲劳、折断等，必定引起锁止冲击故障。

重要规律

所有变速器均是将主调压阀泄出的油液泄入变矩器调压阀，调出变矩器油压。变矩器调压阀在各种变速器中，虽然名称各不相同，但只有两种形式，一种是弹簧压力自调油压，另一种则是电控调压阀。掌握这些规律，所有变速器液力变矩器结构原理可便触类旁通。

二、D1 档油路工作原理

1. D1 档油路

平行轴五档变速器 D1 档油路如图 9-3-5 所示。

本教材将油路图加注了许多字母，利用字母导航，便可使像蜘蛛网一样的油路图轻而易举地理解。

1）D1 档时，从图 9-3-5 可知五个换档电磁阀均不通电，使常闭换档电磁阀 A、B、C 关闭泄油口，停止泄油，将 A、B、C 换档阀推到左端，常开电磁阀 D 和 E 泄油，两换档阀也在左端，令 A、B、C 三个离合器调压电磁阀，调出的三个半离合油压，送入换档阀 A，为 D1 档升D2 档瞬间去三个离合器待命。

2）分析中已知，A、B、C 三个离合器调压电磁阀，在电控单元控制下，调出三个使离合器半接合的油压，以便在档位切换瞬间，使两个或三个离合器保持半接合。

3）对图 9-3-5 分析可知，主调压阀从 95 泄油口泄出的油液，被送入图中的调节器阀，调节出润滑油压。

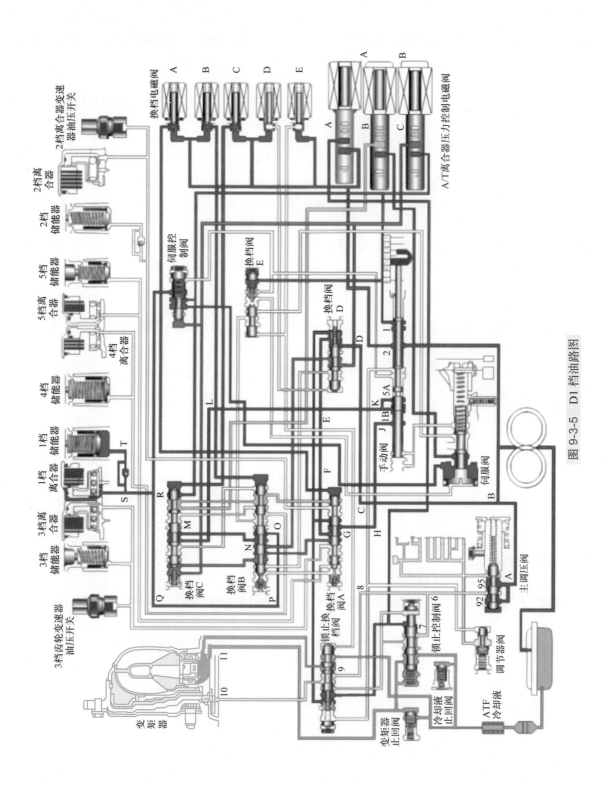

图 9-3-5 D1 档油路图

4）主调压阀泄出的油液，还从 92 泄油口泄入锁止控制阀（变矩器调压阀），并由调压电磁阀 A 调出的油压，控制锁止控制阀打开泄油口开度的大小，调出变矩器油压。并将该油压通过锁止换档阀送入变矩器。

5）换档阀 E 还控制锁止换档阀在两个位置上切换，以改变进入变矩器油液的流向，使变矩器锁止或解锁。

综上可知，掌握上述知识后，只要利用字母导航，知道 D1 档主油压是怎样送入一档离合器的，便可轻而易举地理解油路。

2. D1 档油路走向

从油路图 9-3-5 可知，主调压阀主油压直接从 A 处出→经 B → C → D →入换档阀 D 后由→ E → F →入换档阀 A →从 G 出经 H → J → 1B →手动阀→从手动阀 K 出→经 L →入换档阀 C →从 M 出→经 N →入换档阀 B →从 O →经 P → Q → R → S →分别入 1 档离合器和储能器，变速器进入 D1 档。

D1 档 A、B、C 三个调压电磁阀，调出的三个半离合油压，均送入换档阀 A，为升 D2 档瞬间待命。

3. D1 档故障诊断

1）有什么样结构，有什么样工作原理，就容易产生什么样的故障。因离合器调压电磁阀 A 在 1 档至 3 档均向 1 档离合器送半离合油压，又通过锁止控制阀调整变矩器油压，因此，若变速器同时出现 1 档至 3 档变矩器锁止冲击的故障，应检查调压电磁阀 A 是否断路、短路、搭铁等故障。

2）从油路原理图图 9-3-5 可知，因 1 档至 3 档时，离合器调压电磁阀 B 和 C 同时向 1 档和 3 档离合器送半离合油压。可见，若调压电磁阀 B 或 C 有断路、短路、搭铁等故障，也会造成 1 档至 3 档均产生冲击故障，但不会同时出现锁止冲击故障。

3）若 R 位良好，只有 D1 档工作不良，应重点检查 1 档离合器和储能器。

4. 深度解析

该变速器是用三个离合器调压电磁阀调出使三个离合器半接合的油压，换档瞬间使两个离合器同时瞬间半接合，既消除空档间隙，又可使输入轴 / 输出轴轴转速尽快同步，然后再使升档离合器完全接合。

三、D1 档升 D2 档瞬间油路原理

1. 油路工作原理

D1 档升 D2 档瞬间三个调压电磁阀半离合油路走向如图 9-3-6 所示。

从图 9-3-6 可知，D1 档升 D2 档瞬间，电控单元只要向常闭换档电磁阀 A 通电，使常闭换档电磁阀 A 打开泄油口，使换档阀 A 移动到右端，在换档阀 A 处待命的 A、B、C 三个调压电磁阀的半离合油压，便分别送入 1 档、2 档、3 档三个离合器，使三个离合器瞬间半离合，以消除 D1 档升 D2 档冲击。

三个半离合油压油路走向分别如下。

（1）A 调压电磁阀油路走向

从图 9-3-6 可知，主调压阀主油压从 A 出→经 B → C →手动阀→ d → E →入调压电磁阀 A 调压后→经 G → H 下行→ J 左行→经 K → L → M → N → 0 → P → Q → R →入换档阀 A →从 S 出→经 T →手动阀→从 U →经 V → W → X → Y 入换档阀 B → Z → a → b → d → f →分别入 1 档离合器和 1 档储能器，使 1 档离合器半离合。

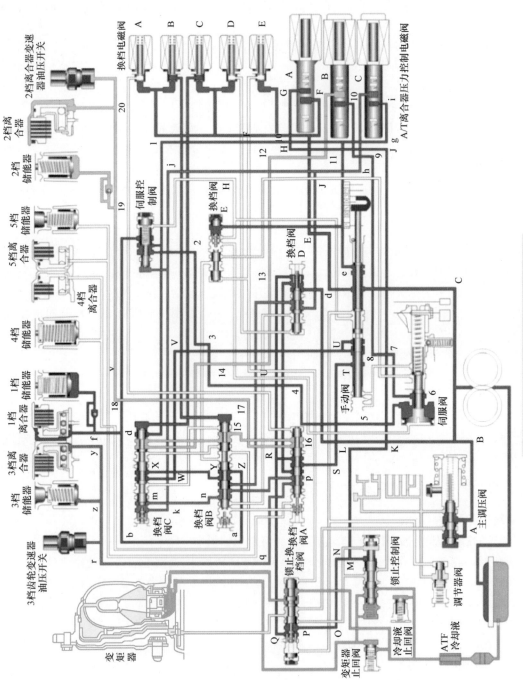

图 9-3-6　D1 档升 D2 档瞬间油路原理图

（2）B 调压电磁阀油路走向

从图 9-3-6 可知，主调压阀主油压从 A 出→经 B→C→手动阀→从 e 出→右行再上行经 1→入伺服控制阀→从 2→经 3→4→5→入伺服阀→从 6 出→经 7→8→9→10→入调压电磁阀 B 调压后→经 11→12→13→14→入换档阀 C→经 X→经 Y→入换档阀 B 出→经 11→12→13→14 入换档阀 C 再入换档阀 B15→换档阀 A16→经 17→18→19→经单向球阀→入 2 档储能器→同时经 20→入 2 档离合器，使 2 档离合器半离合。

综上所述，主调压阀经过调压电磁阀调出的半离合油压，送入 2 档离合器储能器，使 2 档离合器半离合。

（3）C 调压电磁阀油路走向

从图 9-3-6 可知，主调压阀主油压从 A 出→经 B→C→手动阀→从 e 出右行→经 g→i→入调压电磁阀 C 由 10 出→经 h 上行→经 j 左行→经 K→入换档阀 C→从 m 出→经 n→入换档阀 B→再下行入换档阀 A→经 P→q→r→z→入 3 档储能器→经 y→入 3 档离合器，使 3 档离合器半离合。

2. 故障诊断

若只切换 D1 档冲击，其他各档均正常，应重点检查 1 档离合器及 1 档储能器是否因磨损过甚而泄油、卡滞、弹簧疲劳、折断等。若除 D1 档冲击外，其他各档也均有冲击，除应检查离合器调压电磁阀 A、B 和 C 是否有断路、短路、搭铁故障外，还需检查主调压阀是否因磨损过甚而泄油、卡滞、弹簧疲劳、折断等，还应检查导轮与主调压阀弹簧是否不良。

四、D2 档油路工作原理

D2 档油路工作原理如图 9-3-7 所示。

当电控单元监测到调压电磁阀 A、B、C 调出的半离合油压，已使输入轴与输出轴转速相近时，电控单元便向常关电磁阀 C 通电，使电磁阀开启泄油，将换档阀 C 移动到右端，以便将 1 档离合器和 3 档离合器油压泄出。

下面具体分析此时主油压是怎样送入 2 档离合器的。

1. D2 档油路走向

从图 9-3-7 可知，主油压从主调压阀 A 处出→经 B→C→手动阀由 D 出→经 F 上行→经 G→H→入换档阀 C→从 j 处出→入换档阀 B→K 出→入换档阀 A→由 L→经 M 上行→经 N→O→经单向阀→入 2 档储能器→经 P→入 2 档离合器，变速器进便入 2 档。

2. D2 档三个半离合油压油路走向

从油路图 9-3-6 又可知，D2 档时电控单元使 3 个离合器调出的半离合油压，分别在 A、B、C 三个换档阀处待命。

（1）离合器调压电磁阀 A 半离合油路走向

调压电磁阀 A 输出半离合油压，除送入锁止控制阀用于调整变矩器油压外，还送入换档阀 D 待命。

（2）离合器调压电磁阀 B 半离合油路走向

调压电磁阀 B 输出半离合油压，入换档阀 C 再入换档阀 B 待命。

（3）离合器调压电磁阀 C 半离合油路走向

调压电磁阀 C 输出半离合油压，入换档阀 D 再入换档阀 B 待命。

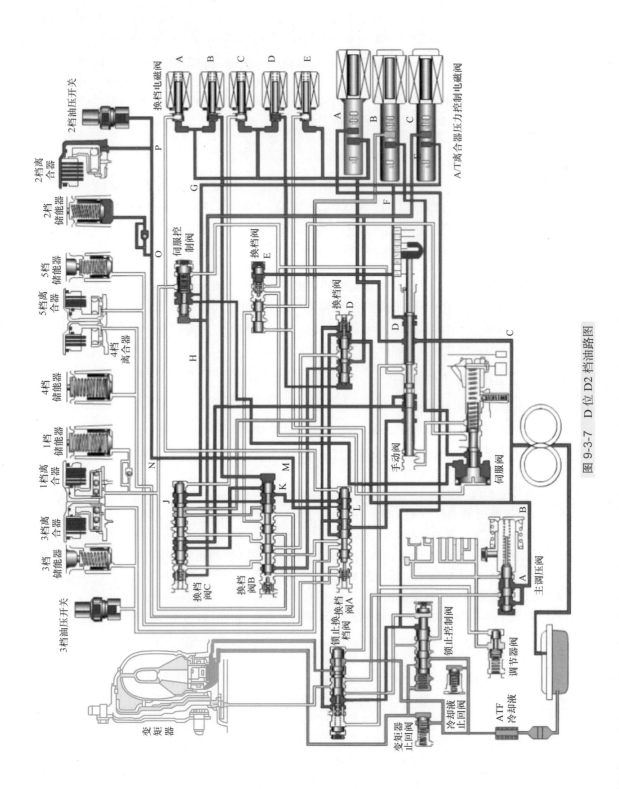

图 9-3-7 D 位 D2 档油路图

以便在 D2 档升 D3 档瞬间，将半离合油压送入 3 个离合器，以消除档位切换冲击，瞬间后便只有 D3 档离合器工作，变速器便进入 D3 档。

3. 故障诊断

若 D1 档工作良好，只切换 D2 档冲击，其他各档均正常，应重点检查 2 档离合器及 2 档蓄能器是否因磨损过甚而泄油、卡滞，弹簧疲劳、折断等。

若除 D2 档冲击，其他各档均冲击，除应检查离合器调压电磁阀 A、B 和 C 是否有断路、短路、搭铁故障外，还需检查主调压阀是否因磨损过甚而泄油、卡滞，弹簧疲劳、折断等，还应检查导轮与主调压阀弹簧是否不良。

4. 深度解析

从图 9-3-6 可知，D1 档向 D2 档切换瞬间，为什么 1 档离合器、2 档离合器、3 档离合器三个离合器同时工作？

从传动原理已知，同一个变速器中，所有的离合器，均是将输入轴和输出轴连成一体，因此，D1 档升 D2 档三个离合器半离合的实质是，三个离合器同时与输入轴和输出轴半离合，1 档离合器半离合是为消除换档间隙，2 档离合器半离合是等待输出轴的转速与输入轴的转速相等，3 档离合器半离合是强行提高输出轴的转速，使输入轴与输出轴的转速尽快相等，以尽快使 1 档离合器和 3 档离合器分离，2 档离合器尽快全结合。详见 1 档至 3 档的传动原理。

以此类推，其他各前进档便不言而喻。

五、R 位油路工作原理

R 位油路工作原理图如图 9-3-8 所示。

1. 倒档油路分析方法

从传动原理已知，倒档和 4 档使用一个 4 档离合器，因此倒档时，只要主调压阀将主油压送入 4 档离合器，电控单元再控制结合套，将输出轴上的倒档齿轮与输出轴连成一体，便可输出倒档。

从油路图 9-3-8 可知，当电控单元收到手动阀挂入 R 位信号，便向常闭换档电磁阀 C 通电，使常闭换档电磁阀打开泄油口，将换档阀 C 右端油压泄出，使换档阀移动到右端。与此同时，电控单元向常开换档电磁阀 E 通电，使常开换档电磁阀 E 关闭泄油口，将换档阀 E 推到右端，便为 4 档离合器打通油路通道。

分析到此，倒档油路便已一清二楚了。下面再分析怎样找出倒档油路的走向。

2. 倒档油路走向

主调压阀主油压从 A 处→经 B → C → D →入换档阀 D →入换档阀 A → F 出→经 G →经 H →手动阀→ I 出→经 J → K →入伺服阀→ L 出→经 M → N → O 入换档阀 E → P 出→经 Q →入换档阀 B → R 出→经 S → T → V →入 4 档 - 倒档储能器→经 W →入 4 档离合器，变速器进入倒档行驶。

3. 倒档三个调压电磁阀工作原理

当电控单元收到手动阀挂入倒档信号，便使调压电磁阀 A 调出的控制油压，送入锁止离合器控制阀，以控制液力变矩器。

倒档时，电控单元控制调压电磁阀 B 和 C 停止工作。

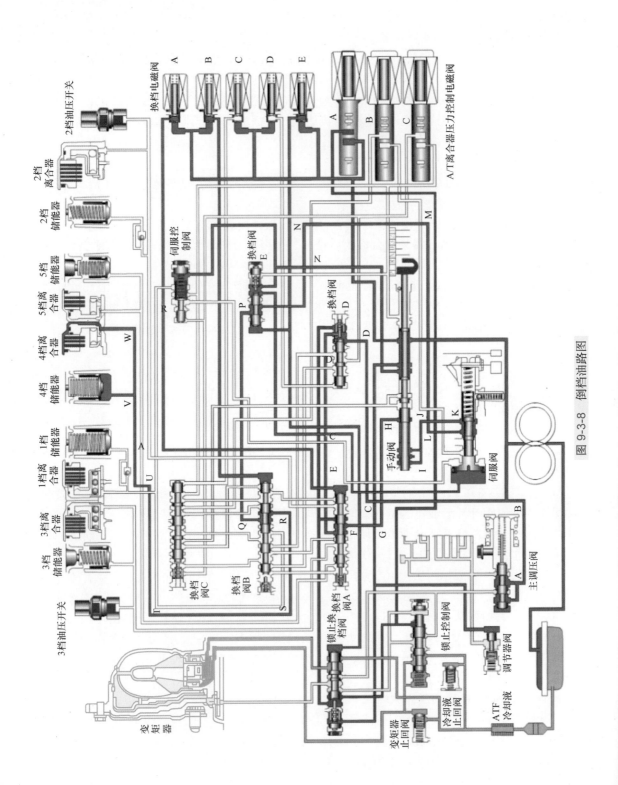

图 9-3-8　倒档油路图

4. 故障诊断

若前进档良好，只倒档工作不良或无倒档，根据结构原理分析可知，该故障与各换档电磁阀和调压电磁阀无关，也与 4 档离合器无关，应重点检查变速杆是否将手动阀拉至倒档位置。检查伺服缸是否因磨损而泄油、卡滞，弹簧疲劳、折断等。检查结合套是否损坏。若只倒档和 4 档工作不良，应检查 4 档离合器是否因磨损严重而泄油、卡滞等。

第四节　平行轴自动变速器电控原理与故障诊断

一、雅阁轿车自动变速器电控系统控制原理

所有平行轴自动变速器电子控制系统的控制思路大同小异，现以电控系统图 9-4-1 分析雅阁轿车自动变速器电控系统工作原理。从图 9-4-1 可知，当点火开关接通时，蓄电池电压送入电脑 E9 号端子，电脑获得工作电源。

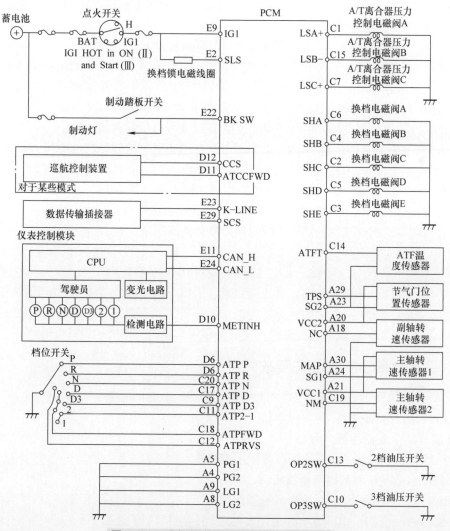

图 9-4-1　雅阁轿车自动变速器电控原理图

从图 9-4-1 还可知，当电脑向油温传感器供给 5V 稳压电源后，电脑便可获取油温信号；向节气门位置传感器供给 5V 稳压电源后，便可获知节气位置信号。电脑从一个副轴霍尔效应转速传感器及两个主轴霍尔效应转速传感器中获知车速信号，获知车速和负荷信号后，便可发出档位切换指令，即适时控制 5 个换档电磁阀的开闭，以便使 5 个换档阀移动到设定的位置，为相应档的离合器或制动器开通油路。

与此同时，调压电磁阀 A、B、C 在档位切换瞬间，有两个电磁阀通过占空比调压，两个调压电磁阀调压后的油压，分别送入参与切换的两个离合器，使两个离合器半离合，瞬间后一个电磁阀泄压，另一个电磁阀升压至离合器全结合，以便消除档位切换时产生换档间隙，防止造成换档冲击。

当踏制动踏板使汽车制动，电脑 E22 号端子获高电位，电脑立刻通过调压电磁阀 A 控制锁止电磁阀解除锁止离合器锁止。

从图 9-4-1 还可知，当变速杆移到各档位时，与变速杆联动的手动阀，也移到相应位置，档位开关向电控单元提供搭铁低电位信号，电脑可根据各端子搭铁低电位信号，获知选定的自动变速器档位，然后控制变速器 5 个换档电磁阀将 5 个换档阀移动至设定位置，为该档离合器打开相应通道。

与此同时，电脑 C1、C15、C7 号端子分别为电脑向调压电磁阀 A、B 和 C 供电，当电脑获知档位切换时，便以占空比方式向调压电磁阀供电，使切换的两个离合器瞬间半离合，再转入该档离合器全结合，以平稳消除档位切换时的换档间隙，减小档位切换瞬间冲击。

电脑收到变速器档位信号后，便通过 CPU 向仪表指示灯送电，点亮档位开关指示灯，并将指示灯工作状况通过检测电路将检测结果通过电脑 D10 号端子反馈给电脑。

电脑根据档位信号，通过向电脑 C1 号端子占空比送电，控制调压电磁阀 A 瞬间向相关离合器输送经减压的油压，以使相关离合器瞬间半离合。当踏下制动踏板使汽车制动时，电脑 E22 号端子获高电位，电脑立刻控制锁止电磁阀解除锁止离合器锁止。

电脑还可根据档位信号，通过向电脑 C15 号端子以占空比方式送电，控制调压电磁阀 B 端子间向相关离合器输送经减压的油压，以使相关离合器瞬间半离合。

电脑还可根据档位信号，分别控制换档电磁阀 A、B、C、D、E 的 C6 号端子、C4 号端子、C2 号端子、C5 号端子、C3 号端子通电或断电，使相应的 A、B、C、D、E 换档电磁阀移动至各自相应的位置，以为相应位的离合器开通油道，使相应档的离合器从半离合至全结合。

电脑的 C16 号端子与 12 号端子分别为两个油压开关信号端子，当油压过低时，电脑会从 C16 号端子和 12 号端子获取低电位信号，电脑会显示故障码并使变速器只有低档。

二、平行轴自动变速器主要故障

电控单元还从 C12 号端子监控 D2 档时主油压压力，从 C10 号端子监控 D3 档时主油压压力，如果压力值失常，电控单元将启用保护功能。

平行轴自动变速器虽有多种型号，其故障也"千奇百怪"，但其故障类型却大同小异，只要对它的结构原理了如指掌，其主要故障便不难排除。

1. 平行轴自动变速器故障诊断技巧

1）根据结构和各档传动及油路系统工作原理可知，平行轴自动变速器每一档都只有一个离合器工作，哪一个档工作不良，必定是参与该档的换档机构或离合器，以及参与该档的电磁阀或调压电磁阀不良。

为进一步确定故障部位，可先挂 D 位，在 D1 档速度范围内检查行驶是否正常，若正常可确认参与 D1 档的离合器正常，参与该档换档电磁阀及相应换档阀均良好。该自动变速器所有故障均与参与 D1 档的离合器及上述电磁阀及换档阀和调压阀均无关。若路试 D1 档工作不良，则必定是参与 D1 档的离合器、电磁阀、换档阀和调压阀不良。

2）同理，再挂 R 位，参照 R 位传动原理及油路也可判断出参与该档的机械与电器元件是否良好。

因 R 位工作不良是由 4 档离合器及相关油电路工作不良造成的，其中主要原因可能是挂档瞬间调压电磁阀不良。从 R 位油路图可知，R 位时 4 档离合器的油压是由主油压经调压电磁阀 B 调压后送入 4 档离合器，因此应检查调压电磁阀 B 及其电控部分。

雅阁轿车自动变速器各档位切换时，是由三个调压电磁阀匹配，对参与换档工作的两个离合器或三个离合器瞬间减压，用半离合的办法减轻冲击，所以冲击故障应检查参与冲击档的调压电磁阀及其电控系统。

3）如果行驶中各档均工作不良，则应着重检查主油压和电子控制系统，包括：

① 检查主油压。

② 调故障码。

③ 示波器检查波形。

④ 匹配学习。

下面就以雅阁轿车自动变速器为例，根据结构原理及电路图，分析平行轴自动变速器易产生的主要故障原因。

2. 平行轴自动变速器主要故障

（1）2 档和 R 位可行驶，但 1 档无法行驶

从传动原理图可知，2 档和 R 位能行驶，说明 2 档 -4 档离合器正常，1 档不能行驶，说明 1 档离合器不正常，因此应检查 1 档离合器及其相关部分。

1）检查 1 档储能器故障。

2）检查 1 档齿轮磨损或损坏。

3）检查 1 档离合器故障。

① 检查 1 档离合器压力。拆检 1 档离合器，检查离合器活塞和 O 形密封圈。检查弹簧座圈和座圈密封件是否磨损和损坏。检测离合器压板和顶盘之间的间隙。如果间隙超出误差范围，检查离合器盘和离合器片是否磨损或损坏。如果离合器盘磨损或损坏，将它们成套更换。

② 检测离合器波纹板的高度。如果高度超出误差范围，则更换波纹板。如果高度正常，则调整与离合器压板之间的间隙。

③ 检测 1 档离合器输油管。如果 1 档离合器输油管有划痕，则更换输油管和输油管导向块下的 O 形密封圈。

4）1 档离合器输油管衬套松动或损坏，则更换第二轴。

（2）只 2 档无法行驶

从传动原理图可知，D1 档、D3 档、R 位、1 位及 D4 档离合器及相关换档机构及油电路均正常，2 档无法行驶，说明 2 档离合器及相关部分有故障。

1）2 档储能器故障。拆检 2 档储能器。

2）2 档换档机构磨损或损坏。

3）2 档离合器故障。检查 2 档离合器压力，拆检 2 档离合器，检查离合器活塞和 O 形密封

圈。检查弹簧座圈和座圈密封是否磨损和损坏。检测离合器压板和顶盘之间的间隙。检测离合器波纹板的高度。

（3）R位无法行驶

前进各档均正常，仅R位无法行驶，说明4档离合器或换档拨叉及其相关部分有故障。

1）4档/倒档储能器故障。拆检4档-倒档储能器。

2）4档离合器故障。检查4档离合器压力；检测离合器活塞、离合器活塞单向阀和O形密封圈。检查弹簧座圈的磨损和损坏。检测离合器碟簧高度。

3）换档拨叉故障。检查换档拨叉轴是否卡滞。检查换档拨叉轴上的换档拨叉螺栓是否丢失。

4）倒档齿轮磨损或损坏。检测倒档接合套齿轮轮齿斜面，并检测副轴4档齿轮和倒档齿轮啮合的轮齿斜面。

（4）加速性能不良

1）变速器油位低。检查变速器油位，检查油冷却器管路是否泄漏，连接处是否松动；检查油滤清器是否堵塞。如果滤清器被钢屑或铝屑堵塞，冲洗油冷却器管路。

2）变速器油泵故障。拆检油泵，检查油泵是否磨损或卡滞；检查油泵和变矩器壳体定位是否不当，若不当油泵会咬住，工作时会产生噪声或急促的尖叫声。

3）换档拉线断或无法调节。检查变速杆和变速器控制轴上的换档拉线是否松动。

4）主调压阀故障。拆检主调压阀，检查滑阀是否卡滞；弹簧是否磨损折断；滑阀是否磨损。

5）变矩器单向阀故障。

（5）在R位启动失速较高

1）换档拉线断或无法调节。检查变速杆和变速器控制轴上的换档拉线是否松动。

2）4档离合器故障。检查在D和R位置时，4档离合器的压力。检查离合器活塞、离合器活塞单向阀和O形密封圈。检查弹簧座圈是否磨损和损坏。检测离合器片间隙。

3）伺服阀及倒档滑套故障。

（6）各档均失速

1）换档电磁阀E控制锁止换档阀，换档电磁阀E有故障，造成锁止离合器锁止不良。检查换档电磁阀E是否咬住。调故障码或读数据流。检查换档电磁阀E的电控系统。

2）变矩器单向离合器故障。更换变矩器。

3）发动机输出功率不足。

4）锁止换档阀故障。

5）油冷却器节流。检查油冷却器系统是否节流。

6）主油压不足。

（7）在R位失速

1）发动机输出功率不足。

2）变矩器离合器压盘故障。更换变矩器。

3）锁止换档阀故障。

（8）从N档到D和D3位置时，换档过慢

1）压力控制电磁阀A故障。检查压力控制电磁阀A是否咬住；调码或读数据流；检查压力控制电磁阀A电控系统。

2）压力控制电磁阀B故障。检查压力控制电磁阀B是否咬住；调码或读数据流；检查压力控制电磁阀 B 电控系统。

3）压力控制电磁阀 C 故障。检查压力控制电磁阀 C 是否咬住；调码或读数据流；检查压力控制电磁阀 C 电控系统。

4）换档拉线断或无法调节。换档拉线与变速器或车身的接头是否磨损或无法调节。检查变速杆和变速器多功能开关连接是否松动。

5）主副轴转速传感器故障。检查主轴转速传感器和副轴转速传感器的安装。调故障码或读数据流。检查转速传感器电参数。

6）油温度传感器故障。调故障码或读数据流，或用万用表检测油温传感器。

7）伺服控制阀故障。

8）1 档储能器故障。

9）1 档单向阀球卡滞。

10）锁止换档阀故障。

11）1 档离合器故障。检查 1 档离合器压力。检查离合器活塞、离合器活塞单向阀和 O 形密封圈。检查弹簧座圈和座圈密封是否磨损和损坏。检查离合器间隙，如果间隙超出误差范围，检查离合器片是否磨损和损坏。如果离合器片磨损和损坏，则将它们整套更换。检测离合器波浪弹簧的高度，如果高度超出公差范围，则更换波浪弹簧。如果高度正常，则调整与离合器压板之间的间隙。检测 1 档离合器输油管，若 1 档离合器输油管衬套松动或损坏，则更换第二轴。

（9）从 N 位换到 R 位时，换档过慢。或者当换档到 R 位时，冲击过大

从油路图知，N 位换到 R 位时，换档电磁阀 E 和 B 均工作，将换档阀 E 推至左端，换档阀 B 推至右端。若换档电磁阀 E 和 B 卡滞均会产生以上故障。

1）换档电磁阀 E 或 B 故障。检查电磁阀过滤器、垫圈和 O 形密封圈是否磨损或损坏。检查电磁阀是否咬住。调故障码或读数据流。检查电磁阀 E 或 B 的参数。

2）换档阀 E 或 B 故障。检查换档阀是否咬住。

3）压力控制电磁阀 A 故障。检查电磁阀过滤器、垫圈和 O 形密封圈是否磨损或损坏。检查电磁阀是否咬住。调故障码或读数据流。检查电磁阀 A 的参数。

4）主、副轴转速传感器故障。检查主、副轴转速传感器的安装。调故障码或读数据流。检查主、从动轴转速传感器参数。

5）油温度传感器故障。调码或读数据流。检查油温度传感器电参数。

6）检查变速杆和变速器多功能开关连接是否松动。

7）4 档离合器故障。检查离合器活塞、离合器活塞单向阀和 O 形密封圈。检查弹簧座圈是否磨损和损坏。检测离合器压板和顶盘之间的间隙，如果间隙超出公差范围，检查离合器片是否磨损和损坏。如果离合器片磨损和损坏，则将它们整套更换。检测离合器碟簧的高度，如果高度超出误差范围，则更换。如果高度正常，则调整与离合器压板之间的间隙。检查 4 档离合器压力。检查伺服阀和 O 形密封圈。

8）4 档、倒档储能器故障。

9）锁止换档阀故障。

（10）换高速档或换低速档时冲击过大

1）离合器压力控制电磁阀 B 或 C 故障。检查电磁阀过滤器、垫圈和 O 形密封圈是否磨损或损坏。检查电磁阀是否咬住。调码或读数据流。检查电磁阀 E 或 B 电参数。

2）主副轴转速传感器故障。调码或读数据流。检查主副轴转速传感器电参数。检查主轴转速传感器和副轴转速传感器的安装。

3）ATF温度传感器故障。调码或读数据流。检查ATF温度传感器电参数。

（11）1档换2档或2档换1档时，冲击过大

检查D位指示灯，并检查插头是否松动。

1）换档控制电磁阀B故障。

检查电磁阀过滤器、垫圈和O形密封圈是否磨损或损坏。检查电磁阀是否咬住。调码或读数据流。检查换档控制电磁阀B电参数。

2）压力控制电磁阀A故障。检查电磁阀是否咬住。调故障码或读数据流。检查电磁阀电参数。

3）压力控制电磁阀B故障。检查电磁阀过滤器、垫圈和O形密封圈是否磨损或损坏。检查电磁阀是否咬住。调故障码或读数据流。检查电磁阀参数。

4）压力控制电磁阀C故障。

5）1档储能器故障。

6）2档储能器故障。

7）1档单向阀球故障。

8）2档单向阀球故障。

9）1档离合器故障。检查1档和2档离合器压力。检查离合器活塞、离合器活塞单向阀和O形密封圈。检查弹簧座圈和座圈密封是否磨损和损坏。若1档离合器输油管衬套松动或损坏，则更换第二轴。检测离合器片间隙，如果间隙超出误差范围，检查离合器盘和片是否磨损和损坏。如果离合器盘磨损和损坏，则将它们整套更换。检测离合器波纹板的高度，如果高度超出误差范围，则更换波纹板。如果高度正常，则调整离合器间隙。

10）2档离合器故障参见1档离合器故障检查。

（12）4档换5档或5档换4档时，冲击过大

1）离合器压力控制电磁阀B或C故障。检查电磁阀过滤器、垫圈和O形密封圈是否磨损或损坏。检查电磁阀是否咬住。调故障码或读数据流。检查电磁阀B或C的参数。

2）4档、5档储能器故障。储能器易出现的故障主要有储能器活塞变形或磨损，密封圈损坏、泄漏。

3）4档、5档离合器故障。检查4档或5档离合器压力。检查离合器活塞、离合器活塞单向阀和O形密封圈是否磨损或损坏。检查弹簧座圈是否磨损或损坏。检测离合器片间隙，如果间隙超出公差范围，检查离合器片是否磨损和损坏。如果离合器片磨损和损坏，则将它们整套更换。检测离合器波纹板的高度，如果高度超出误差范围，则更换波纹板。如果高度正常，则调整与离合器片间隙；检测5档离合器输油管，如果5档离合器输油管有划痕，则更换输油管和输油管导向块下的O形密封圈。如果5档离合器输油管衬套松动或损坏，则更换主轴。

（13）锁止离合器不能分离

检查D位指示灯，并检查插头是否松动。

1）换档电磁阀E故障。检查电磁阀过滤器、垫圈是否磨损和损坏。检查电磁阀是否咬住。调故障码或读数据流。检查电磁阀E参数。

2）压力控制电磁阀A故障。检查电磁阀过滤器、垫圈是否磨损和损坏。检查电磁阀A是否咬住。调故障码或读数据流。检查电磁阀A参数。

3）锁止换档阀故障。

4）锁止控制阀故障。

（14）锁止离合器动作不稳定

检查 D 位指示灯，并检查插头是否松动。

1）换档电磁阀 E 故障。检查电磁阀是否咬住。检查电磁阀过滤器、垫圈是否磨损和损坏。调故障码或读数据流。检查电磁阀 E 参数。

2）调压电磁阀 A 故障。检查电磁阀是否咬住。调故障码或读数据流。检查电磁阀 A 参数。

3）锁止控制阀故障。

4）锁止换档阀故障。

（15）锁止离合器不能啮合

检查 D 位指示灯，并检查插头是否松动。

1）换档电磁阀 E 故障。

检查电磁阀是否咬住。检查电磁阀过滤器、垫圈是否磨损和损坏。调故障码或读数据流。检查电磁阀 E 参数。

2）离合器压力控制电磁阀 A 故障。检查电磁阀是否咬住。调故障码或读数据流。检查电磁阀 A 参数。

3）主轴或副轴转速传感器故障。检查主轴转速传感器和副轴转速传感器的安装。调码或读数据流。检查转速传感器电参数。

4）液力变矩器故障。变矩器离合器活塞磨损或变形。变矩器单向阀故障，更换变矩器。

5）锁止换档阀故障。

6）锁止控制阀故障。

复　习　题

一、填空题

1. 五档平行轴自动变速器的六根平行轴是（　　　）轴、（　　　）轴、（　　　）轴、（　　　）轴、（　　　）轴、（　　　）轴。

2. 主轴（输入轴）一端与（　　　）键配合一体。

3. 主轴上有一个与主轴键配一体的（　　　）齿轮，另有套装在主轴上的（　　　）齿轮和（　　　）齿轮。

4. 副轴是（　　　）轴，其上有（　　　）个齿轮，套装在轴上的齿轮有（　　　）齿轮和（　　　）齿轮，另外（　　　）个齿轮与轴一体。

5. 二轴上键配合（　　　）齿轮，套装的 3 个齿轮是（　　　）齿轮、（　　　）齿轮及（　　　）齿轮。

二、选择题

1. 套装在副轴上的倒档齿轮及 4 档齿轮在主轴 4 档离合器工作后（　　　）。

A. 同时旋转　　　　　　　　B. 只倒档齿轮旋转　　　　　　C. 只 4 档齿轮旋转

2. 倒档轴惰轮的旋转方向是（　　　）。

A. 顺时针旋转　　　　　　　B. 只倒档齿轮旋转

3. 倒档轴惰轮驱动（　　）旋转。

A. 主轴主动齿轮　　　　　　B. 上轴主动齿轮

4. 二轴的旋转方向只能（　　）旋转。

A. 顺时针　　　　　　　　B. 逆时针　　　　　　　　C. 能顺时针也能逆时针

5. 副轴旋转方向只能（　　）旋转。

A. 顺时针　　　　　　　　B. 逆时针　　　　　　　　C. 能顺时针也能逆时针

6. 五档平行轴自动变速器倒档滑套由（　　　）使其与副轴连接或切离。

A. 电液控制　　　　　　　B. 驾驶人手动

7. 有些平行轴自动变速器 1 档离合器串联一个单向离合器，该单向离合器是使汽车滑行时发动机对滑行（　　　）。

A. 有制动作用　　　　　　B. 无制动作用

8. 有些平行轴自动变速器无单向离合器，D1 档滑行时靠（　　　）使发动机对滑行无制动作用。

A. 离合器瞬间半离合　　　B. 降低发动机转速

三、问答题

1. 平行轴自动变速器与行星齿轮式自动变速器有何不同点与相同点？

2. 详述 D 位 1 档传动原理。

3. 详述 D 位 2 档传动原理。

4. 详述 D 位 3 档传动原理。

5. 详述 D 位 4 档传动原理。

6. 详述 D 位 5 档传动原理。

7. 详述 R 位传动原理。

8. 分析平行轴自动变速器 D 位 1 档与 1 位有什么区别？

9. 有些平行轴自动变速器无单向离合器，D1 档滑行时怎样使发动机对滑行无制动作用？

10. 详述液力变矩器油压是怎样调整出来的。

<table>
<tr><td>第十章</td><td>双离合器式自动变速器原理与诊断维修</td></tr>
</table>

第一节 双离合器式自动变速器结构原理

在学完平行轴式自动变速器和行星齿轮式自动变速器后，下面简单介绍双离合器式（DSG）自动变速器的结构原理及油路循环。

一、双离合器式自动变速器总体结构

双离合器式（DSG）自动变速器结构如图 10-1-1 所示。

由图 10-1-2 可知，双离合器式自动变速器是利用行星齿轮式自动变速器的两个多片湿式离合器，取代手动变速器的离合器，而齿轮机构及换档机构与手动变速器大同小异，可见它是手动变速器与行星齿轮式自动变速器的组合体，即用两个电控多片湿式离合器，分别驱动两根主动轴，取代手动变速器所用的干式离合器，同时用电磁阀控制换档拨叉取代手动换档拨叉而已。

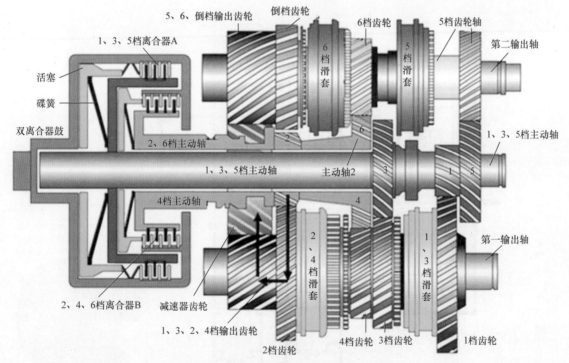

图 10-1-1 双离合器式自动变速器结构图

从图 10-1-1 或图 10-1-2 可知，变速器共有五根平行轴，即：主动轴 1、主动轴 2，输出轴 1、输出轴 2、倒档轴。

（1）主动轴1

从图 10-1-2 可知，主动轴 1 与 1、3、5 档齿轮键配一体。其中 1 档齿轮可驱动输出轴 1 上的 1 档齿轮和输出轴 2 上的 1 档齿轮，以及倒档轴上的倒档齿轮旋转。

（2）主动轴2

主动轴 2 上有 2、4 档两个主动齿轮，2 档齿轮可驱动输出轴 1 上的 2 档齿轮输出 2 档。4 档齿轮可驱动输出轴 1 上的 4 档齿轮，输出 4 档。主动轴 2 上有 4 档齿轮，还可驱动输出轴 2 上的 6 档和倒档齿轮，输出 6 档和倒档。

（3）输出轴1

输出轴 1 与 1、3 档毂和 2、4 档毂键配一体，输出轴 1 上套装着 1 档、3 档、2 档、4 档齿轮，当毂上的结合套将哪一齿轮与毂连成一体，便可输出相应的一个档。综上可知，输出轴 1 上的输出齿轮可输出 1 档、3 档、2 档、4 档。

（4）输出轴2

从图 10-1-2 可知，输出轴 2 与 5 档及 6 档、倒档毂键配一体，当毂上的结合套将哪一齿轮与毂连成一体，便可输出相应的一个档。综上可知，输出轴上的输出齿轮可输出 5 档、6 档，还可通过倒档轴上的倒档齿轮输出倒档。

（5）倒档轴

从图 10-1-2 又可知，输入轴 1 上的 1 档齿轮与倒档轴上的齿轮常啮合，使倒档轴及轴上倒档齿轮主动逆时针旋转。倒档齿轮通过输出轴 2 上倒档、6 档滑套输出倒档。

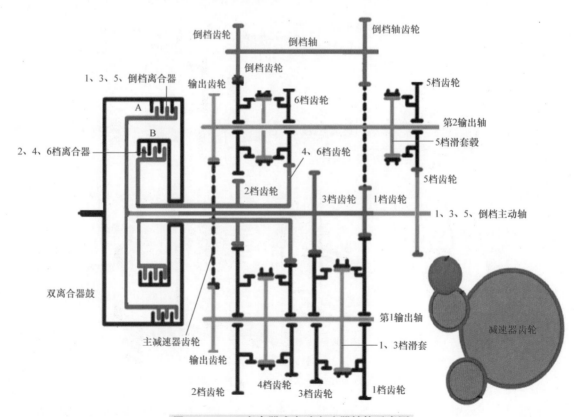

图 10-1-2 双离合器式自动变速器结构示意图

二、双离合器结构原理

双离合器式自动变速器的双离合器结构如图 10-1-3 所示。

从图 10-1-3 可知，它与行星齿轮式自动变速器多片湿式离合器的结构完全相同。

从图 10-1-3 可知，双离合器的壳体（鼓）与发动机相连，可随发动机主动旋转。鼓内装有两个多片湿式离合器，即安装了一个 1、3、5 档离合器和一个 2、4 档离合器，两个离合器可分别使输入轴 1 及轴上 1、3、5 档齿轮主动旋转，或使输入轴 2 及轴上 2 档、4 档齿轮主动旋转。

综上可知，两个离合器共用一个鼓，两个离合器可通过半离合工况消除档位切换时的冲击。

下面具体分析双离合器结构原理。

1. 1、3、5 档离合器结构

（1）1、3、5 档离合器结构原理如图 10-1-3 所示

1、3、5 档共用一个离合器。离合器钢片与两个离合器共用的鼓键配一体，摩擦片与 1、3、5 档主动轴上的毂键配一体，离合器工作后，钢片和摩擦片便将毂鼓连成一体，即将输入轴 1 与鼓连成一体，使输入轴 1 及 1、3、5 档齿轮主动旋转，其中 1 档齿轮还可使倒档轴主动旋转。

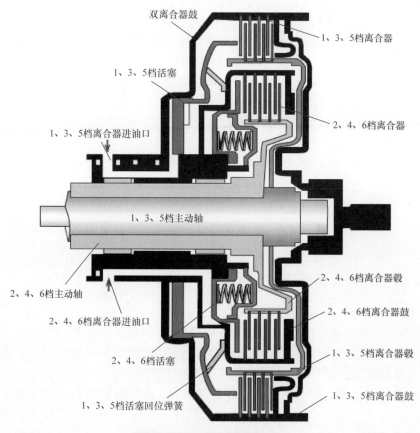

图 10-1-3　双离合器结构图

（2）主要故障

若变速器只 1、3、5、倒档均工作不良，应重点检查 1、3、5 档离合器及其相关的油电路和相关的换档机构。若只其中一个档工作不良，则应重点检查参与该档的换档机构及其相关油电路。

2. 2、4、6档离合器结构

（1）2、4、6档离合器结构原理

如图 10-1-3 所示。从图 10-1-3 可知，2、4 档共用一个离合器。离合器钢片与两个离合器共用的鼓键配一体，摩擦片与 2 档主动轴上的毂键配一体，离合器工作后，钢片和摩擦片便将毂鼓连成一体，即将输入轴 2 与鼓连成一体，使输入轴 2 及轴上 2、4 档齿轮主动旋转，其中 4 档齿轮还可使输出轴 2 上的 6 档齿轮主动旋转。

（2）主要故障

若变速器只有 2、4 档均工作不良，应重点检查 2、4 档离合器及其相关的油电路和相关的换档机构。若只其中一个档工作不良，则应重点检查参与该档的换档机构及其相关油电路。

第二节　双离合器式自动变速器传动原理

双离合器式变速器是手动变速器齿轮机构与多片湿式离合器的组合体。从图 10-1-1 与图 10-1-2 可知，双离合器式自动变速器与手动变速器相比，有以下几点不同之处：

1）双离合器式自动变速器，是用两个电控液压多片式离合器，每个离合器可使相应的主动轴，及轴上的几个主动齿轮一同旋转。手动变速器只有一个脚踏离合器，档位切换瞬间。双离合器式自动变速器的电脑按程序控制使两个离合器瞬间半离合，消除换档间隙防止换档冲击。双离合器式自动变速器传动原理如图 10-1-2 所示。

2）为消除换档冲击，自动变速器是用电控双离合器半离合，手动变速器是收油挂空档再加油挂档。

3）双离合器式自动变速器主动齿轮与从动齿轮是常啮合式，手动变速器主动齿轮与从动齿轮是非常啮合式。

4）主、从动齿轮转矩传递，在手动变速器中是靠手动拨叉移动同步器，使从动齿轮移动至与主动齿轮啮合。而双离合器式自动变速器，则是用电控液压驱动拨叉和同步器。使套装在输出轴上的从动齿轮与输出轴连成一体，使常啮合的齿轮传递转矩。

5）手动变速器只有一根主动轴，而双离合器式自动变速器有两根主动轴，一根是空心轴，另一根是实心轴插在空心轴中。

一、D 位 D1 档传动原理

1. D1 档传动原理

从图 10-1-2 可知，当变速杆入 D 位，电脑根据档位和车速信号，判定是 D1 档时，电控单元控制 N215 离合器油压电磁阀，将双离合器中 1、3、5、倒档离合器 A 结合，使图 10-1-2 中 1、3、5、倒档主动轴及轴上的 1、3、5 档齿轮主动顺时针旋转。

于是，使 1、3、5 档齿轮与之常啮合的套装在第 1 输出轴上的 1、3 档齿轮，及第 2 输出轴上的 5 档齿轮，均逆时针空转。且主动轴上的 1 档齿轮，还使与之常啮合的倒档轴上的倒档齿轮也逆时针空转。

此时，又因电控元控制 1、3 档滑套将第 1 输出轴上的 1 档齿轮，与输出轴连成一体，则第 1 输出轴及与输出轴一体的输出齿轮逆时针旋转，最终减速器齿轮输出 D1 档。

2. 故障诊断

若 1 档、3 档、5 档同时工作不良，应检查 1、3、5 档离合器是否因磨损过甚而泄油、卡滞，或回位弹簧疲劳、折断，离合器片是否间隙过大等。若 1、3 档工作不良，应检查 1、3 档接合套及其液压控制系统。

二、D 位 D2 档传动原理

双离合器式自动变速器 D2 档传动原理如图 10-1-2 所示（应将图 10-1-2 图复印，以方便图文对照）。

当变速杆入 D 位，电脑根据档位和车速信号，判定 D2 档时，电控单元控制 N215 离合器油压电磁阀，将离合器 A 瞬间半离合，同时 N216 离合器油压电磁阀，使离合器 B 瞬间也半结合，以消除换档瞬间的间隙。此时，2、4、6 主动轴上的 2、4 档齿轮主动顺时针旋转，使套装在第 1 输出轴上的 2、4 档齿轮，及第 2 输出轴上的 6 档齿轮，均逆时针空转。

此时，电控单元控制第 1 输出轴上 2、4 档滑套及同步器，将第 1 输出轴上的 2 档齿轮与轴连成一体，使第一输出轴上的输出齿轮逆时针旋转，驱动主减速器齿轮主动旋转输出 D2 档。D2 档传动路线如下：

B 离合器结合→第 2 主动轴主动顺时针旋转→第 2 主动 2、4 档齿轮主动顺时针旋转→第 1 输出轴上 2、4 档齿轮逆时针空转→滑套将第 1 输出轴上的 2 档齿轮与轴连成一体→第 1 输出轴上的 2 档齿轮逆时针旋转，驱动第 1 输出轴上的输出齿轮逆时针旋转→主减速器齿轮顺时针旋转→离合器 A 全解锁→离合器 B 全结合→输出 D2 档。

综上可知，双离合器式自动变速器是靠两个离合器的半离合，消除从 D1 档切换到 D2 档时产生的冲击。

通过以上两个档的传动过程可知，各档均是接合套将常啮合齿轮中套装在输出轴上的齿轮与轴连成一体，便可输出一个相应的档位。

以此类推，其他各档传动原理也很容易理解。下面再以该变速器 D6 档传动原理为例，演练怎样分析双离合器式自动变速器各档传动原理。

三、D 位 D6 档传动原理

1. D6 档传动原理

双离合器式自动变速器 D6 档传动原理，详见图 10-1-2 所示。

当变速杆入 D 位，电脑根据档位和车速信号，判定需切换 D6 档时，N215 离合器油压电磁阀，将 A 离合器瞬间半离合，同时 N216 离合器油压电磁阀，使 B 离合器也瞬间半离合，以消除换档瞬间间隙，消除档位切换时的冲击。

此时，2、4 档主动轴上的 4、6 档齿轮主动顺时针旋转，于是，2、4 档主动轴上的 4 档齿轮，便使与之常啮合的第二输出轴上的 6 档齿轮逆时针旋转，驱动输出齿轮和主减速器，使变速器输出 D6 档。

2. D6 档传动路线

从图 10-1-2 可知，当 N216 离合器油压电磁阀半离合后，2、4 档主动轴主动顺时针旋转→2、4 档主动轴上的 4 档齿轮主动顺时针旋转→使与之常啮合的第二输出轴上 6 档齿轮逆时针空转→第二输出轴上的 6、倒档滑套，将套装在第 2 输出轴的 6 档齿轮，与第 2 输出轴连成一体→使第 2 输出轴逆时针旋转→第 2 输出轴上的输出齿轮逆时针旋转→主减速器齿轮顺时针旋转→N215 离合器油压电磁阀泄压→N216 离合器油压电磁阀全压→离合器 B 全结合→输出 D6 档。

四、倒档传动原理

从图 10-1-2 可知，当变速杆挂入倒档，电控单元立刻控制 N215 离合器油压电磁阀，使双离合器 A 半离合，于是，1、3、5 档主动轴顺时针旋转→1、3、5 档齿轮主动旋转→与之常啮合的倒档轴上的倒档齿轮逆时针旋转→倒档齿轮逆时针旋转→使与倒档齿轮常啮合的第 2 输出轴上的倒档齿轮顺时针空转→电控单元使倒档、六档滑套，将倒档齿轮与输出轴连成一体→使第 2 输出轴上的输出齿轮顺时针旋转→使主减速器齿轮逆时针旋转→使两半轴逆时针旋转→N215 离合器油压电磁阀全压→变速器输出倒档。

重要提示

综上可知，双离合器式自动变速器，是用双离合器的半离合，取代了液力变矩器，消除档位切换时的换档间隙，有效地消除档位切换时的冲击。

从图 10-1-2 可知，倒档时，因离合器 2 结合，主动轴 2 主动旋转，与主动轴 2 一体的 4、6 档齿轮主动旋转，此时，若 4、6 档滑套将第 2 输出轴上的 4、6 档齿轮与轴连成一体，第 2 输出轴便可输出倒档。

第三节　双离合器式自动变速器油路分析

一、油路组成

所有自动变速器油路系统的控制思路均大同小异，而双离合器式自动变速器油路又较行星齿轮式自动变速油路简单得多，因为它只向两个离合器和同步器控制阀提供油压。因此，只要将任意一个行星齿轮式自动变速器油路真正理解了，双离合器式的变速器油路便可轻而易举地了如指掌。

双离合器式的变速器油路也是由开关阀、调压阀、电磁阀等组成的，各阀均组装在阀体内。阀体如图 10-3-1 所示。

阀体内各阀的结构原理如油路图 10-3-2 所示，下面参照油路图具体分析各阀结构原理。

1. 主调压阀

（1）主调压阀结构原理

从图 10-3-2 可知，油泵将油液泵入主调压阀，主油压调节电磁阀占空比输出控制油压，控制主调压阀打开泄油口开度的大小，控制泄油量的多少，将油泵油压调节成主油压。

从图 10-3-2 又可知，主油压调节出的主油压，分别送入 VS1 与 VS2 弹簧调压阀（向电磁阀供压）。

（2）故障诊断

主调压阀若出现弹簧疲劳、折断、卡滞、磨损严重泄压等，将出现各档均工作不良的故障。若出现无档，各档发动机转速与车速不匹配，各档均出现冲击等故障，应重点检查主调压阀。

若主油压调节电磁阀因断路、短路、搭铁失效，必引起主油压过高，导致各档均冲击故障。

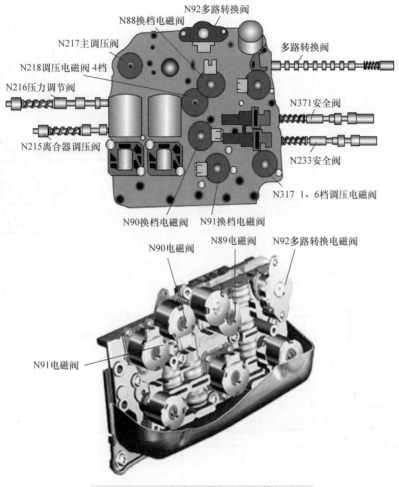

图 10-3-1 双离合器式变速器阀体构造图

2. VS1 与 VS2 调压阀

怎样判断该阀是什么阀？从油路图 10-3-2 可知，该阀与主调压阀和各电磁阀相通，由此可断言该阀是一个弹簧恒定油压调压阀，调出的恒定油压送入各电磁阀。

（1）调压阀结构原理

因所有变速器中的弹簧压力调压阀，均可自动调出一个等于弹簧开与关闭泄油口时，弹簧临界点的弹力，这个弹力便是该阀输出的油压压力。从图 10-3-2 可知，该阀输出的恒定油压分别送入 N215 和 N216 调压电磁阀和 N88、N89、N90、N91 换档电磁阀，以便在电控单元控制下，分别输出各自的控制油压。

（2）故障诊断

若 VS1 或 VS2 因磨损过甚而泄油、卡滞、运动不畅，或弹簧疲劳、折断等，必导致各档均工作不良或冲击故障。

3. N215 与 N216 调压电磁阀

（1）调压电磁阀结构原理

从图 10-3-2 还知，这两个电磁阀是脉冲式调压电磁阀。控制双离合器中 A 和 B 离合器的油压，以便分别将两个输入轴与发动机连成一体，随发动机一同旋转。

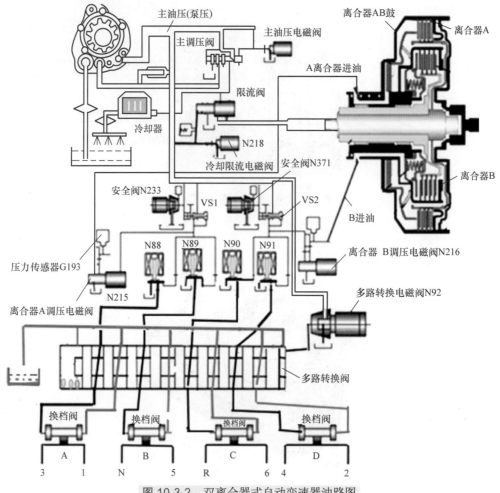

图 10-3-2 双离合器式自动变速器油路图

该调压阀使油压随发动机转矩变化而变化。电磁阀电阻值为 5Ω。

（2）故障诊断

若电磁阀在非工作位置失效，将引起 A 或 B 离合器打滑损坏。若电磁阀在工作位置失效，将引起离合器锁止制动熄火故障，并在仪表板上显示故障。

4. G193 压力传感器

从图 10-3-2 又可知，该压力传感器将 1、3、5 档离合器的油压信号反馈给电控单元，以供电控单元修正该离合器的油压。若离合器油压因故超过限定值时，电控单元会立即控制安全电磁阀 N233 泄压。

5. G194 压力传感器

从图 10-3-2 还可知，该压力传感器将 2、4、6 档离合器的油压信号反馈给电控单元，以供电控单元监控和修正该离合器的油压。若离合器油压因故超过限定值时，电控单元会立即控制安全电磁阀 N317 泄压。

6. 第一主动轴转速传感器 G501

双离合器式自动变速器的霍尔式转速传感器 G501 的磁转子安装在 1、3、5 档主动轴上，磁转子是多个 N 极和 S 极的组合体，随主动轴一同旋转，检测 1、3、5 档主动轴转速，以便与发动机转速比对，测知 1、3、5 档离合器的滑移率，监控离合器半离合及全结合状况。

电控单元根据滑移率信号可监测离合器是否打滑，以便根据档位和车速调整离合器油压。此外，电控单元还用此信号和节气门位置信号识别变速器是否已进入正确档位。

7. 第二主动轴转速传感器 G502

第二主动轴转速传感器 G502 的磁转子安装在 2、4、6 档主动轴上，其结构和工作原理与传感器 G501 完全相同。

8. G195 与 G196 输出轴转速传感器

因两个输出轴中一个输出轴若输出，另一输出轴便一定空转，所以只要有一个输出轴转速传感器装在任意输出轴上即可。

但为使输出轴转速传感器能同时测量出车辆行驶方向，则将永久磁铁 N-S 极交替排列的转子也安装在第二输出轴上，并将两个霍尔效应传感器错开一定磁距，与转子对应地固定在变速器壳体上。

当输出轴旋转时，两个错开的传感器，便同时产生一个高电位信号，一个低电位信号。如果 G195 传感器产生高电位信号，则 G196 便产生低电位信号，反之则相反。因此用两个传感器既可测出输出轴转速，又可判定行驶方向。

如果该传感器失效信号中断，可用 ABS 驱动轮转速传感器信号代替。

9. 安全电磁控制阀 N371 与 N233

从油路图 10-3-2 可知，两个安全阀电磁阀分别控制两个离合器油压不会过高，即当油压传感器 G193 或 G194 监测到离合器 A 或 B 油压出现超高时，两个安全阀泄油，以防止送入两个离合器的油压过高。

10. 离合器油温传感器 G509

从油路图 10-3-2 又可知，G509 离合器油温传感器准确地测量离合器出口油液的温度，以供 N218 冷却控制电磁阀控制输出的油压，再用此油压控制冷却控制阀打开泄油口开度的大小，控制流入冷却器油液的流量，以保证正常油温。

该温度传感器工作范围是 55~180℃，如果传感器失效，则以变速器油温传感器取代。

11. 变速器油温传感器 G93 及电控单元温度传感器 G150

G93 油温传感器检测变速器的油温，温度传感器 G150 检测电控单元的温度。电控单元根据两个传感器的温度信号，可启用预热程序。若变速器温度超过 138℃，电控单元将发动机转速降低，若温度超过 145℃，电控单元停止对离合器加压，使离合器分离，汽车停驶。

12. 冷却器控制电磁阀

从油路图 10-3-2 又可知，冷却器控制电磁阀 N218，电控单元根据离合器的油温，用通电的占空比控制输出油压，并将该油压送入冷却器控制阀，以推动滑阀打开泄油口开度大小，控制离合器泄入冷却器的油液流量。

13. 冷却器控制阀

冷却器控制阀串联在离合器和冷却器之间，用冷却器控制电磁阀输出的油压，控制滑阀打开泄油口开度的大小，以控制流入冷却器油液的流量。

若冷却回油量大、油温低，油温低则在低温天气易引起入档困难。若回油量小，则离合器会出现高温。电磁阀电阻值为 5Ω。

14. N88、N89、N90、N91 换档电磁阀

从油路图 10-3-2 又可知，双离合器式变速器阀体中有常闭换档电磁阀 N88、N89、N90、

N91。

1）N88 换档电磁阀是一个常闭开关电磁阀，它在电控单元控制下，只有开或关这两个位置，以便将油压送入或泄出 3、1 档换档阀，使拨叉移动滑阀驱动滑套及同步器，完成 1 档和 3 档切换。

若换档阀卡滞在 3 档位置，便无 D1 档。若换档电磁阀失效，便只有 D1 档。

2）N89 换档电磁阀也是一个常闭开关电磁阀，它在电控单元控制下，只有开或关这两个位置，以便将油压送入或泄出 N-5 档换档阀，使拨叉移动滑阀驱动滑套及同步器，完成空档和 5 档切换。

若换档阀卡滞在空档位置，便无 5 档。若换档电磁阀失效，便只有 5 档。

3）N90 换档电磁阀也是一个常闭开关电磁阀，它在电控单元控制下，只有开或关这两个位置，以便将油压送入或泄出 R-6 档换档阀，使拨叉移动滑阀驱动滑套和同步器，完成倒档和 6 档切换。

若换档阀卡滞在 6 档位置，便无倒档。若换档电磁阀失效，便只有倒档。

4）N91 换档电磁阀也是一个常闭开关电磁阀，它在电控单元控制下，只有开或关这两个位置，以便将油压送入或泄出 4、2 档换档阀，实现 4-2 档切换。若换档电磁阀失效，便只有 2 档。

15. 换档阀 A、B、C、D

A、B、C、D 四个液压式换档阀分别与 4 个拨叉联动，并分别受控于四个换档电磁阀。每个换档阀在相应的换档电磁阀的液压作用下，在两个位置上切换，以便驱动拨叉使接合套挂入相应档位。若换档电磁阀不向换档阀送压，换档阀被锁定在空档位置。

16. G487、G488、G489、G490 拨叉行程传感器

拨叉行程传感器为永久磁铁电磁感应式，它十分精确地检测换档拨叉的位置，以确认挂档是否确切。

17. N92 多路转换电磁阀

该电磁阀是常闭式开关阀，当该阀通电时，控制多路转换阀移动。打开通向 3、N、R、4 档换档阀油路，变速器可挂 3、N、R、4 档。如果该电磁阀不通电或失效，变速器可打开通向 1、5、6、2 档油路。变速器可挂 1、5、6、2 档。电磁阀电阻值为 15~20Ω。

18. 多路转换阀

从油路图 10-3-2 又可知，多路转换阀相当于行星齿轮式自动变速器的手动阀，将换档电磁阀输出的油压通过多路转换阀，送入相应的换档阀，以便推动换档拨叉移动，使相应的滑套结合，完成档位切换。

多路转换阀在多路转换电磁阀控制下，在两个位置上切换，以便为相应换档阀打开油路通道。

二、油路走向

双离合器式自动变速器油路十分简单，即主调压阀向双离合器供油、向换档电磁阀供油、向多路转换电磁阀供油。

1. 主调压阀向双离合器供油的油路走向

（1）主调压阀向双离合器 A 供油油路走向

从油路图 10-3-2 又可知，主调压阀主油压→安全阀 SV1→离合器压力控制电磁阀 N215 调压→1、3、5、倒档双离合器 A 入口→1、3、5、倒档离合器→离合器 A 出口→离合器冷却器控制阀（经 N218 电磁阀控制流量）→油冷却器→滤清器。

（2）主调压阀向双离合器 B 供油油路走向

主调压阀主油压→安全阀 SV2 →离合器压力控制电磁阀 N216 调压→2、4、6、倒档双离合器 B 入口→2、4、6、倒档离合器→B 离合器出口→离合器冷却器控制阀（经 N218 电磁阀控制流量）→油冷却器→滤清器。

2. 多路转换阀油路走向

主调压阀主油压→多路转换控制电磁阀 N92 →多路转换阀在两个位置切换。

3. 换档阀油路走向

（1）3-1 档和 N-5 换档阀油路走向

从油路图 10-3-2 又可知，主调压阀主油压→安全阀 SV1 →换档电磁阀 N88 和 N89 →经多路转换阀→入 3-1 或 N-5 换档阀→推动拨叉入其中某档。

（2）R-6 档和 4-2 换档阀油路走向

主调压阀主油压→安全阀 SV2 →换档电磁阀 N90 和 N91 →经多路转换阀→入 R-6 或 4-2 换档阀→推动拨叉入其中某档。

第四节　双离合器式自动变速器主要故障

同其他任何自动变速器一样，自动变速器有什么结构，就会产生怎样的故障，有什么样的工作原理，就会有什么样的故障现象产生，这是无法回避的事实。因此，要想成为真正的技能型人才，只有彻底掌握汽车结构和原理，故障的诊断和排除才会轻松入手。下面根据双离合器式自动变速器的结构，对常易出现的主要故障归纳如下。

一、油泵故障

1. 油泵磨损严重

若因泵油效率降低，油泵泵压不足，在油液充足，滤网无堵塞的情况下检查油压，若不足应更换油泵。

2. 油泵异响

若在变速器前端有异响，且发动机在 1000r/min 时，在变速器前端能听到明显的连续不断的嘶嘶声，则为油泵齿轮间磨损严重剥落等故障，应更换油泵。

若在变速器前端有异响，且在发动机在 4000~6000r/min 时有脉冲式异响，应检查油液液面高度，若正常应更换油泵。

二、升档点均滞后

1. 各档升档点均滞后

双离合器式自动变速器各档升档点均滞后，应着重检查 N217 主油压控制电磁阀是否断路，是否短路，检查油压调节电磁阀电阻值一般应为 5Ω。

2. 只 1、3、5 档升档点均滞后

双离合器式自动变速器只在 1、3、5 档升档点均滞后，应着重检查 N215 离合器油压控制电磁阀是否断路，是否短路，检查油压调节电磁阀电阻值一般应为 5Ω。

3. 只在 2、4、6 档升档点均滞后

双离合器式自动变速器只在 2、4、6 档升档点均滞后，应着重检查 N216 离合器油压控制电磁阀是否断路，是否短路，检查油压调节电磁阀电阻值一般应为 5Ω。

4. 个别档丢档或失常

双离合器式自动变速器只在个别档丢档或异常，应着重检查该档机械传动部分，如该档同步器，该档换档电磁阀以及该档各传动齿轮。各常闭或常开换档电磁阀的电阻值多为 8Ω。

具体车型可与修理手册标准值比对。

三、油温失常

1. 油温过高

双离合器式自动变速器油温过高，在散热器良好的情况下，应着重检查 N218 冷却油流量控制电磁阀是否卡在小流量位置上。

2. 油温过低

双离合器式自动变速器油温过低，且挂档困难，在散热器良好的情况下，应着重检查 N218 冷却油流量控制电磁阀是否卡在大流量位置上。

四、档位失常

1. 各档行驶均不正常

当双离合器行驶中各档均有不正常反应时，可首先检查主油压是否正常，检查主调压阀是否失效。检查电控单元及主要传感器。

2. R 位行驶不正常

只 R 位不正常，若无任何异响，R 位各传动齿轮及换档拨叉均无故障，主油压及其控制电磁阀正常。应重点检查 N90 换档电磁阀是否断路或损坏。

3. 行驶中各档均不正常

当汽车挂 1 档与 R 位路试时均正常，但行驶中各档均有不正常反应时，说明参与这两个档的所有机械与电控系统均无故障，应着重检查没参与这两个档的机械与电控元件，并重点做以下电控元件检查：

1）检查电控系统各接脚是否有断路、短路和搭铁。

2）用诊断仪调取故障码读取数据流。

3）用示波器检查各电控元件波形。

4）匹配、学习。

以上故障诊断思路全是在结构原理的基础上总结出来的，因故障现象千奇百怪，在实践中会遇到意想不到的故障，任何资料均不可能将所有故障面面俱到。但只要彻底掌握结构原理，在结构原理指导下，便可轻松入手。

4. 只有 1、3 档

双离合器式自动变速器只有 1、3 档，应检查 N371 油压控制电磁阀是否断路，是否短路，检查油压调节电磁阀电阻值一般应为 5Ω。

5. 只有 2 档

双离合器式自动变速器只有 2 档，应检查 N233 油压控制电磁阀是否断路，是否短路，检查油压调节电磁阀电阻值一般应为 5Ω。

五、6档同步器损坏

根据同步器的工作原理可知，因6档同步器工作条件最差，所以6档同步器易损坏。6档同步器损坏后易造成入6档困难，并产生异响。出现上述现象时，应检查6档同步器，必要时更换同步器。

综上可知，若其他档同步器损坏，必引起相应档入档困难并产生异响。

复 习 题

一、填空题

1. 从图10-1-1可知，双离合器式自动变速器由（ ）、（ ）、（ ）、（ ）、（ ）五根平行轴组成。

2. （ ）三个档共用一个离合器，（ ）三个档共用一个离合器。

3. 双离合器式自动变速器的两个离合器同一个（ ）内，鼓与发动机相连。是变速器（ ）轴。

4. 第1、3、5档离合器毂与（ ）主动轴一体，并与主动轴上的（ ）档齿轮一体。

5. 第2、4、6档离合器毂与（ ）主动轴一体，并与主动轴上的（ ）档齿轮一体。

6. 双离合器式自动变速器是通过两个离合器在档位切换时两个（ ）瞬间（ ）完成的。

二、问答题

1. 详述第1、3、5档双离合器工作原理。

2. 详述第2、4、6档双离合器工作原理。

3. 详述双离合器式自动变速器D位1档传动原理。

4. 详述双离合器式自动变速器D位2档传动原理。

5. 详述双离合器式自动变速器D位3档传动原理。

6. 详述双离合器式自动变速器D位4档传动原理。

7. 详述双离合器式自动变速器D位5档传动原理。

8. 详述双离合器式自动变速器D位6档传动原理。

9. 详述双离合器式自动变速器R位传动原理。

10. 详述双离合器式自动变速器与手动变速器的主要区别。

11. 分析汽车行驶时双离合器式自动变速器有颤抖感的主要原因。

12. 分析汽车行驶时双离合器式自动变速器油温始终过低的主要原因。

13. 分析汽车行驶时双离合器式自动变速器油温始终过高的主要原因。

14. 分析汽车行驶时双离合器式自动变速器只1、3、5档升档点滞后的主要原因。

15. 分析汽车行驶时双离合器式自动变速器只2、4、6档升档点滞后的主要原因。

三、选择题

1. 转速传感G501与G502是检测（ ）转速传感器，与（ ）转速传感器比对，监控两个离合器的工作状态。

A. 输出轴　　　　　B. 输入轴　　　　　C. 发动机　　　　　D. 节气门位置

2. 转速传感 G195 与 G196 是检测（　　　）转速传感器，与（　　　）转速传感器比对，监控两个离合器的工作状态。

A. 输出轴　　　　　B. 输入轴　　　　　C. 发动机　　　　　D. 节气门位置

3. G487、G488、G489、G490 是检测（　　　）转速传感器，它精确检查（　　　）位置。

A. 拨叉行程　　　　B. 输入轴　　　　　C. 拨叉　　　　　D. 节气门位置

4. 电磁阀 N88、N89、N90、N91 是（　　　）电磁阀，它的作用是完成档位切换。

A. 常闭　　　　　　B. 常开　　　　　　C. 档位　　　　　D. 离合器

5. 常闭 N92 电磁阀是（　　　）电磁阀，它在电脑控制下，通过位置改变完成各档（　　　）切换。

A. 换档　　　　　　B. 多路转换　　　　C. 油压　　　　　D. 油路

6. 电磁阀 N218 是（　　　）控制电磁阀，它控制流向散热器的（　　　）大小控制流体温变。

A. 油温　　　　　　B. 水温　　　　　　C. 油压　　　　　D. 流量